新时代新理念职业教育教材·机车车辆类

铁路行车规章（M⁺ Book 版）

主　编　于彦良　戴建勇

副主编　贺保华　霍计成

主　审　王永辉　杨炳江

（扫描二维码，安装加阅 App，
即可在手机上观看与本书配套使用的视频教学资源。）

北京交通大学出版社

·北京·

内 容 简 介

"铁路行车规章"是铁道机车专业的一门核心专业课，旨在使读者全面、系统地了解铁路行车规章的基本知识，初步掌握铁路主要行车规章的理论依据和基本规定。

全书共设 6 个项目：铁路技术设备、铁路信号、行车组织、机车操作规则、机车运用管理规则、铁路交通事故调查处理规则，内容侧重于《铁路技术管理规程》《机车操作规则》《铁路机车运用管理规则》《铁路调车作业标准》《接发列车作业标准》《车站行车工作细则编制规则》《铁路运输调度规则》《铁路交通事故调查处理规则》《机务安全细则》等铁路行车主要规章。

本书不仅对行车规章进行解读，而且提供配套多媒体教学资源，通过智能手机即可轻松学习，克服纯规章条文学习的枯燥乏味感，有利于提高学生的学习兴趣，提升学习效果，从而使学生能正确运用行车规章分析和解决运输生产实际问题。

图书在版编目（CIP）数据

铁路行车规章：M+ Book 版 / 于彦良，戴建勇主编. —北京：北京交通大学出版社，2019.5
（2021.7 重印）

ISBN 978-7-5121-3901-5

Ⅰ. ① 铁⋯ Ⅱ. ① 于⋯ ② 戴⋯ Ⅲ. ① 铁路行车–规章制度–高等职业教育–教材 Ⅳ. ① U292

中国版本图书馆 CIP 数据核字（2019）第 079354 号

铁路行车规章（M+ Book 版）
TIELU XINGCHE GUIZHANG (M+ Book BAN)

责任编辑：陈跃琴
出版发行：北京交通大学出版社　　　　　　电话：010-51686414　　http://www.bjtup.com.cn
地　　址：北京市海淀区高梁桥斜街 44 号　　邮编：100044
印　刷　者：北京时代华都印刷有限公司
经　　销：全国新华书店
开　　本：185 mm×260 mm　印张：17.25　字数：430 千字
版　　次：2019 年 5 月第 1 版　2021 年 7 月第 3 次印刷
书　　号：ISBN 978-7-5121-3901-5/U·366
印　　数：5 501～8 000 册　定价：49.80 元

本书如有质量问题，请向北京交通大学出版社质监组反映。对您的意见和批评，我们表示欢迎和感谢。
投诉电话：010-51686043，51686008；传真：010-62225406；E-mail：press@bjtu.edu.cn。

前　言

　　"铁路行车规章"是铁道机车专业的一门核心课程，是培养机车乘务人员理论知识的一门必修课，也是铁路机车车辆驾驶人员资格考试的主要内容。

　　本教材主要介绍《铁路技术管理规程（普速铁路部分）》《机车操作规则》《机车运用管理规则》《铁路交通事故调查处理规则》《机务安全细则》等铁路行车方面的规章制度，包含了铁路机车驾驶人员资格理论考试的全部内容。

　　本教材通过互联网和移动终端平台，采用 M+ Book 模式，对传统纸质教材与新媒体视频资源进行了有机融合。采用"项目—任务"的编排结构，适用于理实一体化教学模式，既可以作为高职、中专院校学生教学用书，也可以作为铁路企业技术人员的培训用书。

　　本教材在纸质教材扉页中创建了相关资源的二维码链接，学习者通过用智能手机、iPad等移动设备扫描二维码，安装加阅 App，就可以观看与之相关的教学视频。

　　需要说明一点，中华人民共和国铁道部已于 2013 年 3 月撤销，同时成立了中国铁路总公司，由原来铁道部分离出去的国家铁路局归交通运输部管理。中国铁路总公司下设 18 个铁路局和 3 个专业运输公司，2017 年 11 月中国铁路总公司所属 18 个铁路局已完成公司制改革，由原来的铁路局改为铁路局集团公司。本教材中提到的铁路局，即现在的铁路局集团公司。2018 年 12 月 5 日，中国铁路总公司更名为中国国家铁路集团有限公司。为了使本书内容表述方式与早期制定、目前仍在使用的行车规章的内容一致，本书仍采用中国铁路总公司、铁路局的表达方式。

　　本教材的纸质部分和教学资源由河北轨道运输职业技术学院于彦良、戴建勇、霍计成、贺保华编写创作，并请北京铁路局集团公司机务处王永辉、石家庄电力机务段杨炳江担任主审。

　　此外，本教材在编写创作过程中得到北京铁路局集团公司机务部、职工培训部，石家庄电力机务段，唐山机务段等单位的大力支持，对它们在校企融合过程中发挥的重要作用表示诚挚的感谢，在教材出版过程中得到北京交通大学出版社领导、编辑和技术工程师的大力支持和帮助，也一并表示感谢！

　　由于编写创作水平有限，教材中难免有缺陷和不足，恳请广大读者对教材中的不妥之处批评指正。

戴建勇

2019 年 2 月于石家庄

目　录

项目 1

铁路技术设备

本项目中，重点学习铁路线路、信号通信设备、站场设备、机车车辆、牵引供电设备等铁路技术设备。

 目实施环境

1. 硬件
铁道概论实习教室或虚拟仿真教学系统。
2. 软件
（1）配套云平台学习系统；
（2）《铁路行车规章》数字媒体资源。

 目实施知识技能准备

（1）铁道概论知识；
（2）铁路信号常识；
（3）安全规章标准。

任务 1.1 铁 路 线 路

 务描述

本任务中主要学习铁路线路分类的基本知识、铁路线路的限界、轨道组成及道岔限制速度的规定。

1

务学习目标

● **专业能力**

（1）掌握铁路线路的分类；

（2）了解铁路线路的限界；

（3）掌握轨道组成及道岔限制速度。

● **方法能力**

（1）能够通过真实工作环境、云平台提供的学习环境或虚拟教室学习环境，自主学习铁路线路；

（2）能够依据铁路线路知识，掌握铁路线路、轨道、道岔等设备的限速。

● **社会能力**

（1）具备良好的职业道德修养，能遵守职业道德规范，有较强的工作责任感；

（2）能灵活处理机车运用中的特殊情况，具有良好的心理素质和协调能力，善于交流、诚信、开朗；

（3）具有自主学习能力，有责任心，具有一定的分析能力，善于总结经验和创新。

务理论知识

1.1.1 铁路线路分类

铁路线路分为正线、站线、段管线、岔线、安全线及避难线。

1. 正线

正线是指连接车站并贯穿或直股伸入车站的线路。正线可分为区间正线及站内正线。连接车站的正线为区间正线，贯穿或直股伸入车站的部分为站内正线。

2. 站线

车站内除设有正线外，还根据业务性质、运量大小及技术作业的需要，分别铺设其他配线，这些配线统称为站线，如到发线、调车线、牵出线、货物线及站内指定用途的其他线路等。

① 到发线是指供列车到达、出发使用的线路。

② 调车线是指进行列车编组与解体作业使用的线路。

③ 牵出线是指设在调车场的一端，与到发线连接，专供车列解体、编组及转线等牵出使用的线路。

④ 货物线是指专供办理货物装卸车作业使用的线路。

⑤ 站内指定用途的其他线路，是指站内救援列车停留线、机车走行线、机车等待线、车辆站修线、轨道衡线、加冰线、换装线、货车洗刷线、驼峰迂回线等。

3. 段管线

段管线是指由机务、车辆、供电、工务、电务、动车段（所）等段专用，并由其管理的线路。

4. 岔线

岔线是指在区间或站内接轨，通往路内外单位（厂矿企业、砂石场、港湾、码头及货物仓库）的专用线路。

5. 安全线

安全线是为防止列车或机车车辆从一进路进入另一列车或机车车辆占用的进路而发生冲突的一种安全隔开设备，为特殊用途线。

6. 避难线

避难线是在长大下坡道上能使失控列车安全进入的线路，为特殊用途线。避难线是为防止长大下坡道上失去控制的列车发生冲突或颠覆而设置的。

1.1.2　铁路线路限界

一切建（构）筑物、设备，均不得侵入铁路建筑限界。与机车车辆有直接互相作用的设备，在使用中不得超过规定的侵入范围。客货共线铁路建筑限界如图 1－1、图 1－2 所示。

在设计建（构）筑物或设备时，距钢轨顶面的距离应附加钢轨顶面标高可能的变动量（路基沉降、加厚道床、更换重轨等）。

机车车辆无论空、重状态，均不得超出机车车辆限界。客货共线铁路机车车辆限界如图 1－3、图 1－4 所示。

1. 客货共线铁路建筑限界

（1）$V \leqslant 160$ km/h 时，客货共线铁路建筑限界如图 1－1 所示，图中的数字单位为 mm。

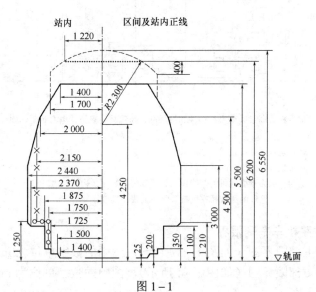

图 1－1

——×——×——×——信号机、高架候车室结构柱和接触网、跨线桥、天桥、电力照明、雨棚等杆柱的建筑限界（正线不适用）。

——○——○——○——站台建筑限界（正线不适用）。

————————各种建（构）筑物的基本限界。

－－－－－－－－适用于电力牵引区段的跨线桥、天桥及雨棚等建（构）筑物。

⋯⋯⋯⋯⋯⋯电力牵引区段的跨线桥在困难条件下的最小高度。

旅客站台上柱类建（构）筑物距站台边缘不小于 1 500 mm，建（构）筑物距站台边缘不小于 2 000 mm。旅客站台分为低站台、高站台，低站台高度为 300 mm、500 mm，高站台高度为 1 250 mm。货物站台的高度为 900～1 100 mm。在非电气化区段的车站上，车辆调动频繁的站场内，天桥的高度不小于 5 800 mm。

货物高站台边缘（只适用于线路的一侧）在高出轨面的 1 100～4 800 mm 范围，距线路中心线距离可按 1 850 mm 设计。

（2）$V>160$ km/h 时，客货共线铁路建筑限界如图 1—2 所示，图中的数字单位为 mm。

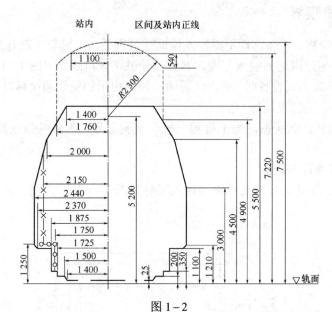

图 1—2

—×—×—×—　信号机、高架候车室结构柱和接触网、跨线桥、天桥、电力照明、雨棚等杆柱的建筑限界（正线不适用）。

—○—○—○—　站台建筑限界（正线不适用）。

——————　各种建（构）筑物的基本限界。

------------　适用于电力牵引区段的跨线桥、天桥及雨棚等建（构）筑物。

·············　电力牵引区段的跨线桥在困难条件下的最小高度。

2. 客货共线铁路机车车辆限界

（1）机车车辆上部限界图（如图 1—3 所示），图中的数字单位为 mm。

（2）机车车辆下部限界图（如图 1—4 所示），图中的数字单位为 mm。

3. 线路间距

区间及站内两相邻线路中心线间的最小距离规定如下。

1）直线部分

直线部分铁路最小线间距如表 1—1 所示。

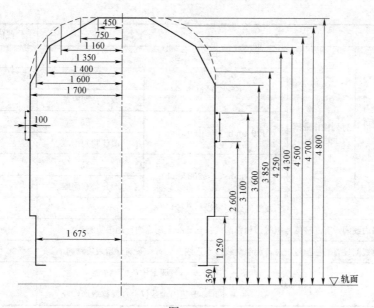

图 1-3

———————— 机车车辆限界基本轮廓。

- - - - - - - 电力机车限界轮廓。

—●—●—●— 列车信号、后视镜装置限界轮廓。

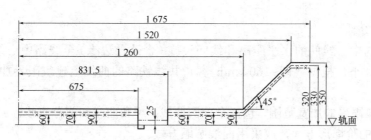

图 1-4

———————— 车体的弹簧承载部分。

- - - - - - - 转向架上的弹簧承载部分。

—×—×—×— 非弹簧承载部分。

—·—·—·— 机车闸瓦、撒砂管、喷油嘴最低轮廓。

表 1-1　铁路线间距

序号	名　　称		线间最小距离/mm
1	区间双线	$V \leqslant 120$ km/h	4 000
		120 km/h$<V \leqslant 160$ km/h	4 200
		160 km/h$<V \leqslant 200$ km/h	4 400
2	三线及四线区间的第二线与第三线		5 300
3	站内正线		5 000

序号	名　称			线间最小距离/mm
4	站内正线与相邻到发线	无列检作业		5 000
		$V\leqslant120$ km/h	一般	5 500
			改建特别困难	5 000
	有列检作业或上水作业	120 km/h$<V\leqslant$160 km/h	一般	6 000
			改建特别困难	5 500
		160 km/h$<V\leqslant$200 km/h	一般	6 500
			改建特别困难	5 500
5	到发线间或到发线与其他线			5 000
6	站内线间设有高柱信号机时，相邻两线（含正线）均需通行超限货物列车			5 300
7	站内线间设有高柱信号机时，相邻两线（含正线）只有一条通行超限货物列车			5 000
8	牵出线与其相邻线	调车作业繁忙车站		6 500
		改建困难或仅办理摘挂取送作业		5 000

注：线间有建（构）筑物或有影响限界的设施时，最小线间距按建筑限界计算确定。既有线列车最高运行速度提速到 140～160 km/h 时，可保持 4 m 线间距。

站内正线须保证能通过超限货物列车。此外，在编组站、区段站及区段内选定的 3～5 个中间站上，单线铁路应另有一条线路，双线铁路上、下行各另有一条线路，须能通行超限货物列车。

　　2）曲线部分

曲线地段的中心线间的水平距离和线间设施（含站台边缘）至线路中心线的最小距离，均按曲线半径大小，根据"$V\leqslant160$ km/h 客货共线铁路的曲线上建筑限界加宽办法"计算确定。

曲线上建筑限界的加宽范围，包括全部圆曲线、缓和曲线和部分直线。加宽方法可采用如图 1－5 所示的阶梯形方式，或采用曲线圆顺方式。

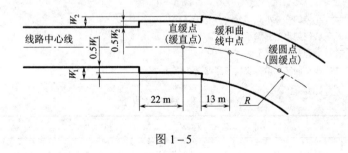

图 1－5

1.1.3　轨道、轨距与道岔

1. 轨道

新建、改建铁路正线采用 60 kg/m 钢轨的跨区间无缝线路，重载铁路正线宜采用 60 kg/m 及以上类型钢轨的无缝线路。钢轨优先采用 100 m（60 kg/m）、75 m（75 kg/m）长定尺轨。

设计速度 120 km/h 以上铁路正线有砟轨道应采用Ⅲ型轨枕和与轨枕配套的弹条扣件、一级碎石道砟。

国内普速铁路轨道结构主要为有砟轨道，由钢轨、扣件、轨枕、道床及道岔等组成。有砟轨道弹性好，在一定维修质量条件下具有较好的轮轨接触关系；减振、降噪效果较好，维修较方便；造价相对较低。

跨区间无缝线路指轨条长度跨越两个或多个区间，且车站正线上采用无缝道岔的无缝线路。跨区间无缝线路减小了钢轨接头数量，其轨面平顺，结构连续，沿线路纵向弹性均匀，行车舒适平稳，养护维修工作量少，在国内已广泛推广应用。因此，新建、改建铁路正线应采用 60 kg/m 钢轨的跨区间无缝线路。

我国铁路自 20 世纪 80 年代开始重载运输技术研究和重载铁路建设。近年来，在大秦、大包、北同蒲、迁曹等多条铁路线上开行了重载列车，铁路重载运输得以迅速发展。与国外相比，国内重载铁路运输的主要特点是运量大、编组长、密度大、速度快、轴重较小。国内重载铁路主要开行 25 t 轴重的万 t 或 2 万 t 列车，年通过总重达 2 亿 t 以上，其中大秦线年通过总重已超过 4 亿 t。目前国内重载铁路一般采用区间无缝线路，道岔未与无缝线路焊接，主要是便于道岔尖轨、辙叉的更换。

长定尺轨平直度好，减少了焊接接头数量。我国 60 kg/m 钢轨标准轨定尺长度为 12.5 m、25 m、100 m。75 kg/m 钢轨标准轨定尺长度为 25 m、75 m、100 m，目前受钢轨制造工艺等方面的限制，75 kg/m 钢轨 100 m 长定尺轨的批量生产还有待深入研究。为减少铁路线路钢轨焊接接头数量，提高线路平顺性，60 kg/m 钢轨应优先采用 100 m 长定尺轨，75 kg/m 钢轨应优先采用 75 m 长定尺轨。

国内普速铁路正线混凝土轨枕主要为Ⅱ型、Ⅲ型，Ⅲ型轨枕与Ⅱ型轨枕相比，其轨下承载能力提高了43%，枕中断面负弯矩承载能力提高了65%。提高轨枕承载能力是确保轨道强度、保持轨道几何状态、减少维修工作量的有效方式。设计速度 120 km/h 以上铁路正线有砟轨道应采用Ⅲ型轨枕。Ⅲ型轨枕分为有挡肩Ⅲa型混凝土枕和无挡肩Ⅲb型混凝土枕，有挡肩轨枕配套使用Ⅱ型弹条扣件；Ⅲ型弹条扣件是一种无螺栓扣件，与Ⅲ型无挡肩枕配套使用。

铁路道砟分为特级、一级两个等级。高速铁路采用特级道砟，普速铁路采用一级碎石道砟。一级道砟有两种级配，新建铁路用一级道砟粒径级配，既有线大修用一级道砟粒径级配。新建铁路用道砟级配，考虑线的工后沉降，规定了粒径小于 25 mm 以下的细颗粒含量，有利于提高道床的纵横向阻力与密实稳定性。

2. 轨距

轨距是钢轨头部踏面下 16 mm 范围内两股钢轨工作边之间的最小距离。直线轨距标准为 1 435 mm，曲线轨距按表 1-2 规定加宽。

表 1-2　曲线轨距加宽值

曲线半径 R/m	加宽值/mm
R≥295	0
245≤R<295	5
195≤R<245	10
R<195	15

线路两股钢轨顶面，在直线地段应保持同一水平。

曲线地段的外轨超高，应按有关规定的办法和标准确定。最大实设超高：双线地段不得超过 150 mm，单线地段不得超过 125 mm。

钢轨接头的预留轨缝应根据钢轨长度、当地历史最高及最低轨温、更换钢轨或调整轨缝时的轨温经计算确定。

绝缘接头的最小轨缝为 6 mm，最大轨缝为构造轨缝。长度大于或等于 25 m 钢轨铺设在历史最高与最低轨温温差大于 100 ℃的地区时，预留轨缝应进行个别设计。

3. 道岔

道岔应铺设在直线上，正线道岔不得与竖曲线重叠，其他道岔应尽量避免与竖曲线重叠。

正线道岔钢轨应与线路上的钢轨采用同一类型。其他道岔钢轨在不得已情况下采用与线路钢轨不同类型时，须保证道岔钢轨强度不低于线路钢轨强度，并在道岔前后各铺一节与道岔同轨型的钢轨。

道岔辙叉号数选择应符合下列规定：

① 正线道岔的直向通过速度不应小于路段设计行车速度；

② 用于侧向通过列车的单开道岔的辙叉号数应根据列车侧向通过的最高速度合理选用；

③ 侧向接发停靠旅客列车的单开道岔，不得小于 12 号；

④ 侧向接发停靠货物列车并位于正线的单开道岔，在中间站不得小于 12 号，在其他车站不得小于 9 号；

⑤ 列车轴重大于 25 t 的铁路正线单开道岔不得小于 12 号；

⑥ 其他线路的单开道岔不得小于 9 号；

⑦ 狭窄的站场采用交分道岔时，不得小于 9 号，但尽量不用于正线，必须采用时不得小于 12 号；

⑧ 峰下线路的对称道岔不得小于 6 号，三开道岔不得小于 7 号；

⑨ 段管线的对称道岔不得小于 6 号。

既有道岔的类型及辙叉号数不符合上述规定时，应按该道岔的辙叉号数限制行车速度，且应有计划地进行改造。

任务知识巩固

1. 铁路线路如何分类？

2. 何为正线？

3. 何为站线？

4. 何为岔线？

5. 简述轨道的组成。

6. 道岔辙叉号数选择应符合哪些规定？

任务 1.2 信号通信设备

本任务中，主要学习信号机及信号表示器的分类、显示方法、设置要求，以及联锁、闭塞设备等内容。

务学习目标

● **专业能力**

（1）能够了解信号机及信号表示器分类；

（2）能够掌握信号机及表示器显示距离；

（3）能够了解信号机设置要求。

● **方法能力**

（1）能够通过真实工作环境、云平台提供的学习环境或虚拟教室学习环境，自主学习铁路信号；

（2）能够依据铁路信号的特点，熟悉铁路视觉信号的颜色及含义；

（3）能够针对具体信号机设置，对无效信号机进行处理。

● **社会能力**

（1）具备良好的职业道德修养，能遵守职业道德规范，有较强的工作责任感；

（2）能灵活处理机车运用中的特殊情况，具有良好的心理素质和协调能力，善于交流，诚信、开朗；

（3）具有自主学习能力，有责任心，具有一定的分析能力，善于总结经验和创新。

1.2.1 信号机和信号表示器的分类

信号装置一般分为信号机和信号表示器两类。

1. 信号机的分类

信号机按类型分为色灯信号机、臂板信号机和机车信号机，具体如下：

① 色灯信号机是以灯光颜色和数目的变化显示信号的装置；

② 臂板信号机，昼间以臂板的不同位置、形状、颜色及数目等特征显示信号，夜间装有照明灯具，以不同颜色和数目的灯光显示信号；

③ 机车信号机，是装在机车司机室内的信号装置，用以反映地面信号信息。

信号机按用途分为进站、出站、通过、进路、预告、接近、遮断、驼峰、驼峰辅助、复示、调车信号机。

2. 信号表示器的分类

信号表示器是表示行车设备位置或状态的信号机具，通过它的表示对列车运行或调车作业发出指示。信号表示器分为道岔、脱轨、进路、发车、发车线路、调车及车挡表示器。

1.2.2　信号机和信号表示器在正常情况下的显示距离

各种信号机及信号表示器，在正常情况下的显示距离如下：

① 进站、通过、接近、遮断信号机，不得小于 1 000 m；

② 高柱出站、高柱进路信号机，不得小于 800 m；

③ 预告、驼峰、驼峰辅助信号机，不得小于 400 m；

④ 调车、矮型出站、矮型进路、复示信号机，容许、引导信号及各种表示器，不得小于 200 m。

在地形、地物影响视线的地方，进站、通过、接近、预告、遮断信号机的显示距离，在最坏的条件下，不得小于 200 m。

1.2.3　信号机设置要求

1. 信号机设置位置要求

信号机设在列车运行方向的左侧或其所属线路的中心线上空。反方向运行进站信号机可设在列车运行方向的右侧；其他特殊地段因条件限制，需设于右侧时，须经铁路局批准。

在确定设置信号机地点时，除满足信号显示距离的要求外，还应考虑该信号机不会被误认为是邻线的信号机。

2. 车站信号机设置要求

① 车站必须设进站信号机。进站信号机应设在距进站最外方道岔尖轨尖端（顺向为警冲标）不小于 50 m 的地点，因调车作业或制动距离需要延长时，一般不超过 400 m。

② 双线自动闭塞区间反方向进站信号机前方应设置预告标。

③ 在车站的正线和到发线上，应设出站信号机。出站信号机应设在每一发车线的警冲标内方（对向道岔为尖轨尖端外方）适当地点。

④ 在调车场的编发线上，必要时可设线群出站信号机。

3. 区间通过信号机设置要求

① 通过信号机应设在闭塞分区或所间区间的分界处。自动闭塞区段的通过信号机，不应设在停车后可能脱钩、牵引供电分相的处所，也不宜设在起动困难的地点。

② 自动闭塞区段信号机设置位置和显示关系应根据列车牵引计算确定，并应满足列车运行速度规定的制动距离和线路通过能力的要求。

③ 在自动闭塞区段内，当货物列车在设于上坡道上的通过信号机前停车后起动困难时，在该信号机上应装设容许信号。在进站信号机前方第一架通过信号机上，不得装设容许信号。

④ 在三显示自动闭塞区段的进站信号机前方第一架通过信号机柱上，应涂三条黑斜线；四显示自动闭塞区段的进站信号机前方第一、第二架通过信号机的机柱上，应分别涂三条、一条黑斜线。

4. 半自动闭塞、自动站间闭塞区段信号机设置要求

① 半自动闭塞、自动站间闭塞区段，进站信号机为色灯信号机时，设色灯预告信号机或接近信号机。

② 遮断信号机和半自动闭塞、自动站间闭塞区段线路所通过信号机，设预告信号机。

③ 列车运行速度不超过 120 km/h 的区段，预告信号机与其主体信号机的安装距离不得小于 800 m，当预告信号机的显示距离不足 400 m 时，其安装距离不得小于 1 000 m。

④ 列车运行速度超过 120 km/h 的区段，设置两段接近区段，在第一接近区段和第二接近区段的分界处，设接近信号机，在第一接近区段入口内 100 m 处，设置机车信号接通标。

5. 特殊地段设置要求

特殊地段因条件限制，同方向相邻两架指示列车运行的信号机（预告、遮断、复示信号机除外）间的距离小于制动距离时，按下列方式处理：

① 在列车运行速度不超过 120 km/h 的区段，当两架信号机间的距离小于 400 m 时，前架信号机的显示，必须完全重复后架信号机的显示；当两架信号机间的距离在 400 m 及以上，但小于 800 m 时，后架信号机在关闭状态时，则前架信号机不准开放；

② 在列车运行速度超过 120 km/h 的区段，两架有联系的信号机间的距离小于列车规定速度级差的制动距离时，应采取必要的降级或重复显示措施。

6. 进路表示器的设置要求

① 出站信号机有两个及以上的运行方向，而信号显示不能分别表示进路方向时，应在信号机上装设进路表示器。

② 发车进路兼出站信号机，根据需要可装设进路表示器，区分进路方向。

③ 双线自动闭塞区段，有反方向运行条件时，出站信号机设进路表示器。

7. 发车表示器的设置要求

发车信号辨认困难的车站，在便于司机瞭望的地点可装设发车表示器。

8. 调车色灯信号机、调车表示器的设置要求

① 为满足调车作业的需要，应设调车色灯信号机。

② 在作业繁忙的调车场上，因受地形、地物影响，调车机车司机看不清调车指挥人的手信号时，设调车表示器。

9. 发车线路表示器的设置要求

设有线群出站信号机时，在线群每一条发车线路的警冲标内方适当地点，装设发车线路表示器。

10. 进路色灯信号机的设置要求

设有两个及以上车场的车站，转场进路应设进路色灯信号机。

11. 引导信号的设置要求

进站及接车进路色灯信号机，均应设引导信号。

12. 驼峰及驼峰色灯辅助信号机的设置要求

驼峰应装设驼峰色灯信号机。驼峰色灯信号机可装设驼峰色灯辅助信号机。驼峰色灯信号机或辅助信号机的显示距离不能满足推峰作业要求时，根据需要可再装设驼峰色灯复示信号机。

驼峰色灯辅助信号机，可兼作出站或发车进路信号机，并根据需要装设进路表示器。

11

13. 复示信号机的设置要求

① 进站、出站、进路信号机及线路所通过信号机，因受地形、地物影响，达不到规定的显示距离时，应设复示信号机。

② 设在车站岔线入口处的调车色灯信号机，达不到规定的显示距离时，根据需要可设调车复示信号机。

14. 道岔表示器及脱轨表示器的设置要求

① 非集中操纵的接发车进路上的道岔，装设道岔表示器，集中操纵的道岔、调车场及峰下咽喉的道岔，不装设道岔表示器；其他道岔根据需要装设道岔表示器。

② 集中联锁调车区进行连续溜放作业的分歧道岔，设道岔表示器。

③ 集中联锁以外的脱轨器及引向安全线或避难线的道岔，设脱轨表示器。

1.2.4　联锁设备

1. 联锁设备分类

联锁设备分为集中联锁（计算机联锁和继电联锁）和非集中联锁（色灯电锁器联锁和臂板电锁器联锁）。

编组站、区段站和电源可靠的其他车站，采用集中联锁。列车调度指挥系统（TDCS）和调度集中系统（CTC）区段，车站应采用集中联锁。

2. 联锁设备设置条件

站内正线及到发线上的道岔，均须与有关信号机联锁。区间内正线上的道岔，须与有关信号机或闭塞设备联锁。各种联锁设备（驼峰除外）应满足下列条件：

① 当进路上的有关道岔开通位置不对或敌对信号机未关闭时，防护该进路的信号机不能开放；信号机开放后，该进路上的有关道岔不能扳动，其敌对信号机不能开放。

② 半自动闭塞、自动站间闭塞及三显示自动闭塞区段，正线上的出站信号机未开放时，进站信号机不能开放通过信号；主体信号机未开放时，预告信号机不能开放。

③ 装有转换锁闭器，电动、电液转辙机的道岔，当第一连接杆处（分动外锁闭道岔为锁闭杆处）的尖轨与基本轨间、心轨与翼轨间有 4 mm 及以上水平间隙时，不能锁闭或开放信号机。

④ 区间辅助所内正线上的道岔，未开通正线时，两端站不能开放有关信号机。设在辅助所的闭塞设备与有关站闭塞设备应联锁。

3. 集中联锁设备的作用

① 当进路建立后，该进路上的道岔不能转换；当道岔区段有车占用时，该区段的道岔不能转换；列车进路向占用线路上开通时，有关信号机不能开放（引导信号除外）。

② 能监督是否挤岔，并于挤岔的同时，使防护该进路的信号机自动关闭，被挤道岔未恢复前，有关信号机不能开放。

③ 在控制台（或操纵、表示分列式的表示盘及监视器）上应能监督线路与道岔区段是否占用、进路开通及锁闭，复示有关信号机的显示。

4. 非集中联锁设备的作用

① 应保证车站值班员能控制接、发车进路和信号机的开放与关闭。

② 在控制台上应有接、发列车的进路开通表示；采用色灯电锁器联锁时，还应有进站

信号机的开放、关闭和出站信号机、引导信号的开放表示；到发线设有轨道电路时，应有到发线的占用表示。

注意：

① 在作业繁忙的调车区域，根据需要，可采用调车区集中联锁；

② 信号设备联锁关系的临时变更或停止使用，须经铁路局批准。

1.2.5　闭塞设备

闭塞设备分为自动闭塞、自动站间闭塞和半自动闭塞。具体设置条件如下：

① 在单线区段，应采用半自动闭塞或自动站间闭塞，繁忙区段可根据情况采用自动闭塞；

② 在双线区段，应采用自动闭塞；

③ 在一个区段内，原则上应采用同一类型的闭塞方式。

在列车运行速度超过 120 km/h 的双线区段，采用速差式自动闭塞，列车紧急制动距离由两个及以上闭塞分区长度保证。

1.2.6　列车调度指挥系统、调度集中系统

铁路运输指挥应采用列车调度指挥系统（TDCS）或调度集中系统（CTC）。

1. TDCS

TDCS 由中国铁路总公司、铁路局、车站三级构成，应能实时自动采集列车运行及现场信号设备状态信息，并传送到中国铁路总公司调度指挥中心和铁路局调度所，完成列车运行实时追踪、无线车次号校核、自动报点、正晚点统计分析、交接车自动统计、列车实际运行图自动绘制、阶段计划人工和自动调整、调度命令及行车计划下达、站间透明、行车日志自动生成等功能，实现各级运输调度的集中管理、统一指挥和实时监督。

TDCS 应能满足高安全、高可靠、高实时性的要求，建立维护管理体制，保证设备正常使用。

TDCS 应配置独立的处理平台，关键设备采用冗余配置。TDCS 采用独立的业务专网，中国铁路总公司调度指挥中心、铁路局调度所及车站采用双局域网，各级局域网通过专用数字通道组成双环形广域网。

2. CTC

CTC 由铁路局、车站两级构成。CTC 除实现 TDCS 的全部功能外，还应实现列车编组信息管理、调车作业管理、综合维修管理、列车/调车进路人工和计划自动选排、分散自律控制等功能。

调度集中区段，车站应设集中联锁，区间应设自动闭塞或自动站间闭塞。

调度集中系统原则上应将同一调度区段内、同一联锁控制范围内所有车站（车场、线路所）的信号、联锁、闭塞设备纳入控制范围。调度集中区段的两端站、编组站、区段站，以及调车作业较多、有去往区间岔线列车或中途返回补机的中间站，可不列入调度所中心控制，应能通过调度集中车站终端进行自动或人工控制。

CTC 应具备分散自律控制和非常站控两种模式。分散自律控制模式是通过调度集中设备，实现进路自动和人工办理的模式；非常站控模式是遇行车设备故障或施工、维修需要时，

脱离调度集中系统控制，转为车站联锁控制台人工办理的模式。

CTC 应配置独立的处理平台，设备采用冗余配置，通信协议与 TDCS 一致。CTC 采用独立的业务专网，各级采用双局域网并通过专用数字通道组成双环形广域网。

3. CTC/TDCS 与 GSM－R 的结合

CTC/TDCS 与 GSM－R 数字移动通信系统或列车无线调度通信设备结合，实现调度命令、接车进路预告信息、调车作业通知单等向司机的传送，并能通过无线通信系统获取车次号校核、调车请求及签收回执等信息。

1.2.7 机车信号机、列车运行监控装置、轨道车运行控制设备

最高运行速度不超过 160 km/h 的机车，机车信号设备与列车运行监控装置（LKJ）结合使用，轨道车等自轮运转特种设备使用轨道车运行控制设备（GYK）。

1. 机车信号机

机车信号分为连续式和接近连续式。自动闭塞区段应装设连续式机车信号机，半自动闭塞和自动站间闭塞区段应装设接近连续式机车信号机。

车站正线、到发线应实现电码化或采用与区间同制式轨道电路。

机车信号的显示，应与线路上列车接近的地面信号机的显示含义相符。机车停车位置，应以地面信号机或有关停车标志为依据。

2. 列车运行监控装置

列车运行监控装置（LKJ）具有监控、记录、显示及报警等功能。

LKJ 软件、基础数据和控制模式设定的管理，按中国铁路总公司有关规定执行。各机车、动车组运用区段车载数据文件的编制和控制模式的设定和调整，应由铁路局专业机构实施，由铁路局实行集中统一管理。

装备在机车上的 LKJ 设备应按高于线路允许速度 2 km/h 报警、3 km/h 卸载、5 km/h 常用制动、8 km/h 紧急制动设置模式曲线。

LKJ 产生的列车运行记录数据是行车安全分析的重要依据，任何单位和人员不得更改。电务维修机构应妥善保存 LKJ 列车运行记录数据。

3. 轨道车运行控制设备

轨道车运行控制设备（GYK）具有轨道电路信息接收、运行监控、警醒、数据记录、语音记录及人机交互等功能。

轨道车运行控制设备具有正常监控模式、目视行车模式、调车模式、区间作业模式和非正常行车模式等控制模式。

1.2.8 CTCS－2 级列控系统

CTCS－2 级列控系统基于轨道电路和点式应答器传输行车许可信息，采用目标距离连续速度控制模式监控列车运行。完全监控模式下按高于线路允许速度 2 km/h 报警、5 km/h 常用制动、10 km/h 紧急制动设置模式曲线。

1. CTCS－2 级列控系统的组成

CTCS－2 级列控系统由列控车载设备和地面设备组成。

列控车载设备主要由车载安全计算机、轨道电路信息读取器、应答器信息接收单元、列

车接口单元、记录单元、人机界面等部件组成。

列控地面设备由列控中心、临时限速服务器、ZPW-2000 系列轨道电路、应答器等设备组成。其中，CTCS-2 级区段临时限速服务器集中管理列控限速调度命令，具备列控限速调度命令的存储、校验、撤销、拆分、设置、取消的管理功能，具备列控限速设置时机的辅助提示功能；CTCS-2 级区段应答器提供线路数据、临时限速、级间转换等信息。应答器组设置、报文定义及组间距离等应满足列控车载设备控车要求。

注意：装备 CTCS-2 级列控车载设备的动车组应装设 LKJ 设备。

2. CTCS-2 级列控车载设备的控车模式

CTCS-2 级列控车载设备的控车模式有完全监控、部分监控、引导、目视行车、调车、隔离和待机共 7 种模式。

① 完全监控模式是列车的正常运行模式。列控车载设备根据控车数据自动生成目标距离模式曲线，司机依据人机界面显示的列车运行速度、允许速度、目标速度和目标距离等信息控制列车运行。

② 部分监控模式是列控车载设备接收到轨道电路允许行车信息，而缺少应答器提供的线路数据或限速数据时使用的模式。在部分监控模式下，限速值为 45 km/h。

③ 引导模式是在进站建立引导进路后，列控车载设备按照最高限速 40 km/h 控车的模式。

④ 目视行车模式是司机控车的固定限速模式，限速值为 40 km/h。列控车载设备显示停车信号后，司机按规定操作转入目视行车模式。

⑤ 调车模式是动车组进行调车作业的固定限速模式，限速值为 40 km/h。司机按压专用按钮使列控车载设备转入调车模式。只有在列车停车时，司机才可以选择进入或退出调车模式。

⑥ 隔离模式是列控车载设备控制功能停用的模式。列车停车后，根据规定，司机操作隔离装置使列控车载设备转入隔离模式。

⑦ 待机模式是列控车载设备上电后的默认模式。列控车载设备自检后，自动处于待机模式。在待机模式下，列控车载设备正常接收轨道电路及应答器信息。

CTCS-2 级列控车载设备 7 种控车模式之间的转换见表 1-3。

表 1-3 CTCS-2 级列控车载设备 7 种控车模式之间的转换

当前模式	转换模式						
	待机模式	部分监控模式	完全监控模式	引导模式	目视行车模式	调车模式	隔离模式
待机模式	—	人工/停车	—	—	人工/停车	人工/停车	人工/停车
部分监控模式	人工/停车	—	自动	自动	人工/停车	人工/停车	人工/停车
完全监控模式	人工/停车	自动	—	人工	人工/停车	人工/停车	人工/停车
引导模式	人工/停车	自动	自动	—	人工/停车	人工/停车	人工/停车
目视行车模式	人工/停车	自动	自动	自动	—	人工/停车	人工/停车
调车模式	人工/停车	—	—	—	—	—	人工/停车
隔离模式	人工/停车	—	—	—	—	—	—

注意：信号安全数据网应采用专用光纤、不同物理径路冗余配置，确保列控中心（TCC）、计算机联锁（CBI）和临时限速服务器（TSRS）等信号系统安全信息可靠传输。

1.2.9 信号集中监测系统、驼峰信号、道口自动信号

1. 信号集中监测系统

信号集中监测系统包括站机、采集设备、服务器、各级终端及数据传输设备，应全程联网，实现远程诊断和故障报警功能。

信号集中监测系统监测范围应包括计算机联锁设备、列控地面设备（无源应答器除外）、调度集中设备、电源屏等信号系统设备。

2. 驼峰信号

① 机械化、半自动化、自动化驼峰调车场应采用道岔自动集中；简易、非机械化驼峰调车场，根据需要可采用道岔自动集中。

② 半自动化、自动化驼峰由控制系统、基础设备和监测设备构成。根据驼峰的站场布置和作业需要，选择、配置系统设备。装设集中联锁设备的驼峰头部调车进路（线束溜放区除外）应符合联锁的相关规定。

③ 设车辆减速器的驼峰，在驼峰信号机前适当地点装设车辆减速器的限界检查器。超限车辆通过时，应使驼峰信号机自动关闭，在控制台（显示屏）上发出相应的表示及音响信号，同时向峰顶发出音响信号。

④ 驼峰溜放车组速度控制调速制式可采用点式、点连式、连续式。点式采用减速器调速方式，点连式采用减速器－减速顶调速方式，连续式采用减速顶调速方式。

⑤ 根据车辆减速器和转辙机对动力供应的要求，可设置专用动力站。动力站控制方式应能自动控制或手动控制，保证不间断地向全场供应动力，并应设监测设备。

⑥ 驼峰控制台或显示屏上应有信号机的显示状态、道岔位置、轨道电路区段的占用情况及邻接联锁区的有关表示。当装设驼峰道岔自动集中时，应有车组顺序和进路去向的表示。半自动化、自动化驼峰控制台或显示屏上应有自动控制设备的相应表示。

设车辆减速器的驼峰应在控制台或显示屏上表示出车辆减速器的动作状态、轨道电路区段占用情况、车辆实际速度。

设推峰机车遥控的驼峰应在控制台或显示屏上表示出机车动作状态、推峰股道、机车实际速度。

当驼峰信号机由开放转为关闭时，应以音响为辅助信号，通知峰顶调车人员。

3. 道口自动信号

① 应在列车接近道口时，向道路方向显示停止通行信号，并发出音响通知；如附有自动栏杆（门），栏杆（门）应自动关闭。

② 在列车全部通过道口前，道口信号应始终保持禁止通行状态，自动栏杆（门）应始终保持关闭状态。道口信号设备停用或故障时，应向道口看守人员提示。

③ 道口自动通知（含无线道口报警）设备，应在列车接近道口时，以音响和灯光显示通知道口看守人员。

1.2.10 铁路通信

铁路通信网是覆盖铁路的统一、完整的专用通信网，为运输生产和经营管理提供话音、数据和图像通信业务。铁路通信应符合国家、铁道行业的有关技术标准和质量要求，确保全

程全网安全、可靠、迅捷、畅通。

传输网应提供多种速率、类型的通信通道。传输网应对重要业务通道进行保护，重要业务节点的系统和设备应采用冗余配置。

数据通信网应为铁路运输组织、客货营销、经营管理等信息系统和综合视频监控、会议电视、应急通信、GPRS、旅客服务等业务提供承载平台。数据通信网中的重要节点设备应冗余配置，其设备间的连接应采用不同的物理路由。

注意：铁路自动电话网的本地网设置应与铁路局设置相适应。

1. 通信设备

铁路通信应根据下列主要通信业务，配置相应通信设备：

① 普通电话（固定、移动）；

② 专用电话（固定、移动），包括调度电话、车站（场）电话、站间行车电话等；

③ 会议电话；

④ 广播；

⑤ 数据承载；

⑥ 数据终端（铁路电报、列车调度命令信息无线传送、车次号校核信息无线传送、列车尾部风压信息传送、列车安全防护预警信息传送等）；

⑦ 图像通信（会议电视、综合视频监控等）；

⑧ 应急通信；

⑨ 时钟、时间同步基准信号。

2. 调度通信系统

铁路各调度区段应设置调度通信系统，提供调度电话、车站（场）电话、站间行车电话等专用电话业务，满足铁路运输组织和生产指挥的需要。调度通信网络应保持相对独立和专用。

① 列车（有线）调度电话准许列车调度员、机车（动车组）调度员、车辆调度员、机务段（客运段）调度员（值班员）、客运调度员、车站值班员（车站调度员）、供电（电力）调度员、电力牵引变电所值班人员、道口看守员加入通话，根据需要允许动车组随车机械师（简称随车机械师）、车辆乘务员、机车（动车组）司机、列车长、自轮运转特种设备司机、救援列车主任和施工负责人及巡守人员利用区间通信设施加入通话。

站间行车电话及扳道电话，禁止其他电话接入。

② 在无线列调区段，列车无线调度电话系统准许列车调度员、机车（动车组）调度员、车站值班员、助理值班员、机车（动车组）司机、自轮运转特种设备司机、列车长、纳入联控的道口看守人员、随车机械师（车辆乘务员）加入通话；允许救援列车主任在执行救援任务时，临时加入通话；未纳入联控的道口看守、防护人员、车站客运值班员和巡守人员在紧急情况下，可临时加入通话。

③ 在 GSM-R 移动通信区段，根据调度指挥的需要设置组呼。列车 GSM-R 无线调度电话系统准许列车调度员、车站值班员、助理值班员、信号员、机车（动车组）司机、自轮运转特种设备司机、纳入联控的道口看守人员加入组呼通话，根据需要允许列车长、随车机械师（车辆乘务员）、客运值班员、救援列车主任加入组呼通话；未纳入联控的道口看守、防护人员和巡守人员在紧急情况下，可加入组呼通话。

④ 调度所、车站和机车、动车组装备的列车调度通信设备应连接语音记录装置，对列车调度、站间行车的通话进行录音。

3. 无线通信

① 机车、动车组及自轮运转特种设备，根据运行区段装备相应的车载无线通信设备。

② 司机、随车机械师（车辆乘务员）、列车长、乘警均应配备无线对讲设备，在 GSM－R 区段运行时还应配备 GSM－R 手持终端。动车组列车停靠的车站，车站客运值班员应配备与司机通信联络用的无线对讲设备。

③ 在编组站、区段站，应装设平面调车、驼峰调车等站场无线通信设备。

④ 列车无线调度通信系统的场强覆盖、服务质量应符合铁路相关技术标准、规范的规定，并满足车载无线通信设备检修、维护的需要。

⑤ 在铁路运输生产中，凡设置使用无线电设备的单位，都必须遵守国家和铁路无线电管理的有关规定。对铁路专用无线电频率，应采取必要的监测和保护措施。

4. 应急通信

铁路应急通信由中国铁路总公司、铁路局应急通信中心设备和现场设备组成。应急通信应充分利用既有各种通信资源和手段，在处理突发事件时，提供事件现场与指挥中心的话音、数据、图像通信。

5. 区间通信

区间通信柱（通话柱）的设置，由铁路局根据运用需要和实际情况确定。

区间通信柱（通话柱）应尽量靠近线路，并安装在防护网内，与线路中心的水平距离应能保证使用人员的人身安全和养路机械的施工作业要求，每隔 1.5 km 左右安装一个；在自动闭塞区段，其安装位置尽量与通过信号机的位置相对应。

6. 时钟同步及时间同步系统

在中国铁路总公司调度指挥中心、铁路局调度所、车站等节点根据需要设置时钟同步及时间同步系统设备，为铁路各专业系统及地面电子时间显示设备提供统一的时钟、时间同步基准信号源。

7. 系统监控

① 在通信机房，设置电源及机房环境监控系统，对温度、湿度、门禁、通信电源系统等状况进行统一监控。

② 铁路通信网应设置网元管理和综合网管系统。根据需要设置光缆监测、漏缆监测、铁塔安全监测、无线电频率干扰监测、GSM－R 网络接口监测等系统。

③ 根据需要，设置综合视频监控系统。综合视频监控系统结构和质量应符合铁路相关技术标准、规范的规定。

8. 通信传输线路

（1）干线、地区及站场的光缆、电缆宜敷设在预埋管道或预制电缆槽内。调度所、通信枢纽、车站、区间信号中继站、通信基站、牵引变电所等重要业务站点宜采用不同物理路由的光缆引入。

铁路信号、通信线路应敷设在铁路线路安全保护区内。

（2）信号传输线路，可采用电缆、光缆等传输手段。通信传输线路以光缆为主。

在最大弛度时，架空光电缆及线条最低点至地面、轨面的一般距离规定如下：

① 在区间，距地面不小于 3 000 mm；

② 在站内，距地面不小于 4 500 mm；

③ 跨越道路，距地面不小于 5 500 mm；

④ 在与铁路交叉地点，距钢轨顶面不小于 7 500 mm。

在架空线线路下面、地下光缆和电缆线路上面，禁止植树。架空线线路附近的树枝与线路的距离，在市区内不小于 1 000 mm，在市区外不小于 2 000 mm。地下光缆和电缆线路与树木的平行距离，在市区内不小于 750 mm，在市区外不小于 2 000 mm。

在信号、通信线路及设备附近进行施工或作业时，应会同设备维护部门，采取安全防护措施。

（3）在通信架空线线路上，禁止架设广播线。当通信明线或架空光、电缆与供电线路、广播线或其他电话线路并行或跨越时，其间必须保持的距离应符合有关规定，并采取防止干扰措施。

（4）通信线路或设备损坏时，应按下列顺序抢通和恢复：

① 列车调度电话；

② 站间行车电话、扳道电话、信号闭塞线路；

③ 列车调度指挥系统和调度集中系统的通道；

④ 牵引供电远动通道；

⑤ 信号安全数据网通道；

⑥ 车辆运行安全监测通道；

⑦ 旅客服务系统通道；

⑧ 客票系统通道；

⑨ 车号自动识别系统通道；

⑩ 其他。

（5）邻近线路的通信杆、通信塔应采取必要的防护措施，防止杆、塔倾倒侵入铁路限界。

任务知识巩固

1. 信号机按类型和用途如何分类？

2. 信号表示器如何分类？

3. 信号机及表示器，在正常情况下的显示距离有何规定？

4. 信号机设置位置有何要求？

5. 车站信号机设置有何要求？

6. 区间通过信号机设置有何要求？

7. 半自动闭塞、自动站间闭塞区段信号机设置有何要求？

8. 闭塞设备分为哪几种？

9. 机车信号如何分类？

10. 列车运行监控装置具有哪些功能？

11. 轨道车运行控制设备具有哪些功能？

12. CTCS－2 级列控车载设备的控车模式有哪几种？

任务 1.3 站 场 设 备

务描述

本任务中主要学习了铁路车站的分类，以及满足铁路运输生产服务，铁路车站需要配备的设备。

务学习目标

● 专业能力
（1）掌握车站分类；
（2）了解车站主要设备；
（3）认识车站客运设备；
（4）认识车站货运设备。
● 方法能力
（1）能够通过真实工作环境、云平台提供的学习环境或虚拟教室学习环境，自主学习铁路站场设备；
（2）能够依据铁路站场设备的特点，熟悉铁路车站的分类；
（3）能够针对客运设备和货运设备设置，掌握站场设备的用法。
● 社会能力
（1）具备良好的职业道德修养，能遵守职业道德规范，有较强的工作责任感；
（2）能灵活处理机车运用中的特殊情况，具有良好的心理素质和协调能力，善于交流，诚信、开朗；
（3）具有自主学习能力，有责任心，具有一定的分析能力，善于总结经验和创新。

务理论知识

1.3.1 车站

铁路车站按其技术作业性质不同，可分为中间站、区段站和编组站，编组站和区段站总称为技术站。按业务性质不同，车站可分为客运站、货运站和客货运站。

1. 中间站
中间站是为了提高铁路区段通过能力，保证行车安全并为沿线城乡及工农业生产服务而在铁路牵引区段内设置的车站，中间站除办理列车的通过、交会、越行外，还办理日常客货运输和调车、列车技术检查作业。仅办理列车会让和越行，必要时可兼办少量旅客乘降作业的车站在单线铁路上称会让站，在双线铁路上称越行站。

2. 区段站

区段站设在牵引区段的起讫点，其主要任务是为邻接的铁路区段供应及整备机车，或更换机车乘务组，并为无改编中转货物列车办理规定的技术作业。此外，还办理一定数量的列车解编作业及客货运业务。在设备条件具备时，还进行机车、车辆的检修业务。

3. 编组站

编组站设在路网交叉汇合地点，是路网中车流的主要集散点，办理大量货物列车解体和编组作业，是列车的"制造工厂"。编组站以处理改编中转货物列车为主，编解各种货物列车，负责路网上和枢纽地区车流的组织；同时还供应列车动力，对机车进行整备和检修，对车辆进行日常维修和定期检修。

4. 客运站

客运站设在客流较大的大中等城市，为旅客办理客运业务，设有旅客乘降设施。客运站是铁路旅客运输的基本生产单位，其主要任务是组织旅客安全、迅速、准确、方便地上下车；办理行包、邮件的装卸搬运作业；组织旅客列车安全、正点到发和客车车底取送；为旅客提供高质量的服务。有的客运站还兼办少量货运作业。

5. 货运站

货运站是专门办理货物装卸作业及货物联运、货物换装的车站，也办理少量的客运货、货车中转作业，按其服务对象的不同，可分为城市企业居民和仓库区服务的公共货运站、为不同铁路轨距之间货物换装服务的换装站、为某一工矿企业或工业区生产服务的工业站、为港口服务的港湾站等。

1.3.2 车站主要设备

车站根据业务性质、运量大小及技术作业的需要，设置下列主要设备：

① 到发线；

② 调车线；

③ 牵出线；

④ 机车运转整备线、车辆站修线及救援列车停留线、自轮运转特种设备停留线等；

⑤ 办理货物装卸作业的车站，应有货物装卸线，并根据需要设置高架货物线、换装线、轨道衡线、货车洗刷线、油罐列车整备线、机械冷藏车加油线及特殊危险货物车辆停留线；

⑥ 机务段所在地车站，应设有机车出入段专用的机车走行线和机待线；

⑦ 与动车组运用所（简称动车所）、动车段相连接的车站，应设动车组走行线（当设有专用的机车走行线并具有相同进路时，可以合设）；

⑧ 动车组长期停放的车站应设动车组存车线；

⑨ 通信、信号、联锁、闭塞设备；

⑩ 编组站、区段站应根据作业需要，修建简易驼峰、半自动化驼峰或自动化驼峰，设置车辆减速器、减速顶、加速顶等调速设备；

⑪ 根据接发列车、调车作业的需要设置隔开设备等安全设施；

⑫ 调车作业繁忙的车站，应设置站场扩音设备、站场无线通信设备、货运票据和调车作业通知单传递（输）装置，车场内线路间、牵出线和推峰线调车人员经常走行区域应填平（不得高于道床），并设有排水和高架照明设备，车场间应有硬路面的通道；

⑬ 列车预确报、现在车管理等信息系统设备；

⑭ 无线调车灯显设备、无线调车机车信号和监控系统（STP）；

⑮ 货物列车尾部安全防护装置（简称货物列车列尾装置）主机的维修、检测设备等；

⑯ 编组站、区段站和开行动车组列车的客货共线线路入口车站应设超偏载检测装置、轨道衡、超限检测仪、货车装载视频监控设备等货运安全检测设备；

⑰ 机车乘务组、动车组司机及随车机械师、客运乘务组进行中途换乘作业的车站，应配备值班室、休息室和必要的配套设施；

⑱ 有货物列车列检作业的编组站到发线间地面应具备方便作业条件。

1.3.3　车站客运设备

客运站房，应根据客运量设有便于购买车票、办理行李包裹、候车、问询、引导、广播、时钟、携带品寄存，以及为旅客服务的文化、卫生及生活上的必要设备。根据规定还应设置实名制验证和制证设备、安全检查设备、客运信息查询设备、视频监控设备、行李包裹到达查询设备、垃圾存放设备、消防设备等，根据需要设置电梯、自动扶梯、无障碍通道和相应的助残设施、污物处理设施、自动售检票和取票设备等。

办理客运业务的车站应设旅客站台，并应有照明、引导、广播、时钟和视频监控设备。车站应设置围墙或栅栏。办理行李包裹业务的车站应设行包通道，站台长度应满足行包装卸作业需要。

大中型客运站站前应有广场，站台应有雨棚，跨越线路应采用天桥或地道。

旅客列车停靠的高站台边缘距线路中心线的距离为 1 750 mm，安全标线距站台边缘 1 000 mm。

非高站台安全标线与站台边缘距离为：列车通过速度不大于 120 km/h 时，1 000 mm；列车通过速度 120 km/h 以上至 160 km/h 时，1 500 mm；列车通过速度 160 km/h 以上至 200 km/h 时，2 000 mm。也可在距站台边缘 1 200 mm（困难条件下 1 000 mm）处设置防护设施。

1.3.4　车站货运设备

办理货运作业的车站，应设有办理托运、检斤、制票、收款、问询、交付等必要设备，并应根据需要设有货物站台、仓库及货位、堆场、集装箱装卸场地、雨棚、排水、消防、照明、通路及围墙、货运安全检测及防护、视频集中监控、信息化系统等设备。

货物装卸作业量较大的车站，应分设综合性货场和专业性货场；根据需要设爆炸品、剧毒品的专用货场和仓库，轨道衡、货车洗刷、散堆装货物抑尘等设备。办理集装箱的车站，根据需要配备集装箱专用装卸设备和超偏载检测设备。

货物装卸作业应采用机械化设备。货车洗刷除污地点，应设有处理污染及排泄设备。在尽头站台处应设有车钩缓冲装置。

重载铁路编组站应设置列车组合车场和空车分解车场，根据需要设置机车整备、车辆检修、线路维护、通信信号设备维修、供电设备维修、应急救援等设施。

集装箱中心站，应按整列装车的要求设置线路有效长及配套设施。根据需要设置集装箱装卸、储存、称重、交付、检修、清洗、多式联运、综合物流等设备及信息管理系统。

务知识巩固

1. 铁路车站如何分类？
2. 车站主要设备有哪些？

任务 1.4 机 车 车 辆

务描述

本任务中主要学习铁路机车、车辆、动车组的相关要求，需要配备的设备，相关技术参数，检修要求等内容。

务学习目标

● 专业能力
（1）了解机车分类和标记；
（2）掌握机车运用常识和机车检修修程；
（3）了解车辆分类和标记；
（4）了解车辆检修；
（5）了解动车组标记与设备配置。
● 方法能力
（1）能够通过真实工作环境、云平台提供的学习环境或虚拟教室学习环境，自主学习机车车辆的知识；
（2）能够依据机车车辆的特点，熟悉铁路机车车辆相关要求；
（3）能够依据动车组的特点，熟悉铁路动车组相关要求。
● 社会能力
（1）具备良好的职业道德修养，能遵守职业道德规范，有较强的工作责任感；
（2）能灵活处理机车运用中的特殊情况，具有良好的心理素质和协调能力，善于交流，诚信、开朗；
（3）具有自主学习能力，有责任心，具有一定的分析能力，善于总结经验和创新。

务理论知识

1.4.1 机车

1. 机车分类

① 机车按牵引动力方式分为电力机车、内燃机车。

② 机车按传动方式分为交流传动和直流传动。

③ 机车按用途分为客运机车、货运机车、调车机车。

2. 机车标记与设备配置

1）机车标记

机车应有识别的标记：路徽、配属局段简称、车型、车号、最高运行速度、制造厂名及日期。在机车主要部件上应有铭牌，在监督器上应有检验标记。电气化区段运行的机车应有"电化区段严禁攀登"的标识。内燃机车燃料箱上应标明燃料油装载量。

2）机车设备配置

机车须配备机车信号、列车运行安全监控系统（包括 LKJ、机车安全信息综合监测装置 TAX 箱、机车语音记录装置、列车运行状态信息系统车载设备、机车车号识别设备）、车载无线通信设备、机车列尾控制设备等。机车应逐步配备机车车载安全防护系统、机车限鸣示警系统及空气防滑装置等。机车应向车辆的空气制动装置提供风源，具有双管供风装置的机车应向车辆空气弹簧等其他用风装置提供风源；具有直供电设备的机车应向车辆提供电源。

电力机车还应配备自动过分相装置，并根据需要装设弓网检测装置等。根据需要，机车还可配备车内通信、空调、卫生及供氧等设备。

3. 机务段设备配置

为保证机车处于良好的技术状态，应有进行检修和整备作业的机务段、机车检修段等机务维修机构。

① 机务段宜设置在客、货列车始发终到较多，车流大量集散的枢纽地区，有利于机车的集中配置使用。段内停放机车和整备作业的线路应平直，线路纵断面的坡度不得超过1‰。

② 机务段、机车检修段根据承担机车运用、整备、检修的范围配备必要的机车运用、整备、检查、检测、修理设备和设施。

③ 机车整备根据需要应有股道管理自动化系统和整备库（棚）、检测棚、整备线检查坑和作业平台等设施，设置机车补充砂、水、润滑油、燃料及转向、检查、检测、清洗、保养、卸污、化验等机车整备设备；配备机车检修必需的设备、设施；电力机车整备线的接触网应有分段绝缘器、隔离开关设备及联锁标志灯等。

④ 机车检查、检测、修理根据需要应有机车检修库和配件修理、辅助加工、动力、起重、运输、检测、试验、存储等厂房及设备，应设置行车安全设备检测、维修的设备和设施。

⑤ 配属、支配使用内燃机车的机务段根据运用整备需要还应有 1～2 个月的机车燃料储存油库。

4. 机车检修

机车实行计划预防修，逐步推行基于大数据技术的预见性维修，开展机车主要部件的故障预测和健康管理，实施主要零部件的专业化、集约化、规模化集中检修。

检修周期应根据机车实际技术状态和走行公里或使用时间确定，机车检修周期及技术标准按铁路总公司机车检修规程执行。

机车实行年度鉴定，机车应按铁路总公司有关规定，实行年度鉴定制度。根据鉴定办法的规定对所有机车进行每年一次的检查、整修和评比。机务段应根据机车年度鉴定的结果进行全面分析，制订改善机车技术状态的有效措施。

5. 机车运用要求

牵引列车的机车在出段前，必须达到运用状态，主要部件和设备必须作用良好，符合中国铁路总公司有关机车运用、维修的规定，并符合下列要求。

（1）车钩中心水平线距钢轨顶面高度为 815～890 mm。

（2）轮对：

① 轮对内侧距离为 1 353 mm，允许偏差为 ±3 mm；

② 轮箍或轮毂不松弛；

③ 轮箍、轮毂、辐板（辐条）、轮辋无裂纹；

④ 轮缘的垂直磨耗高度不超过 18 mm，并无碾堆；

⑤ 车轮踏面擦伤深度不超过 0.7 mm；

⑥ 车轮踏面上的缺陷或剥离长度不超过 40 mm，深度不超过 1 mm；

⑦ 车轮踏面磨耗深度不超过 7 mm；采用轮缘高度为 25 mm 磨耗型踏面时，磨耗深度不超过 10 mm；

⑧ 轮缘厚度在距踏面基线向上 H 距离处测量应符合表 1-4 的规定（轮缘原设计厚度在 25 mm 及以下，由铁路局规定）。

表 1-4 机车轮缘厚限度

序号	车轮踏面类型	测量点与踏面基线之间距离 H/mm	轮缘厚限度/mm
1	JM2、JM3	10	34～23
2	JM	12	33～23

1.4.2 车辆

1. 车辆分类

车辆按用途分为客车、货车及特种用途车（如试验车、发电车、轨道检查车、检衡车等）。

1）客车

客车依其构造形式和用途主要分为：

① 软卧车及硬卧车——供长途旅客乘坐及睡眠使用，车内设有铺位、厕所、洗面间等设备；

② 软座车及硬座车——供旅客乘坐使用，车内设座椅、厕所、洗面间等设备；

③ 餐车——供旅客在旅行中就餐使用，车内设有厨房、餐室及储藏室（同时还有小卖部）等设备；

④ 邮政车——供运送邮件及邮政人员使用，设有邮政间及邮政员办公室等设备；

⑤ 行李车——供运送旅客行李、包裹及行李员办公使用，车内设有行李间及办公室等设备。

2）货车

货车依其构造及用途分为：

① 棚车——供装运贵重和怕日晒、雨淋的货物使用；

② 敞车——供装运散粒货物（如煤、矿石、砂等）、木材、钢材及小型机器设备和集装箱使用；加盖防雨篷布之后，还可装运怕雨淋的货物，以代替棚车使用；

③ 平车——供装运各种设备、汽车、木材、钢材和桥梁等体积较大的货物使用，并可装载各种军用装备；

④ 集装箱平车——供装运集装箱使用；

注意：平集两用车具备平车和集装箱车使用用途。

⑤ 罐车——供装运各种液体、液化气体和压缩气体货物使用；

⑥ 水泥车——供装运散装水泥使用；

⑦ 粮食车——供装运散装粮食使用；

⑧ 毒品车——供装运有毒有害化学品使用；

⑨ 冷藏车——供运输防冻防腐货物使用；

⑩ 家畜车——供装运家畜和家禽使用；

⑪ 矿石车——供装运各种矿石、矿粉等货物使用；

⑫ 长大货物车——供装运超限或超重货物使用。

3）特种用途车

特种用途车指具有特殊用途的专用车辆，如试验车、发电车、救援车、检测车、检衡车、轨道检查车、接触网检查车、电务检查车、除雪车、文教车及各类作业车等。

2. 车辆标记

① 车辆应有的识别标记：路徽、车型、车号、制造厂名及日期、定期修理的日期及处所、自重、载重、容积、换长等。

② 车辆应有车号自动识别标签。

③ 客车及固定配属的货车上应有所属局段的简称。

④ 客车还应有车种、定员、最高运行速度标记。

⑤ 罐车还应有容量计表标记。

⑥ 电气化区段运行的客车、机械冷藏车等应有"电化区段严禁攀登"的标识。

3. 车辆段设备配置

为了保证车辆处于良好的技术状态，应有进行检修和整备作业的车辆段等车辆维修机构。

① 车辆段应设在编组站、国境站和枢纽，以及货车大量集散和始发终、到旅客列车较多的地区。

② 车辆段应有车辆修理库、油漆库、配件检修库、预修库、车辆停留线和轮对存放库，并按车辆检修作业要求配备相应的起重、动力、配件检修、储油、压力容器、试验、化验、探伤、照明及废油、污水和污物处理等设备和设施，以及检测、维修车辆运行的安全监测系统、轴温报警、客车尾部安全防护装置和车辆信息化系统、车辆集中空调及管道清洗消毒等设备和设施。段内的车辆检修、整备、停留的线路应平直，线路纵断面的坡度不得超过 1‰。

4. 车辆设备

① 车辆须装有自动制动机和人力制动机。车辆的制动梁、下拉杆、交叉杆、横向控制杆及抗侧滚扭杆必须有安保装置。

② 客车应装有轴温报警装置，安装客车行车安全监测系统；最高运行速度 120 km/h

及以上的客车应装有盘形制动装置和防滑器，空气制动系统用风应与空气弹簧和集便装置等其他装置用风分离；最高运行速度 160 km/h 及以上的客车应采用密接式车钩和电空制动机。

③ 客车内应有紧急制动阀及压力表，并均应保持作用良好，按规定时间进行检查、校对并施封。

④ 货车应装有空重车自动调整装置，轴重 23 t 及以上的货车应装有脱轨自动制动装置。

⑤ 车辆轮对的内侧距离为 1 353 mm，其允许偏差为 ±3 mm，120 km/h ＜ V ≤ 160 km/h 客车允许偏差为 ±2 mm。车辆轮辋宽度小于 135 mm 的，按中国铁路总公司车辆检修规程执行。

5. 车辆检修

车辆实行计划预防修，并逐步扩大实施状态修、换件修和主要零部件的专业化集中修。检修周期及技术标准，按铁路总公司车辆检修规程执行。

1.4.3　动车组

1. 动车组标记与设备配置

1）动车组标记

动车组应有识别的标记：路徽、配属局段简称、车型、车号、定员、自重、载重、全长、最高运行速度、制造厂名和日期、定期修理日期、修程和处所。动车组应有"电化区段严禁攀登"的标识。

2）动车组设备配置

① 动车组应具有列车运行安全监控功能，对重要的运行部件和功能系统进行实时监测、报警和记录，并能及时向动车段、动车所传输。

② 动车组须配备机车综合无线通信设备（CIR）、列控车载设备、车载自动过电分相装置等，满足相应速度等级运行需要。

③ 动车组重联或长编组时，工作受电弓间距为 200～215 m。在特殊情况下，工作受电弓间距不满足 200～215 m 时，须校核分相布置及工作受电弓间距匹配情况，并通过上线运行试验确认。

2. 动车段、动车所设备配置

为保证动车组处于良好的技术状态，应有进行检修和整备作业的动车段、动车所等维修机构。

① 动车段、动车所应具备动车组运用检修、行车安全设备检修、客运整备能力及相应的存车条件；承担动车组三、四、五级修程的动车段还应具备动车组相应修程的检修能力。

② 动车段、动车所应设有动车组管理信息系统。

③ 动车所应设置存车线、检查库、轨道桥、立体作业平台、临修库、洗车线、备件存放库、轮对故障动态检测棚、空压机室等设施，配备对转向架、车下设备、车上及车顶设备进行检查、维护、更换、检修和清洗等作业的相应设备，满足动车组一、二级检修需求。

④ 动车段可根据需要设置检修库线、材料运输线、试验线、牵出线、解编线等线路，整车检修库、转向架检修库、车体检修库、油漆库、调试整备库、电机电器间、制动空压机

间、空调检修间、备件立体存储库等设施；并应配备整列架车机、移动式接触网、大部件起重运输设备、电务车载设备，以及各类部件解体、清洁、测试、检修、组装、调试等设备，满足动车组相应级别检修需求。

3. 动车组检修

动车组实行以走行公里周期为主、时间周期为辅的计划预防修，检修方式以换件修为主，主要零部件采用专业化集中修。动车组修程分为一、二、三、四、五级，检修周期及技术标准按中国铁路总公司动车组检修规程执行。

 务知识巩固

1. 简述机车分类。
2. 简述机车标记的内容。
3. 试述机车设备配置要求。
4. 试述机车运用要求。
5. 简述车辆分类。
6. 简述车辆标记的内容。
7. 试述车辆设备配置要求。
8. 试述动车组标记的内容。
9. 试述动车组设备配置要求。

 务拓展

通过现场实习，认识机务段、车辆段、动车段相关设备配置。

任务 1.5　牵引供电设备

 务描述

本任务中主要学习牵引供电设备作用、设置要求。

 **务学习目标**

● 专业能力
（1）了解牵引供电设备使用要求；
（2）掌握接触网设置要求；
（3）掌握接触网区段安全作业要求。

● 方法能力

（1）能够通过真实工作环境、云平台提供的学习环境或虚拟教室学习环境，自主学习牵引供电设备；

（2）能够依据牵引设备的特点，熟悉铁路牵引供电设备相关规定；

（3）能够针对接触网构造，识别接触网部件。

● 社会能力

（1）具备良好的职业道德修养，能遵守职业道德规范，有较强的工作责任感；

（2）能灵活处理机车运用中的特殊情况，具有良好的心理素质和协调能力，善于交流，诚信、开朗；

（3）具有自主学习能力，有责任心，具有一定的分析能力，善于总结经验和创新。

 务理论知识

1.5.1 供电维修机构与牵引供电设备

1）供电维修机构

为保持牵引供电设备处于良好的技术状态，保证牵引供电系统安全运行，应设供电段等供电维修机构。供电维修机构管辖范围应根据线路及供电设备条件确定。

2）牵引供电设备

牵引供电设备包括变电设备（变电所、开闭所、分区所、自耦变压器所）、接触网和远动系统。

牵引供电设备应保证不间断行车的可靠供电。牵引供电能力应与线路的运输能力相适应，满足规定的列车重量、列车密度和运行速度的要求。接触网标称电压值为 25 kV，最高工作电压为 27.5 kV，短时（5 min）最高工作电压为 29 kV，最低工作电压为 19 kV。

牵引变电所须具备双电源、双回路受电。牵引变压器采用固定备用方式并具备自动投切功能。当一个牵引变电所停电时，相邻的牵引变电所能越区供电。运行期间平均功率因数不低于 0.9。

牵引供电设备检修、试验和抢修，应配备以下设备、设施：牵引供电安全检测监测系统，变电检测、试验设备，接触网检修、检测设备，接触网抢修车列，绝缘子冲洗设备等。

1.5.2 接触网设置要求

1）接触网的分段、分相设置

① 接触网的分段、分相设置应考虑检修停电方便和缩小故障停电范围，并充分考虑电力牵引的列车、动车组正常运行和调车作业的需要。分相的位置应避免设在进出站和变坡点区段。双线电气化区段应具备反方向行车条件。

② 负荷开关和电动隔离开关应纳入远动控制。

③ 枢纽及较大区段站应设开闭所。

④ 确需由车站接触网引接小容量非牵引负荷时，须经铁路局批准。

2）张力要求

接触网一般采用链型悬挂方式，其最小张力见表 1-5。接触线一般采用铜合金材质。

表 1-5　接触网最小张力

列车运行速度/（km/h）	综合张力/kN	接触线张力/kN
$V \leqslant 120$	25	10
$120 < V \leqslant 160$	28	13
$160 < V \leqslant 200$	30	15

3）距离要求

① 接触线距钢轨顶面的高度不超过 6 500 mm；在区间和中间站，不小于 5 700 mm（旧线改造不小于 5 330 mm）；在编组站、区段站和个别较大的中间站站场，不小于 6 200 mm；站场和区间宜取一致；双层集装箱运输的线路，不小于 6 330 mm。

在电气化铁路竣工时，由施工单位在接触网支柱内缘或隧道边墙标出线路的轨面标准线，开通前供电、工务单位要共同复查确认，有砟轨道每年复测一次，复测结果与原轨面标准线误差不得大于 ±30 mm。特殊情况需调整轨面标准线时，由供电、工务部门共同确认，并经铁路局批准。

② 接触网带电部分至固定接地物的距离，不小于 300 mm；至机车车辆或装载货物的距离，不小于 350 mm。跨越电气化铁路的各种建（构）筑物与带电部分的最小距离，不小于 500 mm。当海拔超过 1 000 m 时，上述数值应按规定相应增加。大风、严寒地区应预留风力、覆冰对绝缘距离影响的安全余量。

在接触网支柱及距接触网带电部分 5 000 mm 范围内的金属结构物须接地。天桥及跨线桥跨越接触网的地方，应按规定设置安全栅网。

有大型养路机械作业的路基地段，接触网支柱内侧距线路中心距离不小于 3 100 mm。

1.5.3　接触网区段安全作业要求

为保证人身安全，除专业人员执行有关规定外，其他人员（包括所携带的物件）与牵引供电设备带电部分的距离，不得小于 2 000 mm。

在设有接触网的线路上，严禁攀登车顶及在车辆装载的货物之上作业；如确需作业时，须在指定的线路上，将接触网停电接地并采取安全防护措施后，方准进行。

双线电气化铁路实行 V 形天窗作业时，为确保人身安全，应在设备、机具、照明、作业组织等方面采取相应措施。

务能力训练

看图 1-6，能够准确说出接触网各部件的名称。

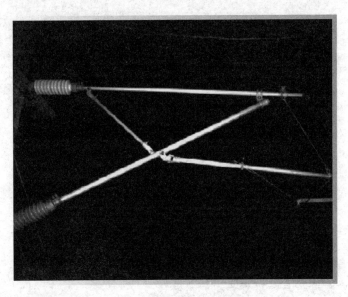

图1-6

务知识巩固

1. 简述牵引供电都有哪些设备。
2. 试述接触网区段安全作业要求。
3. 简述接触网设置高度要求。
4. 试述距接触网带电部分的距离要求。

任务拓展

　　某机车在区间受电弓发生故障,因受电弓损坏不能正常落下,需要捆绑受电弓后才能继续运行,请问需要达到哪些技术条件,机车才能继续运行?

项目 2

铁 路 信 号

本项目中，重点学习铁路信号基础、固定信号、机车信号、移动信号、手信号、信号表示器及标志、听觉信号等与铁路信号相关的内容。

目实施环境

1. 硬件
铁道概论实习教室或虚拟仿真教学系统。
2. 软件
（1）配套云平台学习系统；
（2）《铁路行车规章》数字媒体资源。

目实施知识技能准备

1. 铁道概论知识；
2. 铁路信号常识；
3. 安全规章标准。

任务 2.1　铁路信号基础

务描述

信号是用声音、动作、机具、颜色、状态、光或电波等形式传递信息或命令的符号，铁路信号是指示列车运行及调车作业的命令，有关行车人员必须认真执行。

本任务中主要学习铁路信号的分类、视觉信号的颜色及含义、信号机的设置要求、信号机及表示器的显示距离、信号机的定位及信号机关闭时机的规定。

● **专业能力**

（1）掌握铁路信号的分类；

（2）掌握视觉信号的颜色及含义；

（3）熟练掌握信号机的设置及信号机的显示距离；

（4）掌握信号机的定位及信号机的关闭时机。

● **方法能力**

（1）能够通过真实工作环境、云平台提供的学习环境或虚拟教室学习环境，自主学习铁路信号的基础知识；

（2）能够依据铁路信号的特点，识别铁路视觉信号的颜色及含义；

（3）能够针对具体信号机设置，对无效信号机进行处理。

● **社会能力**

（1）具备良好的职业道德修养，能遵守职业道德规范，有较强的工作责任感；

（2）能灵活处理机车运用中的特殊情况，具有良好的心理素质和协调能力，善于交流，诚信、开朗；

（3）具有自主学习能力，有责任心，具有一定的分析能力，善于总结经验和创新。

2.1.1　铁路信号的分类

铁路信号按感觉分为视觉信号和听觉信号两大类。

1. 视觉信号

视觉信号是用颜色、形状、位置、显示数目及灯光状态等表达的信号，如用信号机、信号旗、信号灯、信号牌、信号表示器、信号标志及火炬等显示的信号。

1）按信号装置分类

视觉信号按信号装置一般分为信号机和信号表示器两类。

① 信号机按类型分为色灯信号机、臂板信号机和机车信号机。信号机按用途分为进站、出站、通过、进路、预告、接近、遮断、驼峰、驼峰辅助、复示、调车信号机。

② 信号表示器分为道岔、脱轨、进路、发车、发车线路、调车及车挡表示器。

2）按使用时间分类

视觉信号按使用时间分为昼间信号、夜间信号及昼夜通用信号。

① 在昼间遇降雾、暴风雨雪及其他情况，致使停车信号显示距离不足 1 000 m，注意或减速信号显示距离不足 400 m，调车信号及调车手信号显示距离不足 200 m 时，应使用夜间信号。

② 隧道内只采用夜间或昼夜通用信号。

③ 铁路沿线及站内，禁止设置妨碍确认信号的红、黄、绿色的装饰彩布、标语和灯光。

如已装有妨碍确认信号灯光的设备时，应拆除或采取遮光措施。

④ 在规定的信号显示距离内，不得种植影响信号显示的树木。对影响信号显示的树木，其处理办法由铁路局规定。

另外，视觉信号按形式或性质分为固定信号、移动信号、手信号及临时防护信号。

2. 听觉信号

听觉信号是用不同的器具发出的音响次数及长短等表达的信号，如用机车、自轮运转特种设备鸣笛声及号角、口笛、响墩发出的音响表达的信号。

听觉信号按使用形式分为机车、自轮运转特种设备的鸣笛声，口笛与号角发出的音响及响墩爆炸声三类。

2.1.2　视觉信号的颜色及含义

1. 基本颜色及含义

① 红色——停车。

② 黄色——注意或减低速度。

③ 绿色——按规定速度运行。

2. 辅助颜色及含义

① 月白色——用于引导信号及允许调车信号。

② 蓝色——用于容许信号及禁止调车信号。

③ 紫色——用于道岔表示器。

④ 白色——用于手信号灯、信号表示器、列车标志及机车自动信号。

2.1.3　信号机的设置及信号机与信号表示器的显示距离

1. 信号机的设置

（1）铁路信号机采用色灯信号机。

（2）色灯信号机应采用高柱信号机，在下列处所可采用矮型信号机：

① 不办理通过列车的到发线上的出站、发车进路信号机；

② 道岔区内的调车信号机及驼峰调车场内的线束调车信号机；

③ 自动闭塞区段、隧道内的通过信号机。

特殊情况需设矮型信号机时，须经铁路局批准。

（3）信号机设在列车运行方向的左侧或其所属线路的中心线上空。反方向运行进站信号机可设在列车运行方向的右侧；其他特殊地段因条件限制，需设于右侧时，须经铁路局批准。

（4）在确定设置信号机地点时，除满足信号显示距离的要求外，还应考虑使该信号机不致被误认为邻线的信号机。

2. 信号机及信号表示器的显示距离

各种信号机及信号表示器在正常情况下的显示距离如下：

① 进站、通过、接近、遮断信号机，不得小于 1 000 m；

② 高柱出站、高柱进路信号机，不得小于 800 m；

③ 预告、驼峰、驼峰辅助信号机，不得小于 400 m；

④ 调车、矮型出站、矮型进路、复示信号机，容许、引导信号及各种信号表示器，不

得小于 200 m。

在地形、地物影响视线的地方，进站、通过、接近、预告、遮断信号机的显示距离，在最坏的条件下，不得小于 200 m。

2.1.4　信号机的定位及信号机的关闭时机

1. 信号机的定位

信号机的定位是指规定信号机经常所处的显示状态。信号机的定位规定如下：

① 进站、出站、进路、调车、驼峰、驼峰辅助信号机均以显示停车信号为定位，线路所的通过信号机以显示停车信号为定位，其他通过信号机以显示进行信号为定位；

② 接近信号机、进站预告信号机、非自动闭塞区段通过信号机的预告信号机及通过臂板，以显示注意信号为定位；

③ 遮断、遮断预告、复示信号机以无显示为定位；

④ 在自动闭塞区段内的车站（线路所），如将进站、正线出站信号机及其直向进路内的进路信号机转为自动动作时，以显示进行信号为定位。

2. 信号机的关闭时机

信号机的关闭时机是指信号机的显示由允许信号变为禁止信号的时机。信号机的关闭时机规定如下：

① 集中联锁车站的进站、进路、出站信号机及通过信号机，当机车或车辆第一轮对越过该信号机后自动关闭；

② 调车信号机在调车车列全部越过调车信号机后自动关闭；当调车信号机外方不设轨道占用检查装置或虽设轨道占用检查装置而占用时，应在调车车列全部出清调车信号机内方第一轨道区段后自动关闭，根据需要也可在调车车列第一轮对进入调车信号机内方第一轨道区段后自动关闭；

③ 引导信号应在列车头部越过信号机后及时关闭；

④ 非集中联锁车站的进站信号机及线路所通过信号机，在列车进入接车线轨道区段后自动关闭，出站信号机应在列车进入出站方面轨道区段后自动关闭；

⑤ 非集中联锁车站由手柄操纵的信号机：进站信号机在确认列车全部进入接车线警冲标内方，出站信号机在列车全部越过最外方道岔并确认列车全部进入出站方面轨道区段后，恢复手柄，关闭信号；

⑥ 特殊站（场）执行上述规定有困难时，由铁路局规定。

2.1.5　无效信号机的处理

无效信号机是指新设尚未使用及应撤除还未撤除而停止使用的信号机。为防止在行车中对其产生误认，故对无效信号机进行如下处理：

① 新设尚未开始使用及应撤除尚未撤掉的信号机，均应装设信号机无效标，并应熄灭灯光；

② 如为臂板信号机，须将臂板置于水平位置。

信号机无效标为白色的十字交叉板。高柱色灯信号的无效标装在机柱上，矮型色灯信号机的无效标装在信号机构上，臂板信号机的无效标装在臂板上。如图 2-1 所示。

在新建铁路线上，新设尚未开始使用的信号机（进站信号机暂用作防护车站时除外），可撤下臂板或将色灯机构向线路外侧扭转 90°，并熄灭灯光，作为无效。

图 2-1

 任务能力巩固

1. 何谓信号？
2. 铁路信号是如何分类的？
3. 信号机按用途分为哪几种？
4. 信号表示器分为哪几种？
5. 说明铁路视觉信号的基本颜色及含义。
6. 铁路信号机的定位有何规定？
7. 铁路信号机的关闭时机有何规定？
8. 对无效信号机如何处理？

任务 2.2 固 定 信 号

 任务描述

固定信号是指装设于规定的固定地点且长期起作用的信号，包括进站、出站、通过、进路、预告、接近、驼峰、驼峰辅助、复示、调车、容许和引导信号，机车信号安装于机车上的固定位置，也视为固定信号。本任务中，主要学习固定信号的设置、作用及显示。

 任务学习目标

● 专业能力
（1）熟练掌握接发列车用信号机的显示及含义；

（2）熟练掌握区间内指示列车运行的信号机的显示及含义；

（3）掌握指示调车作业的信号机的显示及含义。

● **方法能力**

（1）能够通过真实工作环境、云平台提供的学习环境或虚拟教室学习环境，自主学习信号机的显示及含义；

（2）能够依据铁路信号的特点，熟记各种信号机的作用；

（3）能够针对具体信号机的作用，进行信号机的设置。

● **社会能力**

（1）具备良好的职业道德修养，能遵守职业道德规范，有较强的工作责任感；

（2）能灵活处理机车运用中的特殊情况，具有良好的心理素质和协调能力，善于交流，诚信、开朗；

（3）具有自主学习能力，有责任心，具有一定的分析能力，善于总结经验和创新。

2.2.1　接发列车用信号机的显示及含义

为防护车站和车站办理接发列车，车站须设进站信号机；在车站的正线和到发线上应装设出站信号机；在划分车场的车站还应设置进路信号机。

1. 进站色灯信号机

1）进站色灯信号机的作用

① 作为划分车站与区间的分界，从区间方面防护车站。

② 指示列车进站运行条件。

③ 锁闭接车进路上有关道岔及敌对信号，保证信号开放后的进路安全可靠。

2）进站色灯信号机的设置

① 车站必须设进站信号机。进站信号机应设在距进站最外方道岔尖轨尖端（顺向为警冲标）不小于 50 m 的地点；因调车作业或制动距离需要延长时，一般不超过 400 m。

② 双线自动闭塞区间反方向进站信号机前方应设置预告标。

3）进站色灯信号机的显示

（1）三显示自动闭塞、半自动闭塞、自动站间闭塞区段进站色灯信号机。

① 一个绿色灯光——准许列车按规定速度经正线通过车站，表示出站及进路信号机处于开放状态，进路上的道岔均开通直向位置，如图 2-2 所示。

② 一个绿色灯光和一个黄色灯光——准许列车经道岔直向位置进入站内，越过次一架已经开放后的信号机后准备停车，如图 2-3 所示。

③ 一个黄色灯光——准许列车经道岔直向位置进入站内正线，准备停车，如图 2-4 所示。

④ 一个黄色闪光和一个黄色灯光——准许列车经 18 号及以上道岔侧向位置进入站内，越过次一架已经开放的信号机且该信号机防护的进路经道岔直向位置或 18 号及以上道岔侧向位置，如图 2-5 所示。

图 2-2   图 2-3

图 2-4   图 2-5

⑤ 两个黄色灯光——准许列车经道岔侧向位置（但不满足上述第④项条件）进入站内准备停车，如图 2-6 所示。

⑥ 一个红色灯光——不准列车越过该信号机，如图 2-7 所示。

图 2-6   图 2-7

（2）四显示自动闭塞区段进站色灯信号机。

① 一个绿色灯光——准许列车按规定速度经道岔直向位置进入或通过车站，表示运行前方至少有三个闭塞分区空闲。

② 一个绿色灯光和一个黄色灯光——准许列车按规定速度经道岔直向位置进入站内，表示次一架信号机经道岔直向位置开放一个黄灯。

③ 一个黄色灯光——准许列车按限速要求经道岔直向位置进入站内正线准备停车。

④ 一个黄色闪光和一个黄色灯光——准许列车经 18 号及以上道岔侧向位置进入站内，越过次一架已经开放的信号机且该信号机防护的进路经道岔直向位置或 18 号及以上道岔侧向位置。

⑤ 两个黄色灯光——准许列车按限速要求越过该信号机，经道岔侧向位置（但不满足上述第④项条件）进入站内准备停车。

⑥ 一个红色灯光——不准列车越过该信号机。

2. 出站色灯信号机

1）出站色灯信号机的作用

① 从车站方面防护区间或闭塞分区，当信号机开放后，作为列车占用区间或闭塞分区的行车凭证。

② 锁闭发车线路上有关道岔，保证在信号开放后进路安全可靠。

③ 指示列车在车站停车位置及指示列车运行条件。

2）出站色灯信号机的设置

在车站的正线和到发线上，应设出站信号机。出站信号机应设在每一发车线的警冲标内方（对向道岔为尖轨尖端外方）适当地点。

在调车场的编发线上，必要时可设线群出站信号机。

3）出站色灯信号机的显示

（1）半自动闭塞或自动站间闭塞区段。

① 一个绿色灯光——准许列车由车站出发，如图 2-8 所示。

② 两个绿色灯光——准许列车由车站出发，开往次要线路，如图 2-9 所示。

图 2-8　　　　　　　　　　　　　　　　图 2-9

③ 一个红色灯光——不准列车越过该信号机，如图 2-10 所示。

④ 兼作调车信号机时，一个月白色灯光——准许越过该信号机调车，如图 2-11 所示。

（2）三显示自动闭塞区段。

① 一个绿色灯光——准许列车由车站出发，表示运行前方至少有两个闭塞分区空闲，如图 2-12 所示。

② 一个黄色灯光——准许列车由车站出发，表示运行前方有一个闭塞分区空闲，如图 2-13 所示。

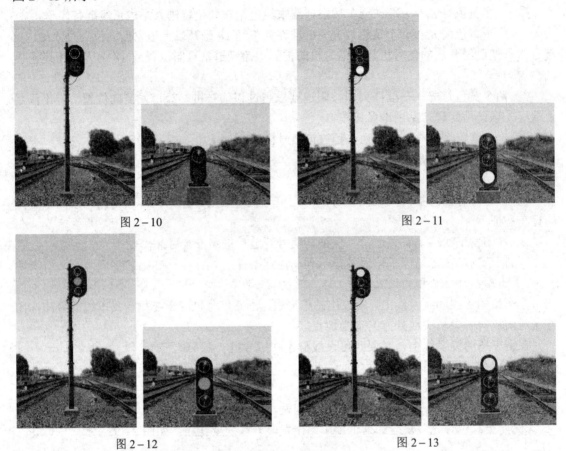

图 2-10　　　　　　　　　　　　图 2-11

图 2-12　　　　　　　　　　　　图 2-13

③ 两个绿色灯光——准许列车由车站出发，开往半自动闭塞或自动站间闭塞区间，如图 2-14 所示。

④ 一个红色灯光——不准列车越过该信号机，如图 2-15 所示。

图 2-14　　　　　　　　　　　　图 2-15

⑤ 兼作调车信号机时，一个月白色灯光——准许越过该信号机调车，如图 2-16 所示。

（3）四显示自动闭塞区段。

① 一个绿色灯光——准许列车由车站出发，表示运行前方至少有三个闭塞分区空闲，如图 2-17 所示。

图 2-16　　　　　　　　　　　　　　　　　　图 2-17

② 一个绿色灯光和一个黄色灯光——准许列车由车站出发，表示运行前方有两个闭塞分区空闲，如图 2-18 所示。

③ 一个黄色灯光——准许列车由车站出发，表示运行前方有一个闭塞分区空闲，如图 2-19 所示。

图 2-18　　　　　　　　　　　　　　　　　　图 2-19

④ 两个绿色灯光——准许列车由车站出发，开往半自动闭塞或自动站间闭塞区间，如图 2-20 所示。

⑤ 一个红色灯光——不准列车越过该信号机，如图 2-21 所示。

⑥ 兼作调车信号机时，一个月白色灯光——准许越过该信号机调车，如图 2-22 所示。

图 2-20

图 2-21

图 2-22

3. 进路色灯信号机

1）进路色灯信号机的作用

① 进路色灯信号机分为接车进路信号机与发车进路信号机，用于防护车场之间的进路，并指示列车由一个车场进入另一个车场。

② 接车进路信号机对到达列车指示运行条件。

③ 发车进路信号机对出发列车指示运行条件。

2）进路色灯信号机的设置

设有两个及以上车场的车站，转场进路应设进路色灯信号机。接车进路信号机设在进站信号机与接车线之间；发车进路信号机设在发车线与出站信号机之间；进路信号机设置位置均应设在其后方第一个道岔尖轨尖端前方的适当地点。

3）进路色灯信号机的显示

（1）接车进路及接发车进路色灯信号机的显示与进站色灯信号机相同。

（2）三显示自动闭塞、半自动闭塞、自动站间闭塞区段的发车进路色灯信号机显示下列信号。

① 一个绿色灯光——准许列车由车站经正线出发，表示出站和进路信号机均在开放状态，如图 2-23 所示。

② 一个绿色灯光和一个黄色灯光——准许列车越过该信号机,表示该信号机列车运行前方次一架信号机处在开放状态,如图 2-24 所示。

图 2-23　　　　　　　　　　　　　　　　　　图 2-24

③ 一个黄色灯光——准许列车运行到次一架信号机之前准备停车,如图 2-25 所示。

④ 一个红色灯光——不准列车越过该信号机,如图 2-26 所示。

图 2-25　　　　　　　　　　　　　　　　　　图 2-26

(3)四显示自动闭塞区段发车进路色灯信号机显示下列信号。

① 一个绿色灯光——表示该信号机列车运行前方至少有两架信号机经道岔直向位置处在开放状态;

② 一个绿色灯光和一个黄色灯光——表示该信号机列车运行前方次一架信号机经道岔直向位置处在开放状态;

③ 一个黄色灯光——准许列车运行到次一架信号机之前准备停车;

④ 一个红色灯光——不准列车越过该信号机。

(4)接车进路、发车进路及接发车进路色灯信号机兼作调车信号机时,一个月白色灯光——准许越过该信号机调车,如图 2-27 所示。

图 2-27

4. 色灯复示信号机

1）色灯复示信号机的作用

色灯复示信号机用以表示其主体信号机的显示状态。

2）色灯复示信号机的设置

进站、出站、进路信号机及线路所通过信号机，因受地形、地物影响，达不到规定的显示距离时，应装设复示信号机。

3）色灯复示信号机的显示

（1）进站、接车进路、接发车进路信号机的色灯复示信号机采用灯列式结构，显示下列信号。

① 两个月白色灯光与水平线构成 60°角显示——表示主体信号机显示经道岔直向位置向正线接车的信号，如图 2-28 所示。

② 两个月白色灯光水平位置显示——表示主体信号机显示经道岔侧向位置接车的信号，如图 2-29 所示。

图 2-28　　　　　图 2-29

③ 无显示——表示主体信号机处在关闭状态，如图 2－30 所示。

（2）出站及发车进路信号机的色灯复示信号机显示下列信号。

① 一个绿色灯光——表示主体信号机处在开放状态，如图 2－31 所示。

② 无显示——表示主体信号机处在关闭状态。

（3）调车色灯复示信号机显示下列信号。

① 一个月白色灯光——表示调车信号机处在开放状态，如图 2－32 所示。

② 无显示——表示调车信号机处在关闭状态。

图 2－30

图 2－31

图 2－32

注意：进站、出站、进路、驼峰及调车色灯复示信号机均采用方形背板，以区别于一般信号机。

5. 色灯信号机的引导信号

① 色灯信号机引导信号的作用：在进站信号机故障的情况下引导列车进站。

② 色灯信号机引导信号的设置：进站及接车进路色灯信号机均应装设引导信号。

③ 进站及接车进路信号机引导信号的显示：进站及接车进路、接发车进路色灯信号机的引导信号显示一个红色灯光及一个月白色灯光——准许列车在该信号机前方不停车，以不超过 20 km/h 速度进站或通过接车进路，并须准备随时停车，如图 2－33 所示。

图 2－33

2.2.2 区间内指示列车运行的信号机的显示及含义

1. 通过色灯信号机

1）通过色灯信号机的作用

① 作为所间区间或闭塞分区的分界，从一个所间区间（或闭塞分区）防护下一个所间区间（或闭塞分区）。

② 指示列车运行条件。

2）通过色灯信号机的设置

① 通过色灯信号机应设在闭塞分区或所间区间的分界处。

② 自动闭塞区段的通过信号机，不应设在停车后可能脱钩、牵引供电分相的处所，也不宜设在起动困难的地点。

③ 自动闭塞区段信号机设置位置和显示关系应根据列车牵引计算确定，并应满足列车运行速度规定的制动距离和线路通过能力的要求。

④ 在自动闭塞区段内，当货物列车在设于上坡道上的通过信号机前停车后起动困难时，在该信号机上应装设容许信号。在进站信号机前方第一架通过信号机上，不得装设容许信号。

⑤ 在三显示自动闭塞区段的进站信号机前方第一架通过信号机柱上，应涂三条黑斜线；四显示自动闭塞区段的进站信号机前方第一、第二架通过信号机的机柱上，应分别涂三条、一条黑斜线。

3）通过色灯信号机的显示

（1）三显示自动闭塞区段。

① 一个绿色灯光——准许列车按规定速度运行，表示运行前方至少有两个闭塞分区空闲，如图2-34所示。

② 一个黄色灯光——要求列车注意运行，表示运行前方有一个闭塞分区空闲，如图2-35所示。

③ 一个红色灯光——列车应在该信号机前停车，如图2-36所示。

图2-34　　　　　　　　图2-35　　　　　　　　图2-36

（2）半自动闭塞及自动站间闭塞区段。

① 一个绿色灯光——准许列车按规定速度运行（显示方式参照图2-34，但机构为二显示）；

② 一个红色灯光——不准列车越过该信号机（显示方式参照图2-36，但机构为二显示）。

（3）四显示自动闭塞区段。

① 一个绿色灯光——准许列车按规定速度运行，表示运行前方至少有三个闭塞分区空闲，如图2-37所示。

② 一个绿色灯光和一个黄色灯光——准许列车按规定速度运行，要求注意准备减速，表示运行前方有两个闭塞分区空闲，如图2-38所示。

图 2－37　　　　　　　　　　　图 2－38

③　一个黄色灯光——要求列车减速运行，按规定限速要求越过该信号机，表示运行前方有一个闭塞分区空闲，如图 2－39 所示。

④　一个红色灯光——列车应在该信号机前停车，如图 2－40 所示。

图 2－39　　　　　　　　　　　图 2－40

（4）线路所防护分歧道岔的色灯信号机开放经道岔侧向位置的进路时显示下列信号。

①　一个黄色闪光和一个黄色灯光——表示分歧道岔为 18 号及以上，开往半自动闭塞区间或自动站间闭塞区间，或开往自动闭塞区间且列车运行前方次一闭塞分区空闲。

②　不满足上述第①款条件时，显示两个黄色灯光。

防护分歧道岔的线路所通过信号机，其机构外形和显示方式，应与进站信号机相同，引导灯光应予封闭。该信号机显示红色灯光时，不准列车越过。

2. 容许信号

1）容许信号机的作用

避免自动闭塞区段内自通过色灯信号机显示停车信号时造成某些货物列车坡停。

2）容许信号的设置

在自动闭塞区段内，当货物列车在设于上坡道上的通过信号机前停车后起动困难时，在该信号机上应装设容许信号，在进站信号机前方第一架通过色灯信号机上，不得装设容许信号。

3）容许信号的显示

容许信号机显示一个蓝色灯光——准许列车在通过色灯信号机显示红色灯光的情况下不停

车，以不超过 20 km/h 的速度通过，运行到次一架通过信号机，并随时准备停车，如图 2-41 所示。

图 2-41

3. 遮断色灯信号机

1）遮断色灯信号机的作用

当出现危及行车安全的情况时，遮断色灯信号机及时向列车发出停车信号，使列车在危险地点前停车。

2）遮断色灯信号机的设置

有人看守道口设遮断信号机；在有人看守的桥隧建（构）筑物及可能危及行车安全的坍方落石地点，根据需要设遮断色灯信号机。该信号机距防护地点不得小于 50 m。

3）遮断色灯信号机的显示

遮断色灯信号机显示一个红色灯光——不准列车越过该信号机；不点灯时，不起信号作用，如图 2-42 所示。

4. 预告色灯信号机及接近信号机

1）预告色灯信号机及接近信号机的作用

预告色灯信号机及接近信号机可以使列车司机提前了解进站信号机或线路所通过信号机、遮断信号机的状态，从而保证列车安全和提高行车效率，并改善乘务人员的劳动条件。

2）预告色灯信号机及接近信号机的设置

图 2-42

① 半自动闭塞、自动站间闭塞区段，进站信号机为色灯信号机时，设色灯预告信号机或接近信号机。

② 遮断信号机和半自动闭塞、自动站间闭塞区段线路所通过信号机，设预告信号机。

③ 列车运行速度不超过 120 km/h 的区段，预告信号机与其主体信号机的安装距离不得小于 800 m，当预告信号机的显示距离不足 400 m 时，其安装距离不得小于 1 000 m。

④ 列车运行速度超过 120 km/h 的区段，设置两段接近区段，在第一接近区段和第二接近区段的分界处设接近信号机，在第一接近区段入口内 100 m 处设机车信号接通标。

3）预告色灯信号机的显示

遮断信号机的预告色灯信号机显示一个黄色灯光——表示遮断信号机显示红色灯光；不点灯时，不起信号作用，如图 2-43 所示。

其他预告色灯信号机显示下列信号：

① 一个绿色灯光——表示主体信号机处在开放状态，如图 2-44（a）所示；

② 一个黄色灯光——表示主体信号机处在关闭状态，如图 2-44（b）所示。

4）接近色灯信号机的显示

① 一个绿色灯光——表示进站信号机开放一个绿色灯光或一个绿色灯光和一个黄色灯光，如图 2-45 所示。

② 一个绿色灯光和一个黄色灯光——表示进站信号机开放一个黄色灯光，如图 2-46 所示。

③ 一个黄色灯光——表示进站信号机在关闭状态，或表示进站信号机显示两个黄色灯

光或一个黄色闪光和一个黄色灯光，如图 2-47 所示。

图 2-43

（a）　　　　　　（b）

图 2-44

图 2-45　　　　　　　图 2-46　　　　　　　图 2-47

遮断及其预告信号机采用方形背板，并在机柱上涂有黑白相间的斜线，以区别于一般信号机，如图 2-42、图 2-43 所示。

2.2.3　指示调车作业的信号机的显示及含义

1. 调车色灯信号机

1）调车色灯信号机的作用

在调车作业中指示机车车辆可否越过该信号机进行调车作业。

2）调车色灯信号机的设置

为满足调车作业需要，应装设调车色灯信号机，其设置地点应根据车站调车作业的特点及需要确定。

3）调车色灯信号机的显示

① 一个月白色灯光——准许越过该信号机调车，如图 2-48 所示。

② 一个月白色闪光灯光——装有平面溜放调车区集中联锁设备时，准许溜放调车，如图 2-49 所示。

③ 一个蓝色灯光——不准越过该信号机调车，如图 2-50 所示。

图 2-48   图 2-49

图 2-50

不办理闭塞的站内岔线，在岔线入口处设置的调车信号机，可用红色灯光代替蓝色灯光，如图 2-51（a）所示。

起阻挡列车运行作用的调车信号机，应采用矮型三显示机构，增加红色灯光或用红色灯光代替蓝色灯光〔如图 2-51（b）、（c）所示〕。当该信号机的红色灯光熄灭、显示不明或显示不正确时，应视为列车的停车信号。

（a）   （b）   （c）

图 2-51

2. 驼峰色灯信号机

1) 驼峰色灯信号机的作用与设置

① 驼峰色灯信号机的作用：指示调车机车车辆进行驼峰调车作业。

② 驼峰色灯信号机的设置：驼峰应装设驼峰色灯信号机，设置在驼峰的峰顶。

2) 驼峰色灯信号机的显示

① 一个绿色灯光——准许机车车辆按规定速度向驼峰推进，如图 2-52 所示。

② 一个绿色闪光灯光——指示机车车辆加速向驼峰推进，如图 2-53 所示。

③ 一个黄色闪光灯光——指示机车车辆减速向驼峰推进，如图 2-54 所示。

④ 一个红色灯光——不准机车车辆越过该信号机或指示机车车辆停止作业，如图 2-55 所示。

⑤ 一个红色闪光灯光——指示机车车辆自驼峰退回，如图 2-56 所示。

⑥ 一个月白色灯光——指示机车到峰下，如图 2-57 所示。

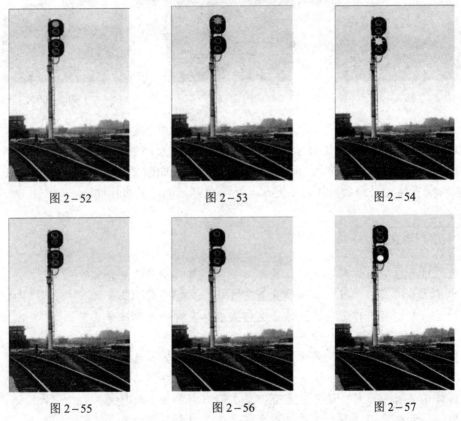

图 2-52　　　　　　　　图 2-53　　　　　　　　图 2-54

图 2-55　　　　　　　　图 2-56　　　　　　　　图 2-57

⑦ 一个月白色闪光灯光——指示机车车辆去禁溜线或迂回线，如图 2-58 所示。

驼峰色灯信号机的复示信号机平时无显示，如图 2-59 所示。当办理驼峰推送进路后，其显示方式与驼峰色灯信号机相同。

3. 驼峰色灯辅助信号机

1) 驼峰色灯辅助信号机的作用

① 辅助驼峰调车作业，改善机车乘务员的劳动条件。

② 可兼作出站或发车进路信号机，并根据需要装设进路表示器。

2）驼峰色灯辅助信号机的设置

驼峰色灯信号机应装设驼峰色灯辅助信号机，设置在驼峰色灯信号机的前方适当地点。

3）驼峰色灯辅助信号机的显示

① 驼峰色灯辅助信号机及其复示信号机显示一个黄色灯光——指示机车车辆向驼峰预先推送，如图2-60所示。

图 2-58

图 2-59

图 2-60

② 当办理驼峰推送进路后，其灯光显示均与驼峰色灯信号机显示相同。

③ 驼峰色灯辅助信号机平时显示红色灯光，对列车起停车信号作用。

④ 驼峰色灯辅助信号机的复示信号机平时无显示（如图2-59所示）；当办理驼峰推送进路或驼峰预先推送进路后，其显示方式与驼峰色灯辅助信号机相同。

任 务能力巩固

1. 进站信号机有何作用？设置位置有何要求？有哪些显示及含义？

2. 出站信号机有何作用？设置位置有何要求？有哪些显示及含义？

3. 进路信号机有何作用？设置位置有何要求？有哪些显示及含义？

4. 复示信号机有何作用？设置位置有何要求？有哪些显示及含义？

5. 引导信号有何作用？设置位置有何要求？有哪些显示及含义？

6. 通过信号机有何作用？设置位置有何要求？有哪些显示及含义？

7. 容许信号有何作用？设置位置有何要求？有哪些显示及含义？

8. 遮断信号机有何作用？设置位置有何要求？有哪些显示及含义？

9. 预告信号机有何作用？设置位置有何要求？有哪些显示及含义？

10. 接近信号机有何作用？设置位置有何要求？有哪些显示及含义？

11. 调车信号机有何作用？设置位置有何要求？有哪些显示及含义？

12. 驼峰信号机有何作用？设置位置有何要求？有哪些显示及含义？

13. 驼峰辅助信号机有何作用？设置位置有何要求？有哪些显示及含义？

任务 2.3　机 车 信 号

务描述

本任务中主要学习机车信号的概念、机车信号的分类、机车信号的显示及含义。

务学习目标

● 专业能力

（1）掌握机车信号的概念及分类；

（2）准确记忆机车信号的显示及其显示含义。

● 方法能力

（1）能够通过真实工作环境、云平台提供的学习环境或虚拟教室学习环境，自主学习机车信号的基础知识；

（2）能够依据机车信号的特点，识别出地面信号的显示方式；

（3）能够针对具体机车信号的显示，掌握其含义及运行要求。

● 社会能力

（1）具备良好的职业道德修养，能遵守职业道德规范，有较强的工作责任感；

（2）能灵活处理机车运用中的特殊情况，具有良好的心理素质和协调能力，善于交流，诚信、开朗；

（3）具有自主学习能力，有责任心，具有一定的分析能力，善于总结经验和创新。

务理论知识

2.3.1　机车信号的概念

机车信号是利用设在机车司机室内的机车信号机自动反映运行条件，指示机车运行的显示信号。为实现机车信号而设置的整套技术设备称为机车信号设备。

机车信号能复示地面信号机的显示，改善司机的瞭望条件。当列车速度超过司机辨认地面信号机显示的临界速度（160 km/h）时，机车信号则作为主体信号来使用。

车站正线、到发线应实现电码化，或采用与区间同制式轨道电路。

机车信号的显示，应与线路上列车接近的地面信号机的显示含义相符。机车停车位置，应以地面信号机或有关停车标志为依据。

机车信号作为行车凭证时，由车载信号和地面信号设备共同构成，必须符合故障导向安全原则。车载信号设备应具有运行数据记录的功能；地面信号设备应具有闭环安查功能，提供正确信息。

2.3.2　机车信号的分类

机车信号分为连续式和接近连续式两种。

① 连续式机车信号用于自动闭塞区段。由于自动闭塞区段每个闭塞分区都装设轨道电路，地面信息能利用轨道电路不间断地向机车传送，使机车信号机可以连续地预告地面信号机的显示状态。

② 接近连续式机车信号用于半自动闭塞区段和自动站间闭塞区段。当机车到达进站信号机前方的接近区段，可以连续地得到由地面传输来的用以控制机车信号显示的信息。

2.3.3　机车信号的显示及含义

1. 机车信号机的作用

机车信号机设置在机车司机室内。机车信号机通过复示列车前方所接近地面信号机的显示，为司机操纵列车提供了更加可靠的运行指示，在确保行车安全、提高运输效率及改善司机劳动条件等方面起到了非常重要的作用。

2. 机车信号机的显示

1）三显示自动闭塞区段的连续式机车信号机

① 一个绿色灯光——准许列车按规定速度运行，表示列车接近的地面信号机显示绿色灯光，如图 2－61 所示。

② 一个半绿半黄色灯光——准许列车按规定速度注意运行，表示列车接近的地面信号机显示一个绿色灯光和一个黄色灯光，如图 2－62 所示。

③ 一个带"2"字的黄色闪光——要求列车注意运行，表示列车接近的地面信号机显示一个黄色灯光，并预告次一架地面信号机开放经 18 号及以上道岔侧向位置的进路，且列车运行前方第三架信号机开通直向进路或开放经 18 号及以上道岔侧向位置的进路，如图 2－63 所示。

图 2－61　　　　　　　　　　图 2－62　　　　　　　　　　图 2－63

④ 一个带"2"字的黄色灯光——要求列车注意运行，表示列车接近的地面信号机显示一个黄色灯光，并预告次一架地面信号机开放经道岔侧向位置的进路（但不满足上述第③项条件），如图 2－64 所示。

⑤ 一个黄色灯光——要求列车注意运行，表示列车接近的地面信号机显示一个黄色灯光，并预告次一架地面信号机处于关闭状态，如图 2－65 所示。

⑥ 一个双半黄色闪光——要求列车限速运行，表示列车接近的地面信号机开放经 18 号

及以上道岔侧向位置的进路，且次一架信号机开通直向进路或开放经 18 号及以上道岔侧向位置的进路；或表示列车接近设有分歧道岔线路所的地面信号机开放经 18 号及以上道岔侧向位置的进路、显示一个黄色闪光和一个黄色灯光，如图 2-66 所示。

图 2-64

图 2-65

图 2-66

⑦ 一个双半黄色灯光——要求列车限速运行，表示列车接近的地面信号机开放经道岔侧向位置的进路（但不满足上述第⑥项条件）、显示两个黄色灯光或其他相应显示，如图 2-67 所示。

⑧ 一个半黄半红色闪光——表示列车接近的进站、接车进路或接发车进路信号机显示引导信号或通过信号机显示容许信号，如图 2-68 所示。

图 2-67

图 2-68

⑨ 一个半黄半红色灯光——要求及时采取停车措施，表示列车接近的地面信号机显示红色灯光，如图 2-69 所示。

⑩ 一个红色灯光——表示列车已越过地面上显示红色灯光的信号机，如图 2-70 所示。

⑪ 一个白色灯光——不复示地面上的信号显示，机车乘务人员应按地面信号机的显示运行，如图 2-71 所示。

图 2-69

图 2-70

图 2-71

注意：无显示时，表示机车信号机在停止工作状态。

2）四显示自动闭塞区段连续式机车信号机

① 一个绿色灯光——准许列车按规定速度运行，表示列车接近的地面信号机显示绿色灯光，如图 2-72 所示。

② 一个半绿半黄色灯光——准许列车按规定速度注意运行，表示列车接近的地面信号机显示一个绿色灯光和一个黄色灯光，如图 2-73 所示。

③ 一个带"2"字的黄色闪光——要求列车减速到规定的速度等级越过接近的显示一个黄色灯光的地面信号机，并预告次一架地面信号机开放经 18 号及以上道岔侧向位置的进路，且列车运行前方第三架信号机开通直向进路或开放经 18 号及以上道岔侧向位置的进路，如图 2-74 所示。

图 2-72   图 2-73   图 2-74

④ 一个带"2"字的黄色灯光——要求列车减速到规定的速度等级越过接近的显示一个黄色灯光的地面信号机，并预告次一架地面信号机开放经道岔侧向位置的进路（但不满足上述第③项条件），如图 2-75 所示。

⑤ 一个黄色灯光——要求列车减速到规定的速度等级越过接近的显示一个黄色灯光的地面信号机，并预告次一架地面信号机处于关闭状态，如图 2-76 所示。

⑥ 一个双半黄色闪光——要求列车限速运行，表示列车接近的地面信号机开放经 18 号及以上道岔侧向位置的进路，且次一架信号机开通直向进路或开放经 18 号及以上道岔侧向位置的进路；或表示列车接近设有分歧道岔线路所的地面信号机开放经 18 号及以上道岔侧向位置的进路、显示一个黄色闪光和一个黄色灯光，如图 2-77 所示。

图 2-75   图 2-76   图 2-77

⑦ 一个双半黄色灯光——要求列车限速运行，表示列车接近的地面信号机开放经道岔侧向位置的进路（但不满足上述第⑥项条件）、显示两个黄色灯光或其他相应显示，如图 2-78 所示。

⑧ 一个半黄半红色闪光——表示列车接近的进站、接车进路或接发车进路信号机显示引导信号或通过信号机显示容许信号，如图 2-79 所示。

图 2-78　　　　　　　　　　　　　　　　图 2-79

⑨ 一个半黄半红色灯光——要求及时采取停车措施，表示列车接近的地面信号机显示红色灯光，如图 2-80 所示。

⑩ 一个红色灯光——表示列车已越过地面上显示红色灯光的信号机，如图 2-81 所示。

⑪ 一个白色灯光——不复示地面上的信号显示，机车乘务人员应按地面信号机的显示运行，如图 2-82 所示。

图 2-80　　　　　　　　图 2-81　　　　　　　　图 2-82

注意：无显示时，表示机车信号机在停止工作状态。

接近连续式机车信号机的显示方式与连续式机车信号机相同，LKJ 屏幕显示器的机车信号显示应与机车信号机的显示含义相同。

 务能力训练

三显示、四显示自动闭塞区段机车信号机显示含义相同吗？请说出不同含义。

 务知识巩固

1. 试述机车信号的概念。

2. 简述机车信号的分类。

3. 三显示自动闭塞区段的连续式机车信号机显示一个半绿半黄色灯光的含义是什么？

4. 三显示自动闭塞区段的连续式机车信号机显示一个带"2"字的黄色闪光的含义是什么？

5. 三显示自动闭塞区段的连续式机车信号机显示一个双半黄色闪光的含义是什么？

6. 四显示自动闭塞区段的连续式机车信号机显示一个半黄半红色闪光的含义是什么？

7. 四显示自动闭塞区段的连续式机车信号机显示一个半黄半红色灯光的含义是什么？

8. 四显示自动闭塞区段的连续式机车信号机显示一个红色灯光的含义是什么？

9. 四显示自动闭塞区段的连续式机车信号机显示一个白色灯光的含义是什么？

任务 2.4　移 动 信 号

务描述

　　信号是用声音、动作、机具、颜色、状态、光或电波等形式传递信息或命令的符号，铁路信号是指示列车运行及调车作业的命令，有关行车人员必须认真执行。

　　本任务中主要学习移动信号的种类、显示，响墩及火炬信号的显示，无线调车灯显信号的显示含义。

务学习目标

● 专业能力

（1）熟悉移动信号的种类；

（2）掌握响墩及火炬信号的应用；

（3）准确掌握无线调车灯显信号含义。

● 方法能力

（1）能够通过真实工作环境、云平台提供的学习环境或虚拟教室学习环境，自主学习铁路移动信号；

（2）能够依据移动信号的特点，说出各信号的颜色及含义；

● 社会能力

（1）具备良好的职业道德修养，能遵守职业道德规范，有较强的工作责任感；

（2）能灵活处理机车运用中的特殊情况，具有良好的心理素质和协调能力，善于交流，诚信、开朗；

（3）具有自主学习能力，有责任心，具有一定的分析能力，善于总结经验和创新。

务理论知识

2.4.1　移动信号的种类

　　移动信号是临时设置于某一地点，用于防护线路施工等地段的信号。根据使用需要，可分为停车信号、减速信号和减速防护地段终端信号。

1. 停车信号

昼间为表面有反光材料的红色方牌；夜间为柱上红色灯光，如图2-83所示。

2. 减速信号

① 表面有反光材料的黄底黑字圆牌，标明列车限制速度，如图2-84所示。

② 施工及其限速区段，在减速信号牌外方增设的特殊减速信号牌为表面有反光材料的黄底黑"T"字母圆牌，如图2-85所示。

图 2-83

图 2-84

图 2-85

3. 减速防护地段终端信号

表面有反光材料的绿色圆牌，如图2-86所示。在单线区段，司机应看线路右侧减速信号牌背面的绿色圆牌。

在有1万t或2万t（含1.5万t）货物列车运行的线路，增设的1万t、2万t（含1.5万t）减速防护地段终端信号牌为表面有反光材料的绿底黑"W"字母（1万t）或黑"L"字母（1.5万t和2万t）圆牌，如图2-87所示。

图 2-86

图 2-87

4. 防护信号

在站内线路上检查、修理、整备车辆或进行装卸作业时，应在两端来车方向的左侧钢轨设置带有脱轨器的固定或移动信号牌（灯）进行防护，前后两端的防护距离均应不小于20 m，如图2-88所示；不足20 m时，应将道岔锁闭在不能通往该线的位置。

旅客列车在到发线上进行车辆技术作业时，用红色信号旗（灯）进行防护，可不设脱轨器。红色信号旗（灯）的设置如下。

图 2-88

① 机车摘挂相关作业时，在机次一位客车非站台侧设置。

② 技术检查作业时，在机次一位客车前端非站台侧和尾部客车后端站台侧设置。车辆乘务员单班单人值乘列车，在无客列检车站进行站折技术检查作业时，仅在来车端一位客车前端站台侧设置。

③ 处理车辆故障时，在故障车辆站台侧设置。

2.4.2 响墩及火炬信号的应用

响墩爆炸声及火炬信号的火光（如图 2-89、图 2-90 所示），均要求紧急停车。停车后如无防护人员，机车乘务人员应立即检查前方线路，如无异状，列车以在瞭望距离内能随时停车的速度继续运行，但最高速度不得超过 20 km/h。在自动闭塞区间，运行至前方第一架通过（进站）信号机前，如无异状，即可按该信号机显示的要求执行；在半自动或自动站间闭塞区间，经过 1 km 后，如无异状，可恢复正常速度运行。

图 2-89   图 2-90

2.4.3 无线调车灯显信号含义

使用无线调车灯显制式的信号（如图 2-91 所示），显示方式如下：

① 一个红灯——停车信号；

② 一个绿灯——推进信号；

③ 绿灯闪数次后熄灭——起动信号；

④ 绿、红灯交替后绿灯长亮——连结信号；

⑤ 绿、黄灯交替后绿灯长亮——溜放信号；

⑥ 黄灯闪后绿灯长亮——减速信号；

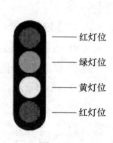

图 2-91

⑦ 黄灯长亮——十、五、三车距离信号，加辅助语音提示：

● 十车距离信号；

● 五车距离信号；

● 三车距离信号。

⑧ 两个红灯——紧急停车信号；

⑨ 先两个红灯后熄灭一个红灯——解锁信号。

根据调车灯显装置信号，准确说出信号显示含义。

1. 简述移动信号的含义及分类。

2. 移动信号的停车信号如何显示？

3. 移动信号的减速信号如何显示？

4. 移动信号的防护信号设置要求有哪些？

5. 简述响墩及火炬信号的含义。

6. 简述无线调车灯显信号的含义。

任务 2.5 手 信 号

铁路信号通过信号装置或有关人员使用器具（或徒手）产生有规律的音响、颜色、状态、位置、灯光等来表示特定的命令，它必须符合清晰明了、显示正确、有足够的显示距离及故障导向安全的原则。本任务主要描述手信号的作用、分类、显示及含义。

● **专业能力**

（1）了解手信号的作用及分类；

（2）熟记指示列车运行的手信号；

（3）熟记调车、联系、试验列车自动制动机手信号；

（4）熟记临时降弓信号内容。

● **方法能力**

（1）能够通过真实工作环境、云平台提供的学习环境或虚拟教室学习环境，自主学习铁路信号的概述；

（2）能够依据铁路信号的特点，熟悉铁路视觉信号的颜色及含义；

（3）能够针对具体信号机设置，能够对无效信号机进行处理。

● 社会能力

（1）具备良好的职业道德修养，能遵守职业道德规范，有较强的工作责任感；

（2）能灵活处理机车运用中的特殊情况，具有良好的心理素质和协调能力，善于交流，诚信、开朗；

（3）具有自主学习能力，有责任心，具有一定的分析能力，善于总结经验和创新。

 务理论知识

2.5.1 手信号作用、分类及规范要求

1. 手信号的作用

手信号是指铁路行车有关人员在作业中通过信号旗（灯）或直接用手臂，进行指挥、联系等工作的一种视觉信号。根据行车的需要，可以机动地指挥列车运行和调车作业，也可作为联系和传达行车有关事项的旗（灯）语。

2. 手信号的分类

手信号按用途可分为：指示列车运行手信号、调车手信号、联系用手信号、列车制动机试验手信号及指示电力机车司机临时升降弓的手信号五类。

3. 手信号的规范要求

① 在显示手信号时，必须严肃、认真，应做到横平、竖直、灯正、圈圆。

② 凡昼间持有信号旗的人员，应将信号旗拢起，左手持红旗，右手持绿旗（扳道员右手持黄旗），不持信号旗的人员徒手按规定方式显示信号。

2.5.2 指示列车运行手信号

1. 停车信号

作用形式：要求列车停车。

昼间——展开的红色信号旗；夜间——红色灯光，如图 2-92 所示。

图 2-92

　　昼间无红色信号旗时，两臂高举头上，向两侧急剧摇动；夜间无红色灯光时，用白色灯光上下急剧摇动，如图 2-93 所示。

图 2-93

2. 减速信号

作用形式：要求列车降低到要求的速度。

昼间——展开的黄色信号旗；夜间——黄色灯光，如图 2-94 所示。

图 2-94

　　昼间无黄色信号旗时，用绿色信号旗下压数次；夜间无黄色灯光时，用白色或绿色灯光下压数次，如图 2-95 所示。

图 2-95

3. 发车信号

作用形式：要求司机发车。

昼间——展开的绿色信号旗上弧线向列车方向做圆形转动；夜间——绿色灯光上弧线向列车方向做圆形转动，如图2－96所示。

注意：在设有发车表示器的车站，按发车表示器显示发车。

图2－96

4. 通过手信号

作用形式：准许列车由车站（场）通过。

昼间——展开的绿色信号旗；夜间——绿色灯光，如图2－97所示。

图2－97

5. 引导手信号

作用形式：准许列车进入车场或车站。

昼间——展开的黄色信号旗高举头上左右摇动；夜间——黄色灯光高举头上左右摇动，如图2－98所示。

特定引导手信号显示方式如下：昼间为展开绿色信号旗高举头上左右摇动，夜间为绿色灯光高举头上左右摇动，如图2－99所示。

图 2-98

图 2-99

2.5.3 调车、联系、试验列车自动制动机的手信号

1. 调车手信号

1）停车信号

显示方式同 2.5.2 节的"停车信号",如图 2-92 所示。

2）减速信号

昼间——展开的绿色信号旗下压数次;夜间——绿色灯光下压数次,显示方式同 2.5.2 节的"减速信号",如图 2-93 所示。

3）指挥机车向显示人方向来的信号

昼间——展开的绿色信号旗在下部左右摇动;夜间——绿色灯光在下部左右摇动,如图 2-100 所示。

4）指挥机车向显示人方向稍行移动的信号

昼间——拢起的红色信号旗直立平举,再用展开的绿色信号旗左右小动;夜间——绿色灯光下压数次后,再左右小动,如图 2-101 所示。

5）指挥机车向显示人反方向去的信号

昼间——展开的绿色信号旗上下摇动;夜间——绿色灯光上下摇动,如图 2-102 所示。

6）指挥机车向显示人反方向稍行移动的信号

昼间——拢起的红色信号旗直立平举,再用展开的绿色信号旗上下小动;夜间——绿色灯光上下小动,如图 2-103 所示。

图 2－100

图 2－101

图 2－102

图 2－103

2. 联系手信号

1）道岔开通信号

作用形式：表示进路道岔准备妥当。

昼间——拢起的黄色信号旗高举头上左右摇动；夜间——白色灯光高举头上，如图 2−104 所示。

图 2−104

机车出入段进路道岔准备妥当后，显示道岔开通信号如下：

昼间——展开的黄色信号旗高举头上左右摇动；夜间——黄色灯光高举头上左右摇动，如图 2−105 所示。

图 2−105

2）股道号码信号

作用形式：要道或回示股道开通号码。

① 一道：昼间——手持拢起的信号旗，两臂左右平伸；夜间——白色灯光左右摇动，如图 2−106 所示。

图 2−106

② 二道：昼间——手持信号旗，右臂向上直伸，左臂下垂；夜间——白色灯光左右摇动后，从左下方向右上方高举，如图 2－107 所示。

图 2－107

③ 三道：昼间——手持拢起的信号旗，两臂向上直伸；夜间——白色灯光上下摇动，如图 2－108 所示。

图 2－108

④ 四道：昼间——手持拢起的信号旗，右臂向右上方、左臂向左下方各斜伸 45°；夜间——白色灯光高举头上左右小动，如图 2－109 所示。

图 2－109

⑤ 五道：昼间——手持拢起的信号旗，两臂向上，使信号旗交叉于头上；夜间——白

色灯光做圆形转动，如图 2-110 所示。

图 2-110

⑥ 六道：昼间——左臂向左下方、右臂向右下方各斜伸 45°角；夜间——白色灯光做圆形转动后，再左右摇动，如图 2-111 所示。

图 2-111

⑦ 七道：昼间——手持拢起的信号旗，右臂向上直伸，左臂向左平伸；夜间——白色灯光做圆形转动后，左右摇动，然后再从左下方向右上方高举，如图 2-112 所示。

图 2-112

⑧ 八道：昼间——手持拢起的信号旗，右臂向右平伸，左臂下垂；夜间——白色灯光做圆形转动后，再上下摇动，如图 2-113 所示。

图 2-113

⑨ 九道：昼间——手持拢起的信号旗，右臂向右平伸，左臂向右下斜 45°；夜间——白色灯光做圆形转动后，再高举头上左右小动，如图 2-114 所示。

图 2-114

⑩ 十道：昼间——手持拢起的信号旗，左臂向左上方，右臂向右上方各斜伸 45°；夜间——白色灯光左右摇动后，再上下摇动，呈十字形，如图 2-115 所示。

图 2-115

⑪ 十一至十九道，须先显示十道股道号码，再显示所要股道号码的个位数信号。

⑫ 二十道及其以上的股道号码，各站根据需要自行规定，并纳入《车站行车工作细则》（简称《站细》）。

3）连结信号

作用形式：表示连挂作业。

昼间——两臂高举头上，使拢起的手信号旗杆水平且末端相接；夜间——红、绿色灯光（无绿色灯光的人员，用白色灯光）交互显示数次，如图 2-116 所示。

图 2-116

4）溜放信号

作用形式：表示溜放作业。

昼间——拢起的手信号旗随两臂高举头上，交叉后急向左右摇动数次；夜间——红色灯光做圆形转动，如图 2-117 所示。

图 2-117

5）停留车位置信号

作用形式：表示车辆停留地点。

夜间——白色灯光左右小摇动，如图 2-118 所示。

6）十、五、三车距离信号

作用形式：表示推进车辆的前端距被连挂车辆的距离。

昼间——展开的绿色信号旗单臂平伸；夜间——绿色灯光，在距离停留车十车（约 110 m）时连续下压三次，五车（约 55 m）时连续下压两次，三车（约 33 m）时下压一次，如图 2-119 所示。

71

图 2－118　　　　　　　　　　　　　图 2－119

7）取消信号

作用形式：通知将前发信号取消。

昼间——拢起手信号旗，两臂于前下方交叉后，急向左右摇动数次；夜间——红色灯光
做圆形转动后，上下摇动，如图 2－120 所示。

图 2－120

8）要求再度显示信号

作用形式：前发信号不明，要求重新显示。

昼间——右手持拢起的手信号旗，右臂向右方上下摇动；夜间——红色灯光上下摇动，如
图 2－121 所示。

图 2－121

9）告知显示错误的信号

作用形式：告知对方信号显示错误。

昼间——手持拢起的手信号旗，两臂左右平伸，同时上下摇动数次；夜间——红色灯光左右摇动，如图 2 - 122 所示。

图 2 - 122

3. 试验列车自动制动机的手信号

① 制动：昼间——手持检查锤，高举头上；夜间——白色灯光高举，如图 2 - 123 所示。

图 2 - 123

② 缓解：昼间——手持检查锤，在下部左右摇动；夜间——白色灯光在下部左右摇动，如图 2 - 124 所示。

图 2 - 124

③ 试验结束：昼间——手持检查锤，做圆形转动；夜间——白色灯光做圆形转动，如图 2－125 所示。

图 2－125

注意：车站人员显示上述信号时，昼间可用拢起的信号旗代替。司机应注意瞭望试验信号，并按规定回答。例如，当列车制动主管未达到规定压力，试验人员要求司机继续充风时，按照缓解的信号同样显示。

2.5.4　临时降弓信号内容

发现接触网故障，需要机车临时降弓通过时，发现故障的人员应在规定地点显示下列手信号：

① 降弓手信号：昼间——左臂垂直高举，右臂前伸并左右水平重复摇动；夜间——白色灯光上下左右重复摇动，如图 2－126 所示。

图 2－126

② 升弓手信号：昼间——左臂垂直高举，右臂前伸并上下重复摇动；夜间——白色灯光做圆形转动，如图 2－127 所示。

图 2-127

任务能力训练

1. 识别指示列车运行手信号的显示及含义。
2. 识别指示调车手信号的显示及含义。
3. 识别联系用手信号的显示及含义。
4. 识别指示临时降弓手信号的显示及含义。

任务知识巩固

1. 简述手信号的作用。
2. 简述手信号的分类。
3. 简述手信号显示的规范要求。
4. 简述停车信号显示的含义及要求。
5. 简述减速信号显示的含义及要求。
6. 简述发车信号显示的含义及要求。
7. 简述通过手信号显示的含义及要求。
8. 简述引导手信号显示的含义及要求。
9. 简述特定引导手信号的显示方式。
10. 简述指挥机车向显示人方向来的信号显示要求。
11. 简述指挥机车向显示人方向稍行移动的信号显示要求。
12. 简述指挥机车向显示人反方向去的信号显示要求。

任务 2.6 信号表示器及铁路标志

务描述

　　信号表示器是用来表示与行车有关设备的位置和状态、信号机显示的某种附加含义，或表示行车人员的某种意图，没有防护意义。通过它的表示对列车运行或调车工作发出指示。
　　信号标志是设置于铁路线路沿线，用以表明线路所在地点的某种情况或状态，便于司机或有关行车人员正确、及时地作业。信号标志通常设在列车运行方向左侧（警冲标除外）。
　　本任务中主要学习信号表示器及信号标志的概念、分类及相关信号表示的含义。

务学习目标

● **专业能力**
（1）掌握信号表示器的显示含义；
（2）掌握信号标志的种类；
（3）了解线路标志的种类；
（4）熟悉列车标志的显示及线路安全保护标志。
● **方法能力**
（1）能够通过真实工作环境、云平台提供的学习环境或虚拟教室学习环境，自主学习信号表示器及标志；
（2）能够依据铁路信号的特点，熟悉铁路视觉信号的颜色及含义；
（3）能够针对具体信号机设置，能够对无效信号机进行处理。
● **社会能力**
（1）具备良好的职业道德修养，能遵守职业道德规范，有较强的工作责任感；
（2）能灵活处理机车运用中的特殊情况，具有良好的心理素质和协调能力，善于交流、诚信、开朗；
（3）具有自主学习能力，有责任心，具有一定的分析能力，善于总结经验和创新。

务理论知识

2.6.1 信号表示器的显示含义

1. 道岔表示器
道岔表示器设在所属道岔的旁侧，用于表示所属道岔的状态（即开通方向），以便有关行车人员能随时确认行车进路。
非集中操纵的接发车进路上的道岔，应装设道岔表示器；集中操纵的道岔、调车场及峰

下咽喉的道岔，不装设道岔表示器；其他道岔根据需要装设道岔表示器。

道岔表示器的显示方式如下。

① 昼间无显示，夜间为紫色灯光——表示道岔位置开通直向，如图 2－128 所示。

图 2－128

② 昼间为中央划有一条鱼尾形黑线的黄色鱼尾形牌；夜间为黄色灯光——表示道岔位置开通侧向，如图 2－129 所示。

图 2－129

③ 在调车区为集中联锁时，进行连续溜放作业的分歧道岔应有道岔表示器，平时无显示，进行溜放作业时其显示方式如下：

● 紫色灯光——表示道岔开通直向，如图 2－130（a）所示；

● 黄色灯光——表示道岔开通侧向，如图 2－130（b）所示。

(a)　　　　　　　　　　　　(b)

图 2－130

2. 脱轨表示器

在集中联锁以外的脱轨器及引向安全线或避难线的道岔，应装设脱轨表示器，用以表示线路的开通或遮断状态。

脱轨表示器的显示方式如下：

① 带白边的红色长方牌及红色灯光——表示线路在遮断状态，如图 2-131 所示；

② 带白边的绿色圆牌及月白色灯光——表示线路在开通状态，如图 2-132 所示。

图 2-131   图 2-132

3. 进路表示器

在以下几种情况下，需要设进路表示器：

① 当出站信号机有两个以上的运行方向，而信号显示不能分别表示进路时，在出站信号机上应设进路表示器，以区分进路开通方向；

② 发车进路信号机兼作出站信号机时，根据需要，也可设进路表示器；

③ 双线自动闭塞区段，有反向运行条件时，出站信号机应装设进路表示器。

进路表示器在其主体信号机开放时点亮，用于区别进路开通方向或双线区段反方向发车，不能独立构成信号显示。

1）两个发车方向

信号机在开放的条件下，分别用左、右两个白色灯光区别进路开通方向，如图 2-133 所示。

图 2-133

2）三个发车方向

其显示方式如下：

① 信号机在开放状态，表示器左方显示一个白色灯光——表示进路开通，准许列车向左侧线路发车，如图 2－134 所示；

② 信号机在开放状态，表示器中间显示一个白色灯光——表示进路开通，准许列车向中间线路发车，如图 2－135 所示；

③ 信号机在开放状态，表示器右方显示一个白色灯光——表示进路开通，准许列车向右侧线路发车，如图 2－136 所示。

图 2－134　　　　　　　　图 2－135　　　　　　　　图 2－136

3）四个及其以上发车方向

（1）四个发车方向。

四个发车方向（A、B、C、D 方向）显示方式如下：

① 信号机在开放状态，表示器左方横向显示两个白色灯光——表示进路开通，准许列车向左侧 A 方向线路发车，如图 2－137 所示；

② 信号机在开放状态，表示器左方斜向显示两个白色灯光——表示进路开通，准许列车向左侧 B 方向线路发车，如图 2－138 所示；

③ 信号机在开放状态，表示器右方斜向显示两个白色灯光——表示进路开通，准许列车向右侧 C 方向线路发车，如图 2－139 所示；

④ 信号机在开放状态，表示器右方横向显示两个白色灯光——表示进路开通，准许列车向右侧 D 方向线路发车，如图 2－140 所示。

（2）五个发车方向。

五个发车方向（A、B、C、D、E 方向）显示方式如下：

① 同四个发车方向的第①项——表示进路开通，准许列车向左侧 A 方向线路发车，如图 2－137 所示；

② 同四个发车方向的第②项——表示进路开通，准许列车向左侧 B 方向线路发车，如图 2－138 所示；

③ 信号机在开放状态，表示器中间竖向显示两个白色灯光——表示进路开通，准许列车向中间 C 方向线路发车，如图 2－141 所示；

④ 同四个发车方向的第③项——表示进路开通，准许列车向右侧 D 方向线路发车，如图 2－139 所示；

⑤ 同四个发车方向的第④项——表示进路开通，准许列车向右侧 E 方向线路发车，如图 2－140 所示。

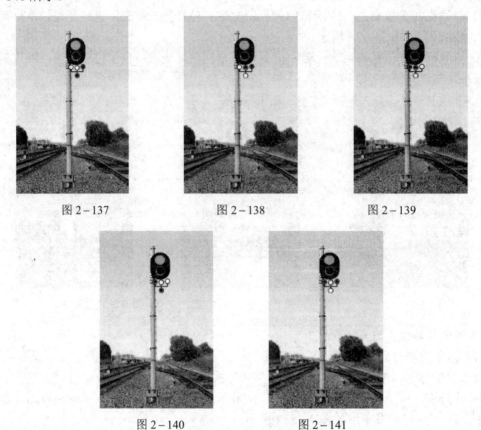

图 2－137   图 2－138   图 2－139

图 2－140   图 2－141

（3）六个发车方向。

六个发车方向（A、B、C、D、E、F 方向）显示方式如下：

① 信号机在开放状态，表示器左方竖向显示两个白色灯光——表示进路开通，准许列车向左侧 A 方向线路发车，如图 2－142 所示；

② 信号机在开放状态，表示器左方横向显示两个白色灯光——表示进路开通，准许列车向左侧 B 方向线路发车，如图 2－143 所示；

③ 信号机在开放状态，表示器左方斜向显示两个白色灯光——表示进路开通，准许列车向左侧 C 方向线路发车，如图 2－144 所示；

④ 信号机在开放状态，表示器右方斜向显示两个白色灯光——表示进路开通，准许列车向右侧 D 方向线路发车，如图 2－145 所示；

⑤ 信号机在开放状态，表示器右方横向显示两个白色灯光——表示进路开通，准许列车向右侧 E 方向线路发车，如图 2－146 所示；

⑥ 信号机在开放状态，表示器右方竖向显示两个白色灯光——表示进路开通，准许列

车向右侧 F 方向线路发车，如图 2-147 所示。

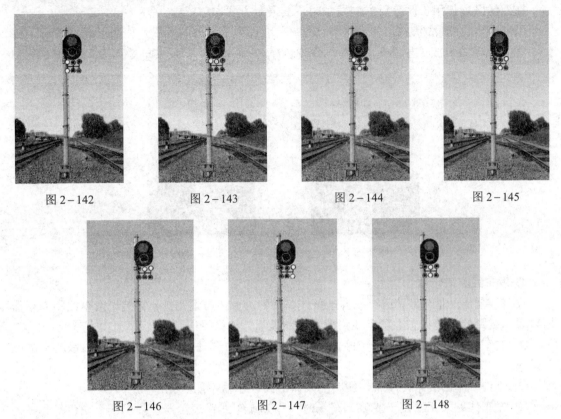

图 2-142　　　　　图 2-143　　　　　图 2-144　　　　　图 2-145

图 2-146　　　　　图 2-147　　　　　图 2-148

（4）七个发车方向。

七个发车方向（A、B、C、D、E、F、G 方向）显示方式如下：

① 同六个发车方向的第①项——表示进路开通，准许列车向左侧 A 方向线路发车，如图 2-142 所示；

② 同六个发车方向的第②项——表示进路开通，准许列车向左侧 B 方向线路发车，如图 2-143 所示；

③ 同六个发车方向的第③项——表示进路开通，准许列车向左侧 C 方向线路发车，如图 2-144 所示；

④ 信号机在开放状态，表示器中间竖向显示两个白色灯光——表示进路开通，准许列车向中间 D 方向线路发车，如图 2-148 所示；

⑤ 同六个发车方向的第④项——表示进路开通，准许列车向右侧 E 方向线路发车，如图 2-145 所示；

⑥ 同六个发车方向的第⑤项——表示进路开通，准许列车向右侧 F 方向线路发车，如图 2-146 所示；

⑦ 同六个发车方向的第⑥项——表示进路开通，准许列车向右侧 G 方向线路发车，如图 2-147 所示。

4）双线区段仅用于区分反方向发车

在双线区段仅用于区分反方向发车时，其显示方式如下：

① 信号机在开放状态，表示器不点亮——准许列车正方向发车，如图 2－149 所示；

② 信号机在开放状态，表示器显示一个白色灯光——准许列车反方向发车，如图 2－150 所示。

图 2－149　　　　　　　　　　　图 2－150

4. 发车线路表示器

设有线群出站信号时，应在线群一条线路的警冲标内方适当地点，装设发车线路表示器用以表示线路的开通状态。发车线路表示器的显示方式如下：

① 发车线路表示器在线群出站信号机开放后显示一个白色灯光——准许该线路上的列车发车，如图 2－151 所示；

② 不许发车的线路，所属该线路的发车线路表示器不能点亮；

③ 发车线路表示器用于驼峰调车场时，作为调车线路表示器，显示一个白色灯光——准许调车。

5. 发车表示器

当发车指示信号或发车手信号辨认困难时，应在便于司机瞭望的地点装设发车表示器，以免耽误列车出发。发车表示器的显示方式如下：

① 发车表示器常态不显示；

② 显示一个白色灯光——表示车站人员准许发车，如图 2－152 所示。

图 2－151　　　　　　　　　　　图 2－152

6. 调车表示器

在作业繁忙的调车场，因受地形、地物的影响，调车司机看不清调车指挥人的手信号时应设置调车表示器，用以代替调车指挥人的手信号。调车表示器向前后两方均能单独显示，一方向着调车区，一方向着牵出线。

调车表示器的显示方式如下：

（1）向调车区方向显示一个白色灯光——准许机车车辆自调车区向牵出线运行，如图 2－153 所示；

（2）向牵出线方向显示一个白色灯光——准许机车车辆自牵出线向调车区运行，如图 2－154 所示；

（3）向牵出线方向显示两个白色灯光——准许机车车辆自牵出线向调车区溜放，如图 2－155 所示。

图 2－153　　　　　　图 2－154　　　　　　图 2－155

7. 车挡表示器

车挡表示器设置在线路终端的车挡上，昼间为一个中部带黑圆的红色方牌，夜间显示一个红色灯光，如图 2－156 所示。

安全线及避难线可不设置车挡表示器。

图 2－156

2.6.2　信号标志

信号标志包括：警冲标，站界标，预告标，引导地点标，司机鸣笛标，电气化区段的电力机车禁停标、断电标、合电标，接触网终点标，准备降下受电弓标、降下受电弓标、升起受电弓标，作业标，减速地点标，补机终止推进标、机车停车位置标，四显示机车信号接通标，四显示机车信号断开标，轨道电路调谐区标志，级间转换标，通信模式转换标，以及除雪机用的临时信号标志等。

信号标志设在列车运行方向左侧（警冲标除外）。双线区段的轨道电路调谐区标志设在线路外侧。

1）警冲标

警冲标设在两会合线路线间距离为 4 m 的中间。线间距离不足 4 m 时，设在两线路中心线最大间距的起点处，如图 2-157 所示。在线路曲线部分所设道岔附近的警冲标与线路中心线间的距离应按限界的加宽增加。

2）站界标

站界标设在双线区间列车运行方向左侧最外方顺向道岔（对向出站道岔的警冲标）外不少于 50 m 处，或邻线进站信号机相对处，如图 2-158 所示。

图 2-157

图 2-158

3）预告标

预告标设在进站信号机及线路所通过信号机外方 900 m、1 000 m 及 1 100 m 处，如图 2-159 所示。但在设有预告信号机或接近信号机及自动闭塞的区段，均不设预告标。

在双线区间，当退行的列车看不见邻线的预告标时，在距站界外 1 100 m 处特设一个预告标，如图 2-160 所示，其中数字的单位为 m。

图 2-159

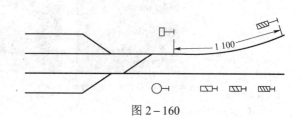
图 2-160

4）引导地点标

列车在距站界 200 m 以外，不能看见引导人员在进站信号机或站界标处显示的手信号时，须在列车距站界 200 m 外能清晰地看见引导人员手信号的地点设置引导地点标，如图 2-161 所示。

5）司机鸣笛标

司机鸣笛标设在道口、大桥、隧道及视线不良地点的前方 500～1 000 m 处，如图 2-162 所示。在非限鸣区域，司机见此标志须长声鸣笛；在限鸣区域内，司机见此标志应开启灯显示警设备，除遇危及行车安全等情况外，限制鸣笛。

6）电力机车禁停标

电力机车禁停标设在站场、区间接触网锚段关节式电分段两端，电力机车（动车组）在该标志提示的禁停区域内不得停留。电力机车禁停标如图 2-163 所示。

图 2-161　　　　　　　　图 2-162　　　　　　　　图 2-163

7）接触网电分相前、后的信号标志

在电气化区段接触网电分相前方，分别设断电标［如图 2-164（a）所示］、禁止双弓标（如图 2-165 所示）。对于最高运行速度大于 120 km/h 的旅客列车、特快货物班列及最高运行速度为 120 km/h 的货物列车、快速货物班列运行的线路，在断电标的前方增设特殊断电标［如图 2-164（b）所示］。在接触网电分相后方设合电标（如图 2-166 所示）。这几个标的设置位置如图 2-167 所示，图中的数字单位为 m。在双线电气化区段，在合电标、断电标背面，可分别加装"断""合"字标，作为反方向行车的断电标、合电标使用。

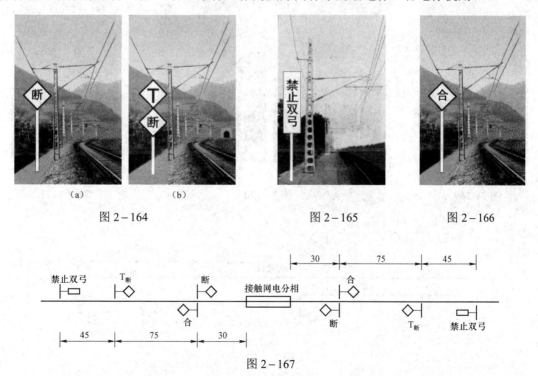

（a）　　　　　　（b）

图 2-164　　　　　　　　图 2-165　　　　　　图 2-166

图 2-167

8）接触网终点标

接触网终点标设在接触网边界，如图 2-168 所示。

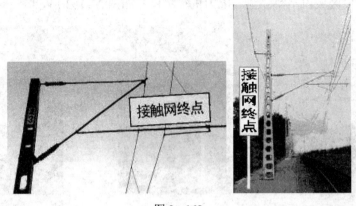

图 2-168

9）接触网故障降弓地段的信号标志

在电气化线路接触网故障降弓地段前方，分别设准备降下受电弓标（如图 2-169 所示）、降下受电弓标［如图 2-170（a）所示］。对于最高运行速度大于 120 km/h 的旅客列车、特快货物班列及最高运行速度为 120 km/h 的货物列车、快速货物班列运行的线路，在降下受电弓标的前方增设特殊降弓标［如图 2-170（b）所示］。在降弓地段后方，设升起受电弓标（如图 2-171 所示）。各信号标志的设置位置如图 2-172 所示，其中数字的单位为 m。

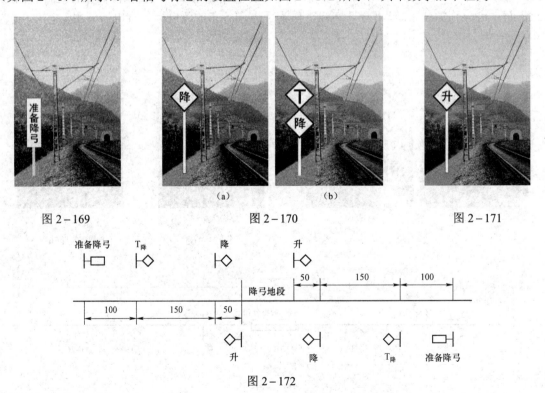

图 2-169 　　　　　　　（a）　　　（b）　　　　　　　图 2-171
　　　　　　　　　　　　　图 2-170

图 2-172

10）作业标

作业标设在施工线路及其邻线距施工地点两端 500～1 000 m 处，如图 2－173 所示。司机见此标志须长声鸣笛，注意瞭望。

11）减速地点标

减速地点标设在需要减速地段的两端各 20 m 处。正面表示列车应按规定限速通过地段的始点，背面表示列车应按规定限速通过地段的终点，如图 2－174 所示。

图 2－173

正面　　　　背面

图 2－174

12）补机终止推进标和机车停车位置标

补机终止推进标如图 2－175 所示，机车停车位置标如图 2－176 所示。二者的设置位置由铁路局规定。

图 2－175

图 2－176

13）四显示机车信号接通标

四显示机车信号接通标是涂有白底色、黑竖线、黑框的反光菱形板及黑白相间的立柱标志，如图 2－177 所示。

14）四显示机车信号断开标

四显示机车信号断开标是涂有白底色、中间断开的黑横线、黑框的反光菱形板及黑白相间的立柱标志，如图 2－178 所示。

15）轨道电路调谐区标志

Ⅰ型为反方向区间停车位置标，涂有白底色、黑框、黑"停"字、斜红道、标有调谐区长度的反光菱形板标志，如图 2－179 所示。

Ⅱ型为反方向行车困难区段的容许信号标，涂有黄底色、黑框、黑"停"字、斜红道、标有调谐区长度的反光菱形板标志，如图 2－180 所示。

Ⅲ型用于反方向运行合并轨道区段之间的调谐区或因轨道电路超过允许长度而设立分隔点的调谐区，为涂有蓝底色、白"停"字、斜红道；标明调谐区长度的反光菱形板标志，如图 2-181 所示。

以上三种调谐区标志均使用黑白相间的立柱。

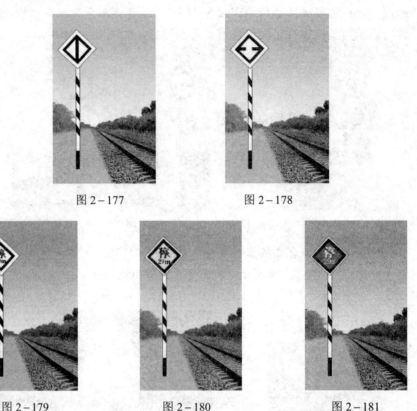

图 2-177   图 2-178

图 2-179   图 2-180   图 2-181

16）级间转换标

在 CTCS-0/CTCS-2 级转换边界一定距离前方的级间转换应答器组对应的线路左侧设级间转换标志。该标志采用涂有白底色、黑框、写有黑"C0""C2"标记的反光菱形板及黑白相间的立柱，如图 2-182 所示。

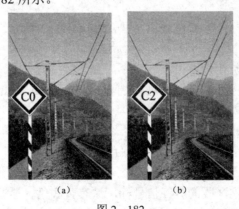

（a）   （b）

图 2-182

17）通信模式转换标

在始发站列车停车标内方或需要转换通信模式的相应地点设机车综合无线通信设备通信模式转换提示标志，标志牌顶边距轨面 2.5 m。该标志标面采用涂有白底色、黑框、写有黑"通信转换"字样的方形板，如图 2-183 所示。

（a）　　　　　　　　　　（b）

图 2-183

18）除雪机相关临时信号标志

通知操纵除雪机人员的临时信号标志如下：

① 除雪机工作阻碍标——表示前面有道口、道岔、桥梁等建（构）筑物，妨碍除雪机在工作状态下通过；

② 除雪机工作阻碍解除标——表示已通过阻碍地点。

上述标志的设置如图 2-184 所示，其中数字的单位为 m。

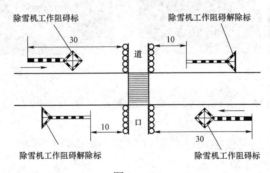

图 2-184

2.6.3　线路标志

线路标志包括：公里标、半公里标，曲线标，圆曲线和缓和曲线的始终点标，桥梁标，隧道（明洞）标，坡度标，以及铁路局、工务段、线路车间、线路工区和供电段的界标。

线路标志，按计算公里方向设在线路左侧。双线区段须另设线路标志时，应设在列车运行方向左侧。

① 公里标、半公里标。设在一条线路自起点计算每一整公里、半公里处，如图 2-185所示。

② 曲线标。设在曲线中点处，标明曲线长、缓和曲线长、曲线半径、超高、加宽，如图 2－186 所示。

图 2－185　　　　　　　　　　　　图 2－186

③ 圆曲线和缓和曲线的始终点标。设在直缓、缓圆、圆缓、缓直各点处，标明所向方向为直线、圆曲线或缓和曲线，如图 2－187 所示。

④ 桥梁标。设在桥梁两端桥头处，标明桥梁编号、中心里程和长度，如图 2－188 所示。

图 2－187　　　　　　　　　　　　图 2－188

⑤ 坡度标。设在线路坡度的变坡点处，两侧各标明其所向方向的上、下坡度值及其长度，如图 2－189 所示。

⑥ 隧道（明洞）标。直接标注在隧道（明洞）两端洞门端墙上，标明隧道号或名称、中心里程和长度，如图 2－190 所示。

图 2－189

⑦ 铁路局、工务段、线路车间、线路工区和供电段的界标，设在各该单位管辖地段的分界点处，两侧标明所向的单位名称，如图 2－191 所示。

图2-190

图2-191

2.6.4　列车标志

列车应在头部和尾部分别显示不同的列车标志。列车标志的显示方式，昼间与夜间相同，昼间可不点灯，其显示方式如下。

① 列车牵引运行时，机车前端一个头灯及中部两侧各一个白色灯光，如图2-192所示。列车尾部两个侧灯，向后显示红色灯光，向前显示白色灯光；挂有货物列车列尾装置时，为列尾装置向后显示红白相间的反射标志和一个红色闪光灯光，如图2-193和图2-194所示。

图2-192　　　　　　　　图2-193　　　　　　　　图2-194

动车组以外的旅客列车尾部加挂客车时，侧灯位置不做调整，最后一辆客车的制动软管、总风软管须吊起。

② 列车推进运行时，列车前端两个侧灯，向前显示红色灯光，向后显示白色灯光；挂有货物列车列尾装置时，为列尾装置向前显示红白相间的反射标志和一个红色闪光灯光，如图2-193、图2-194所示。机车后端中部两侧各一个红色灯光，如图2-195、图2-196所示。

图2-195　　　　　　　　　图2-196

③ 列车后端挂有补机时，机车后端标志与②同。

④ 单机运行时，机车前端标志与①同；机车后端标志与②同。

⑤ 调车机车及机车出入段时，机车前端标志与①同，机车后端标志与②同。

⑥ 轨道车运行时，前端一个白色灯光，如图 2－197 所示；后端一个红色灯光，如图 2－198 所示。

图 2－197

图 2－198

2.6.5 线路安全保护标志

铁路线路安全保护区的范围按《铁路安全管理条例》的规定执行。线路安全保护区标桩分为 A 型、B 型两种。

① A 型标桩（如图 2－199 所示）为基本型，沿铁路线路安全保护区边界每 200 m 设置一个，特殊地段可增加或减少设置数量，人烟稀少地区可不设置。

② B 型标桩（如图 2－200 所示）为辅助型，适于在人员活动频繁地段的道口、桥隧两端、公路立交桥附近醒目地点、居民区附近和人身伤害事故多发地段的铁路线路安全保护区边界设置。

图 2－199

图 2－200

标桩在铁路线路两侧规定距离设置时，应与线路另一侧标桩相错埋设。

在下列地点应设置警示、保护标志：

① 在未全封闭的铁路桥梁、隧道两端的线路两侧，设严禁通过标，如图 2－201（a）所示；

② 在铁路桥梁跨越河道上下游规定的地点，设严禁采砂标，如图 2－201（b）所示；

③ 在铁路信号、通信光（电）缆埋设地点，设电缆标，如图 2－201（c）所示；

④ 在电气化铁路接触网、自动闭塞供电线路和电力贯通线路等电力设施附近易发生危险的地方，设严禁进入标，如图 2－201（d）所示。

图 2－201

在铁路线路允许行人、自行车通过，但禁止机动车通过的人行过道，应设置人行过道路障桩，如图 2－202 所示。

图 2－202

 务能力训练

1. 识别信号表示器的显示及含义。
2. 识别信号标志的显示及含义。
3. 识别线路标志的显示及含义。
4. 识别列车标志的显示及线路安全保护标志。

任务 2.7　听 觉 信 号

务描述

　　由于铁路行车工作各工种必须相互协作、密切配合，彼此间有大量的工作需要联系，而许多工作又不能用口头、电话设备及视觉信号完全代替，所以规定了统一的听觉信号，以便于共同执行。

　　本任务中主要学习听觉信号的使用要求、鸣示方式及使用时机等。

务学习目标

● **专业能力**

（1）了解听觉信号的使用要求；

（2）掌握听觉信号的鸣示方式；

（3）能够识别听觉信号。

● **方法能力**

（1）能够通过真实工作环境、云平台提供的学习环境或虚拟教室学习环境，自主学习铁路信号的概述；

（2）能够依据铁路信号的特点，熟悉铁路视觉信号的颜色及含义；

（3）能够针对具体信号机设置，能够对无效信号机进行处理。

● **社会能力**

（1）具备良好的职业道德修养，能遵守职业道德规范，有较强的工作责任感；

（2）能灵活处理机车运用中的特殊情况，具有良好的心理素质和协调能力，善于交流，诚信、开朗；

（3）具有自主学习能力，有责任心，具有一定的分析能力，善于总结经验和创新。

任务理论知识

2.7.1　听觉信号的使用要求

　　听觉信号是以不同的音响符号，通过口笛、号角、机车及轨道车的鸣笛等发出的音响而表示的一种信号。

　　司机鸣示听觉信号时，应严格按照音节长短及间隔的规定标准进行，以防发生混淆。听觉信号的长声为 3 s，短声为 1 s，音响间隔为 1 s。重复鸣示时，须间隔 5 s 以上。

2.7.2　听觉信号的鸣示方式

　　机车、自轮运转特种设备作业中，提示注意、相互联系等应使用通信设备方式。遇联系不通或危及行车人身安全时，应采用鸣笛方式。机车、自轮运转特种设备鸣笛的鸣示方式见表 2-1。

表 2-1　机车、自轮运转特种设备鸣笛的鸣示方式

名称	鸣示方式	使 用 时 机
起动注意信号	一长声 —	（1）列车起动或机车车辆前进时（双机牵引或使用补机时，本务机车鸣笛后，补机应回答，本务机车再鸣笛一长声后起动）； （2）接近鸣笛标、道口、桥梁、隧道、行人、施工地点或天气不良时； （3）电力机车、自轮运转特种设备在检修及整备中，准备降下或升起受电弓时
退行信号	二长声 ——	列车、机车车辆、单机开始退行时
召集信号	三长声	要求防护人员撤回时
牵引信号	一长一短声 —·	途中本务机车要求补机牵引运行时（补机应以同样信号回答）
惰行信号	一长二短声 —··	本务机车要求补机惰力推进或要求补机断开主断路器时（补机应以同样信号回答）
途中降弓信号	一短一长声 ·—	（1）电力机车双机牵引中，本务机车司机要求补机降下受电弓时（补机须以同样信号回答）； （2）电力机车司机在途中发现降弓手信号时，应鸣此信号回示
途中升弓信号	一短二长声 ·——	（1）电力机车双机牵引中，本务机车司机要求补机升起受电弓时（补机须以同样信号回答）； （2）电力机车司机在途中发现升弓手信号时，应鸣此信号回示
呼唤信号	二短一长声 ··—	（1）机车要求出入段时； （2）在车站要求显示信号时
警报信号	一长三短声 —···	发现线路有危及行车安全的不良处所时
试验自动制动机及复示信号	一短声 ·	（1）试验制动机开始减压时； （2）接到试验制动结束的手信号，回答试风人员时； （3）调车作业中，表示已接受调车长所发出的手信号时
缓解及溜放信号	二短声 ··	（1）试验制动机缓解时； （2）要求列车乘务组缓解人力制动机时； （3）复示溜放调车信号时
拧紧人力制动机信号	三短声 ···	（1）要求列车乘务组拧紧人力制动机时； （2）要求就地制动时
紧急停车信号	连续短声 ······	司机发现（或接到通知）邻线发生障碍，向邻线上运行的列车发出紧急停车信号时。邻线列车司机听到此种信号后，应紧急停车

2.7.3　听觉信号的识别

　　口笛、号角鸣示方式见表 2-2。

表 2-2　口笛、号角鸣示方式

用途及时机	鸣示方式	
发车、指示机车向显示人反方向移动	一长声	—
指示机车向显示人方向移动	一短一长声	．—
试验制动机减压	一短声	．
试验制动机缓解	二短声	．．
试验制动机结束及安全信号	一短一长二短声	．—．．
一道	一短声	．
二道	二短声	．．
三道	三短声	．．．
四道	四短声	．．．．
五道	五短声	．．．．．
六道	一长一短声	—．
七道	一长二短声	—．．
八道	一长三短声	—．．．
九道	一长四短声	—．．．．
十道	二长声	——
二十道	二短二长声	．．——
十、五、三车距离信号：十车	三短声	．．．
十、五、三车距离信号：五车	二短声	．．
十、五、三车距离信号：三车	一短声	．
连结及停留车位置	一长一短一长声	—．—
停车	连续短声	．．．．．．
要求司机鸣笛	二长三短声	——．．．
试拉	一短声	．
减速	连续二短声	．．．．
溜放	三长声	———
取消	二长一短声	——．
再显示	二长二短声	——．．
列车接近通报信号：上行	二长声	——
列车接近通报信号：下行	一长声	—

务能力训练

能够识别听觉信号的鸣示含义。

务知识巩固

1. 司机鸣示听觉信号有何规定?
2. 简述起动注意信号的鸣示方式及使用时机。
3. 简述呼唤信号的鸣示方式及使用时机。
4. 简述警报信号的鸣示方式及使用时机。
5. 简述紧急停车信号的鸣示方式及使用时机。

项目 3

行 车 组 织

本项目中，重点学习行车组织基本要求、编组列车、调车工作、行车闭塞法、列车运行
等与行车组织相关的规章制度。

目实施环境

1. 硬件
铁道概论实习教室或虚拟仿真教学系统。
2. 软件
（1）配套云平台学习系统；
（2）《铁路行车规章》数字媒体资源。

项目实施知识技能准备

1. 铁道概论知识；
2. 行车组织常识；
3. 安全规章标准。

任务 3.1　行车组织基本要求

任务描述

列车运行是需要调度、车站、机务、工务、供电等部门互相协调配合才能完成的一项复
杂工作。本任务中，主要学习列车运行的基本要求、车站技术管理基本知识、接发车的相关
规定、列车在区间被迫停车后的处理方法、救援列车与路用列车的开行办法，这些都是重中
之重。

98

● **专业能力**

（1）掌握行车组织原则与行车指挥；

（2）理解车站技术管理基本知识；

（3）清楚对行车有关人员的要求。

● **方法能力**

（1）能够通过真实工作环境、云平台提供的学习环境或虚拟教室学习环境，自主学习行车组织的概述；

（2）能够依据行车组织的特点，熟悉铁路列车运行；

（3）能够依据列车运行知识，对具体情况进行处理。

● **社会能力**

（1）具备良好的职业道德修养，能遵守职业道德规范，有较强的工作责任感；

（2）能灵活处理机车运用中的特殊情况，具有良好的心理素质和协调能力，善于交流，诚信、开朗；

（3）具有自主学习能力，有责任心，具有一定的分析能力，善于总结经验和创新。

3.1.1　行车组织原则与行车指挥

1. 行车组织原则

铁路行车组织工作，必须贯彻安全生产的方针，坚持高度集中、统一领导的原则。运输、机务、车辆、工务、电务、供电、信息、房建等部门要发扬协作精神，主动配合，紧密联系，协同动作，组织均衡生产，不断提高效率，挖掘运输潜力，完成和超额完成铁路运输任务。

1）行车工作必须坚持"集中领导、统一指挥、逐级负责"的原则

局与局间由中国铁路总公司统一指挥，局管内各区段间由铁路局统一指挥，一个调度区段内由本区段列车调度员统一指挥。

车站由车站值班员统一指挥，线路所由线路所的车站值班员统一指挥。凡划分车场的车站，各车场由该车场的车站值班员统一指挥；车场间接发列车进路互有关联的行车事项，由指定的车站值班员统一指挥。

列车和单机由司机负责指挥。列车或单机在车站时，所有乘务人员应按车站值班员的指挥进行工作。

在调度集中区段，调度集中控制车站有关行车工作由该区段列车调度员直接指挥；但转为车站控制时，由车站值班员指挥。

2）全国铁路的行车时刻标准

全国铁路的行车时刻，均以北京时间为标准，从零时起计算，实行 24 小时制。

铁路地面固定设备的系统时钟，当具备条件时，应接入铁路时间同步网；不具备条件时，可独立设置卫星授时设备。铁路行车房舍内和办理行车工作的有关人员均应备有钟表。钟表的时刻应与调度所的时钟校对。调度所的时钟及各系统的时钟须定期校准。钟表的配置、校对、检查、修理及时钟校准办法，由铁路局规定。

3）列车运行方向原则

列车运行，原则上以开往北京方向为上行，反之为下行。

全国各线的列车运行方向，以中国铁路总公司的规定为准，但枢纽地区的列车运行方向，由铁路局规定。列车须按规定编定车次。上行列车编为双数，下行列车编为单数。在个别区间，使用直通车次时，可与规定方向不符。

4）列车编组计划原则

列车编组计划是全路的车流组织计划。列车中车组的编挂，须根据中国铁路总公司和铁路局的列车编组计划进行。

列车编组计划的编制，应在加强货流组织的基础上，最大限度地组织成组、直达运输，合理分配各编组站、区段站的中转工作，减少列车改编次数。

列车运行图是铁路行车组织工作的基础。所有与列车运行有关的铁路各部门，必须按列车运行图的要求，组织本部门的工作，以保证列车按运行图运行。

列车运行图应根据客货运量、区段通过能力等因素确定列车对数，并符合下列要求：

① 列车运行、车站间隔、技术作业等时间标准；

② 迅速、便利地运输旅客和货物；

③ 充分利用通过能力，经济合理地运用机车车辆和安排施工、维修天窗；

④ 做好列车运行线与车流的结合；

⑤ 各站、各区段间的协调和均衡；

⑥ 合理安排乘务人员作息时间。

5）运输方案的编制与执行

运输方案是保证完成月、旬运输工作的综合部署。铁路局、站段应根据实际情况，按照月度货物运输计划、技术计划、施工计划的要求和列车编组计划、列车运行图、机车周转图的规定，按级编制货运工作、列车工作、机车工作和施工安排等方案。各级运输部门，均应主动与路内外有关单位密切配合，共同编制和执行运输方案。

2. 行车指挥

1）列车调度员职责

有关行车人员必须执行列车调度员命令，服从调度指挥。

列车调度员应负责组织实现列车运行图、编组计划、运输方案。为此必须：

① 检查各站执行列车运行图和编组计划的情况，及时发布有关行车命令和口头指示；

② 严格按列车运行图指挥行车，遇列车发生晚点时，应积极采取措施，组织有关人员恢复正点；

③ 注意列车在车站到发及区间内的运行情况，正确、及时地处理临时发生的问题。

2）发布调度命令

指挥列车运行的命令（运行揭示调度命令除外）和口头指示，只能由列车调度员发布。列车调度员在发布命令之前，应详细了解现场情况，并听取有关人员意见。

（1）发布调度命令的时机。

遇表 3-1 所列情况，须发布调度命令。

表 3-1　行车调度命令项目表

顺序	命　令　项　目	受令者	
		司机	车站值班员
1	封锁、开通区间		○
2	向封锁区间开行救援列车、路用列车	○	○
3	临时变更或恢复原行车闭塞法	○	○
4	双线反方向行车、由双线改为单线或恢复双线行车	○	○
5	变更列车径路	○	○
6	发出在区间内停车或由区间返回的列车	○	○
7	开往区间内岔线的列车	○	○
8	发出临时由区间内返回后部补机的列车	○	○
9	列车需临时降弓运行	○	
10	因行车设备故障、灾害或施工，以及列车中挂有限速的机车车辆等，需要使列车临时限速运行（纳入运行揭示调度命令或本务机车、动车组自身设备原因限速时除外）	○	○
11	动车组列车空调失效，需打开部分车门限速运行	○	○
12	车站使用故障按钮、总辅助按钮		○
13	超长列车或列车挂有装载超限货物的车辆	○	○
14	单机附挂车辆	○	○
15	半自动闭塞区间，超长列车头部越过出站信号机（未压上出站方面的轨道电路）发车	○	○
16	在非到发线上接发列车	○	○
17	调度日（班）计划以外，临时加开或停运列车（单机除外）	○	○
18	双线区间在区间内进行跨线装卸作业时，对开入其邻线的列车	○	○
19	双线区间在区间内有除雪机、起重机工作时，对开入其邻线的列车	○	○
20	双线区间在区间内发生冲突、脱轨、火灾、爆炸事故，对开入其邻线的列车	○	○
21	列尾装置故障（丢失）的货物列车继续运行		○
22	改按天气恶劣难以辨认信号的办法行车或恢复正常行车	○	○
23	动车组列车转入或退出隔离模式（被救援时除外）	○	
24	动车组列车在列控车载设备控车和列车运行监控装置控车之间人工转换	○	○
25	临时利用本务机车调车作业	○	○
26	利用天窗施工、维修作业		○
27	施工、维修作业较指定时间延迟结束		○

顺序	命 令 项 目	受令者	
		司机	车站值班员
28	运行揭示调度命令与实际限速、行车方式或设备不符时	○	○
29	正线、到发线接触网停电或送电（接触网倒闸、跳闸后试送电，向中性区送电或弓网故障排查除外）		○
30	正线、到发线接触网停电后准许登顶作业	○	○
31	双管供风旅客列车运行途中改为单管供风	○	○
32	列车调度员认为有必要记录的上述以外的命令	有关人员	

注：1. 划"○"者为受令人员。

2. 天窗维修作业在指定的时间内完成并销记后，列车调度员不再发布维修作业结束恢复行车的调度命令。

3. 动车组列车改按列车运行监控装置方式运行需将列控车载设备隔离时，列车调度员仅发布改按列车运行监控装置方式行车的调度命令。

4. 因调车作业使动车组控车模式转换，不发布调度命令。自动站间闭塞法行车转为半自动闭塞法行车及转回的调度命令，可不发给司机。

上述调度命令如涉及其他单位和人员时，应同时发给。

（2）发布调度命令的注意事项。

① 列车调度员向司机发布调度命令时，应在列车进入关系区间（车站）前向司机发布或指定车站向司机交付，如来不及时应使列车停车进行发布或交付。

② 对于需向司机发布的调度命令，列车调度员可使用调度命令无线传送系统或按规定使用语音记录装置良好的列车无线调度通信设备向司机发布。由车站交付的调度命令，车站值班员可使用调度命令无线传送系统或按规定使用语音记录装置良好的列车无线调度通信设备向司机转达。

③ 对跨局的列车，接车铁路局列车调度员可委托发车铁路局列车调度员发布调度命令。更换机车或变更限速条件时，应由有关铁路局列车调度员重新发给相关调度命令。途中乘务人员换班时，应将调度命令内容交接清楚。

④ 使用计算机、传真机、调度命令无线传送系统发布调度命令时，命令接受人员确认无误后应及时反馈回执。使用电话发收调度命令时，应填记《调度命令登记簿》，指定受令人员中一人复诵，并记明发收人员姓名及时刻。

⑤ 有计划的施工，涉及限速、行车方式发生变化或设备变化时应发布运行揭示调度命令，司机按运行揭示调度命令执行。因施工提前、延迟或其他原因造成运行揭示调度命令与实际限速、行车方式或设备不符时，列车调度员应取消前发运行揭示调度命令，向有关车站值班员、司机、施工负责人重新发布全部内容的调度命令。

3.1.2 列车按运输性质的分类和运行等级顺序

1. 列车按运输性质分类

按运输性质不同，列车分为以下几类：

① 旅客列车（动车组列车，特快、快速、普通旅客列车）；

② 特快货物班列；

③ 军用列车；

④ 货物列车（快速货物班列、快运、重载、直达、直通、冷藏、自备车、区段、摘挂、超限及小运转列车）；

⑤ 路用列车。

2. 列车运行等级顺序

列车运行等级顺序，原则上按速度等级从高到低排序。同速度等级的列车，原则上按以下等级顺序：

① 动车组列车；

② 特快旅客列车；

③ 特快货物班列；

④ 快速旅客列车；

⑤ 普通旅客列车；

⑥ 军用列车；

⑦ 货物列车；

⑧ 路用列车。

注意：

① 开往事故现场救援、抢修、抢救的列车，应优先办理；

② 特殊指定的列车或列车种类，其等级应在指定时确定。

在双线区间，列车应按左侧单方向运行。仅限于整理列车运行时，方可使列车反方向运行，但旅客列车仅在正方向区间的线路封锁施工、发生自然灾害或因事故中断行车等特殊情况下，经铁路局调度所值班主任准许，方可反方向运行。

3.1.3 车站技术管理基本知识

1. 车站与站场的分类

1）车站分类

为便于掌握、管理和运用，根据每个车站在路网上所处的地位和所承担的任务，对所有车站可按技术作业、业务性质和车站等级进行分类。

（1）按技术作业分类。

① 编组站：设置于大量车流集散，港、矿附近或若干铁路线路衔接的地点。其主要作业为解体和编组各种货物列车。因此，在设备上有较多的配线、若干车场和调车设备，以及机车整备、车辆检修等设备。

② 区段站：设置于机车牵引区段两端，一般为机务段（折返点）所在站。其主要作业为：办理无调车作业中转列车的技术作业，机车的更换或整备，乘务组的换班，客车上水，区段列车和摘挂列车的编、解作业，以及直达、直通列车的补减轴作业，也担当部分列车的编、解作业。

③ 中间站：在每一区段内设有若干个中间站，其中包括单线区段的会让站和双线区段的越行站。其主要作业为：办理列车的会让、越行、停站、通过，以及摘挂列车、摘挂车辆等作业，个别的中间站也进行编组列车和机车整备作业，以及补机摘挂、列车技术检查

等作业。

在调度集中系统（CTC）的区段，由于实现列车调度员远程控制，部分车站没有设置专职行车人员，称为"集控站"。例如，青藏线的不冻泉、乌丽和岗秀站，胶济线的姚哥庄和蔡家庄站。

（2）按业务性质分类。

① 客运站：设于具有特殊意义的城市（如首都、省会、旅游地等）和客流量较大的城市，专门办理客运业务。

② 货运站：设于大城市、工业中心、港口、矿区或有大量货物装卸、中转作业的地点，专门办理货运业务。

③ 客货运站：全路这种车站占大多数，既办理客运业务又办理货运业务。

（3）按车站等级分类。

车站分为特等站和一、二、三、四、五等站。由于车站是依其主要特点和不同角度分类的，因而一个车站可能是技术作业上的编组站，又是业务性质上的客货运站。

2）车场分类

编组站、区段站和其他较大的车站线路较多，为便于管理和减少各种作业间的互相干扰，实行平行作业，提高车站能力，可根据线路的配置情况及用途按线群划分车场，车场一般分为下列几种。

① 到达场：办理接入到达解体列车作业的车场。

② 出发场：办理编组始发列车作业的车场。

③ 到发场：兼办列车到达与出发作业的车场，还可分为货物列车到发场与旅客列车到发场两种。

④ 直通场：办理无调车作业的中转列车的车场。

⑤ 调车场：办理列车的解体与编组作业的车场。

⑥ 编发场：兼办列车编解与列车出发作业的车场。

2. 车站行车工作细则

《车站行车工作细则》简称《站细》，是车站行车工作组织的基本规章。

《站细》由车站站长会同有关单位，根据有关规定，结合具体情况进行编制和修订。

《站细》的主要内容应有：车站技术设备的使用、管理，接发列车、调车及与行车有关的运输工作的组织，列车的技术作业程序和时间标准，作业计划的编制、执行制度，车站信息系统的管理制度，车站通过、改编能力，并应附注有坡度的车站线路平面图、进站信号机外制动距离内平纵断面图、联锁图表及电气化区段接触网高度和分相、分段绝缘器位置等技术资料。

机务、车辆、工务、电务、供电、通信、信息、房建等单位须及时向车站（车务段）提供有关的技术资料。

车站（车务段）应及时将《站细》或有关内容摘录分发给有关处所和单位。凡在车站参加作业的站、段、所等有关人员，均须熟悉和执行《站细》的有关规定。

3. 道岔的管理、定位及股道和道岔的编号

1）道岔的管理

① 站内线路的道岔及车站与其他单位所管线路相衔接的道岔（包括防护道岔），由车站负责管理。

② 人工扳动的道岔或道岔组，应由值班扳道员一人负责管理。个别道岔无专人负责的，由指定的人员兼管。根据需要，可将数个道岔组组成道岔区，设扳道长领导道岔区的工作。

③ 车站集中操纵的道岔，应由车站值班员负责，未设车站值班员的由信号长（员）负责。驼峰集中操纵的道岔，应由驼峰值班员负责。

道岔组、道岔区的范围划分，人工扳动道岔的清扫分工，道岔加锁的钥匙、电动转辙机手摇把管理办法，均应在《站细》内规定。电动转辙机手摇把要统一编号、集中管理，建立登记签认制度。集中操纵道岔的清扫分工由铁路局规定。

2）道岔的定位

道岔除使用、清扫、检查或修理时外，均须保持定位。

道岔的定位规定如下：

① 单线车站正线进站道岔，为由车站两端向不同线路开通的位置；

② 双线车站正线进站道岔，为各该正线开通的位置；

③ 区间内正线道岔及站内正线上其他道岔（引向安全线、避难线的除外），为正线开通的位置；

④ 引向安全线、避难线的道岔，为安全线、避难线开通的位置；

⑤ 到发线上的中岔，为到发线开通的位置；

⑥ 其他由车站负责管理的道岔，由车站规定。

注意：① 车站道岔的定位，应在《站细》内说明。

② 集中操纵的道岔及不办理接发列车的非集中操纵的道岔可不保持定位（到发线上的中岔和引向安全线、避难线的道岔除外）。

③ 段管线道岔的定位，由各段自行规定。

3）道岔及股道的编号

① 道岔编号：从列车到达方向起顺序编号，上行为双号，下行为单号；尽头线上，向线路终点方向顺序编号。车站划分车场时，每个车场的道岔单独编号。一个车站的道岔不得有相同的编号。

② 股道编号：单线区段内的车站，从靠近站舍的线路起，向远离站舍方向顺序编号；双线区段内的车站，从正线起顺序编号，上行一侧为双号，下行一侧为单号；尽头式车站，向终点方向由左侧开始顺序编号，如站舍位于线路一侧时，从靠近站舍的线路起，向远离站舍方向顺序编号。一个车站（分场时为一个车场）的股道不准有相同的编号。

3.1.4　对行车有关人员、设备的要求

① 持证上岗要求。行车有关人员，在任职、提职、改职前，必须按照铁路职业技能培训规范要求，进行拟任岗位资格性培训，并经职业技能鉴定和考试考核，取得相应职业资格证书和岗位培训合格证书后，方可任职。在任职期间，须按照铁路职业技能培训规范等规定，定期参加岗位适应性培训和业务考试，考试不合格的，不得继续履职。

② 身体健康要求。行车有关人员，在任职前必须经过健康检查，身体条件不符合拟任岗位职务要求的，不得上岗作业。在任职期间，要定期进行身体检查，身体条件不符合任职岗位要求的，应调整工作岗位。对行车有关人员，应进行日常安全生产知识和劳动纪律的教育、考核，并有计划地组织好在职人员的日常政治和技术业务学习。

③ 驾驶人员要求。驾驶机车、动车组、自轮运转特种设备（铁路救援起重机除外）的人员，必须持有国家铁路局颁发的驾驶证。变更驾驶机（车）型前，必须经过相应的技术培训并考试合格。实习和学习驾驶机车、动车组、自轮运转特种设备和操纵信号或重要机械、设备及办理行车作业的人员，必须在正式值乘、值班人员的亲自指导和负责下，方准操作。行车有关人员在执行职务时，必须坚守岗位，穿着规定的服装，佩戴易于识别的证章或携带相应证件，讲普通话。行车有关人员，接班前须充分休息，严禁饮酒，如有违反，立即停止其所承担的任务。

④ 行车公寓要求。行车公寓是专为乘务人员服务的生产设施，应实行标准化管理。应有良好的通信、网络（铁路办公网）、叫班管理设备和乘务管理设备，有生活、服务、学习、文娱、健身等设施和接送乘务人员的交通工具。应保证乘务人员随到随宿，不间断地供给热食及开水。室内应有卫浴设施，经常保持适当的温度，整洁和安静的休息条件；室外应绿化、美化。铁路各级领导应关心公寓工作，铁路局长每半年至少检查一次公寓工作。

任务能力巩固

1. 列车运行的上行、下行如何确定？
2. 遇哪些情况须发布调度命令？
3. 列车按运输性质如何分类？
4. 车站按技术作业、业务性质如何分类？
5. 车站道岔及股道编号有何规定？
6. 道岔定位有何规定？
7. 对行车有关人员、设备有何要求？

任务 3.2 编 组 列 车

任务描述

编组列车就是要把复杂的空、重车按一定要求编到一起，组成一列，为机车牵引做好准备。

本任务中主要学习编组列车的一般要求、机车车辆的编挂、关门车的编挂，以及编组列车过程中的相关规定、技术要求。

任务学习目标

● 专业能力
（1）了解编组列车的一般要求；
（2）掌握机车和车辆的编挂、关门车的编挂相关规定；
（3）能够按照规范操作列尾装置。

● 方法能力

（1）能够通过真实工作环境、云平台提供的学习环境或虚拟教室学习环境，自主学习编组列车的知识；

（2）能够依据编组列车的要求，进行机车、车辆的特殊连挂；

（3）能够针对具体情况，进行特殊处理。

● 社会能力

（1）具备良好的职业道德修养，能遵守职业道德规范，有较强的工作责任感；

（2）能灵活处理机车运用中的特殊情况，具有良好的心理素质和协调能力，善于交流、诚信、开朗；

（3）具有自主学习能力，有责任心，具有一定的分析能力，善于总结经验和创新。

务理论知识

3.2.1 编组列车的概念与一般要求

1. 编组列车的概念

编组列车是按列车种类、用途和运输性质，根据《铁路技术管理规程（普速铁路部分）》（简称《技规》）、列车编组计划和列车运行图规定的编挂条件、车组、重量或长度编组。

按《技规》编组列车，是指车辆编入列车的技术条件、隔离限制、自动制动机数量和配挂要求、列车尾部推车条件、编入列车的机车编挂位置等，必须符合《技规》有关"编组列车"的规定。同时，对于各类危险货物、易燃普通货物及装上述货物车辆编入列车的隔离限制，编挂装载超限货物车辆和特种车辆，还要执行《铁路危险货物运输管理规则》《铁路超限超重货物运输规则》等规章的有关规定及临时指示。

列车是完成铁路运输任务的主要形式，是按列车种类、用途和运输性质，根据《技规》、列车编组计划和列车运行图规定的编挂条件、车组、重量和长度，将车辆或车组选编而成，并挂有牵引机车和规定的列车标志的车列。也就是说，列车必须具备以下三个条件：

① 按有关规定编成的车列；

② 挂有牵引本次列车的机车；

③ 有规定的列车标志。

单机、动车及重型轨道车虽未完全具备列车条件，亦应按列车办理。

2. 对编组列车的基本要求

（1）列车重量应根据机车牵引力、区段内线路状况及其设备条件确定。编组超重列车时，编组站、区段站应征得机务段调度员同意，在中间站应得到司机的同意，并均须经列车调度员准许。

（2）列车长度应根据运行区段内各站到发线的有效长，并须预留 30 m 的附加制动距离确定。超长列车运行办法，由铁路局规定。

（3）动车组以外的旅客列车按列车编组表编组，机车后第一位编挂一辆未搭乘旅客的车辆作为隔离车。行李车、邮政车、发电车等非乘坐旅客的车辆应分别挂于机车后第一位和列车尾部，起隔离作用；在装设集中联锁的区段，且设有列车运行监控装置时，旅客列车可不

挂隔离车。如隔离车在途中发生故障摘下时，可无隔离车继续运行。局管内旅客列车经铁路局长批准，可不隔离。

（4）军用列车的编组，按有关规定办理。

（5）动车组为固定编组。单组动车组运用状态下不得解编，两组短编组同型动车组可重联运行。救援等特殊情况下，两组不同型号的动车组可重联运行。

（6）动车组禁止加挂各型机车车辆（无动力调车时的调车机、救援机车、无动力回送时的本务机车及回送过渡车除外）；动车组禁止编入其他列车。

（7）超过检修期限的动车组禁止上线运行（经车辆部门鉴定的回送动车组除外）。

（8）下列机车车辆禁止编入列车：

① 插有扣修、倒装色票的及车体倾斜超过规定限度的；

② 曾经发生冲突、脱轨、火灾、爆炸或曾编入发生特别重大、重大、较大事故列车内，以及在自然灾害中损坏，未经检查确认可以运行的；

③ 装载货物超出机车车辆限界，无挂运命令的；

④ 装载跨装货物（跨及两平车的汽车除外）的平车，无跨装特殊装置的；

⑤ 平车及敞车装载货物违反装载和加固技术条件的；

⑥ 未关闭侧开门、底开门，以及平车未关闭端、侧板的（有特殊规定者除外）；

⑦ 由于装载的货物需停止自动制动机的作用而未停止的；

⑧ 企业自备机车、车辆、自轮运转特种设备和城市轨道车辆、进出口机车车辆过轨时，未经铁路机车车辆人员检查确认的；

⑨ 缺少车门的（检修回送车除外）；

⑩ 超过定期检修期限的客车车辆（经车辆部门鉴定的回送客车除外）禁止编入旅客列车。

3. 列车重量和长度的确定

1）列车重量的确定

列车重量（牵引定数）是指根据机车牵引力、区段内线路状况及其设备条件，结合先进操作经验，经过周密计算和牵引试验后确定的列车重量。该列车重量为列车运行图的牵引定数。

列车的实际重量，包括列车内编挂的所有车辆的自重和载重之总和，列车编挂的非工作机车、架桥机、检衡车等的重量也计算在内，但工作机车（本务机车、补机、重联机车等）和有火回送机车的重量不计算在内。在实际工作中，为充分利用机车牵引力，原则上不准编开低于牵引定数的列车。编组列车时，列车实际重量与图定重量不一定能完全相符。

2）列车长度的确定

① 车辆长度：指车辆两端的车钩在闭锁位时，钩舌内侧的距离，以米为单位。

② 换算长度：为了实际工作的方便，习惯上将车辆的长度换算成车辆的辆数，即车辆长度除以 11 m 所得的商即为换长（又称计长），计算中保留一位小数，尾数四舍五入。11 m 是以前中国制造的 30 t 货车的标准长度，以此作为换算的标准车长度。如 P_{62} 型棚车的换长为 1.5，SS_8 型机车的换长为 1.6。

列车虽未超过图定区段计长，而实际超过停放该列车的到发线有效长时，应按超长列车办理。各铁路局制定超长列车运行办法时，必须考虑运行区段内的具体条件，编组超长列车的最大长度一般不得超过区段内两股最短到发线有效长之和，并不宜编挂超限及其他限速车辆。开行超长列车时，必须取得列车调度员的命令准许，事先向有关站、段布置，特别要注意列车会让计划。单线区段应避免对开超长列车，以免给中间站会让带来困难。

3.2.2　机车、车辆及关门车的编挂

1. 对牵引列车出段机车的基本要求

牵引列车的机车在出段前，必须达到运用状态，下列主要部件和设备必须作用良好并符合要求。

（1）机车的牵引、走行、制动系统，安全保护装置，照明和信号标志，行车安全设备。

（2）机车采用单元制动器的、制动闸瓦与车轮踏面的缓解间隙为 4～8 mm，采用能盘制动的，闸片与制动盘的单边缓解间隙为 1～2 mm。

（3）车钩中心水平线距钢轨顶面高度为 815～890 mm。

（4）轮对：

① 轮对内侧距离为 1 353 mm，允许偏差不得超过 ±3 mm；

② 轮箍或轮毂不松弛；

③ 轮箍、轮毂、辐板（辐条）、轮辋无裂纹；

④ 轮缘的垂直磨耗高度不超过 18 mm，并无碾堆；

⑤ 车轮踏面擦伤深度不超过 0.7 mm；

⑥ 车轮踏面上的缺陷或剥离长度不超过 40 mm，深度不超过 1 mm；

⑦ 车轮踏面磨耗深度不超过 7 mm；采用轮缘高度为 25 mm 的磨耗型踏面时，其磨耗深度不超过 10 mm。

（5）电力机车的受电弓、牵引电机、辅助机组、高压电器、与操纵机车有关的低压电器、蓄电池组和主、辅、控制电路。

2. 工作机车的编挂

工作机车应挂于列车头部，正向运行。因为机车在设计和制造时，其技术性能和作业条件主要是按正向运行考虑的。这便于乘务员瞭望，又能充分发挥机车的最大牵引效能。但无转向设备或担当小运转、救援及路用列车的机车，因客观条件限制及工作性质的需要，所以允许逆向运行。

双机或多机牵引时，为了保证运行安全，由第一位机车担当本务，负责操纵列车；第二位及以后的机车应根据本务机车的要求进行操纵。

补机原则上挂于本务机车的前位或次位，主要是便于彼此联系、配合，保证安全。如补机挂于列车头部，该补机执行本务机车的职务。这样有利于司机瞭望和操纵列车，对列车平稳运行、防止事故均有好处。在特殊区段或补机需途中返回时，经铁路局批准，可将补机挂于列车后部，但应接通软管，加强相互间的联系与配合，做到同步操作，使列车平稳运行，保证列车安全。对需要途中返回的补机（包括越过一个区间），可不连接软管，以避免区间停车接管造成列车起动困难或降低通过能力。重载、组合列车采用双机或多机牵引时，工作机车可能编挂在列车中部或后部。

3. 回送机车的编挂

机车因配属、局间调拨或入厂、段检修，以及检修完毕后返回本段等原因，产生机车回送。为了充分利用牵引动力，电力机车在已通电的接触网区段、内燃机车在保证供给燃料的

情况下，应尽量牵引货物列车回送。非铁路局所属的机车回送时，按货物托运附挂列车中。下列情况，准许单机或附挂货物列车回送：

① 入厂、段修的主型机车，确因技术状态不良，并有机务段事先向有关铁路局机车调度员发出不宜牵引列车的电报；

② 因运输任务较少等原因 12 h 内无牵引列车条件的；

③ 杂小型机车，遇牵引力与区段规定的牵引定数相差较大，为防止占用区段运行线，浪费区段通过能力，以附挂货物列车回送为宜；

④ 内燃机车在运行 1 000 km 或 40 h 内没有上油设备时。

当回送机车在所担任区段以外单机运行时，由于乘务员不熟悉该区段线路的坡道、曲线及有关行车设备情况，故须由担任该区段机车运用的机务段派出指导人员添乘，以确保列车安全正点。回送机车应采取与本务机车重联的方式。因为机车重量大，如挂于列车中部或后部，在列车制动时，容易发生断钩事故。遇列车紧急制动时，还可能将其前位的车辆挤坏，所以应挂于本务机车次位。

由于机车制动条件限制，因此 20% 及其以上坡度的区段，禁止办理机车专列回送。在电气化区段回送时，内燃机车要关闭天窗。电传动内燃机车和电力机车回送时，牵引电动机碳刷须全部拔掉，拆除二、五动轴与测速发电机的机械连接；液力传动的内燃机车应拆除与动轮连接的万向轴，关闭重联塞门制动机手柄置于运转位，开放无火装置塞门，制动缸活塞行程调整到最高标准，分配阀、安全阀调整至 1.5～2.0 kPa。ND 型制动机手柄置于锁闭位，开放非常阀。内燃机车排除冷却水润滑油，冬季注意防冻。

轨道起重机回送前，回送单位应做好技术检查和整备工作。路外单位托运起重机前，应由铁路部门鉴定，无技术鉴定书时不能办理托运。轨道起重机所规定的不同回送速度，主要是考虑到起重机本身走行部分的弱点及其重心偏高、起重臂的横向摆动大等因素。为了确保轨道起重机回送安全，对常见的轨道起重机规定了回送的限制速度，《技规》未明确规定的按设计文件要求速度回送，并限定挂于列车中部或后部。

4. 单机挂车

单机是指未挂车辆在区间运行的机车。

为充分利用机车动力，加速机车车辆周转和货物送达，准许顺路机车连挂车辆，称为单机挂车。单机挂车是为了充分利用机车牵引力，加速车辆周转的一种"捎带"运输，考虑到机车乘务组监护附挂车辆的条件限制，所以单机挂车不宜过多。在机车实际牵引区段的线路坡度不超过 12‰ 时，由于运行条件较好，以 10 辆为限；线路坡度超过 12‰ 时，考虑到具体坡度、牵引动力、牵引定数不同，单机挂车辆数不宜全路统一规定，故由铁路局自行规定。

为了给单机挂车后在运行上创造必要条件和确保安全，应遵守下列规定：

① 为了保证单机运行时有足够的闸瓦压力，全部车辆的自动制动机作用必须良好，不准编挂"关门车"，因此发车前列检人员（无列检时由车站发车人员）应按规定进行制动试验；

② 为了保证货物在运行途中的完整和行车安全，明确交接责任，连挂前由车站彻底检查货物装载状态，并将编组顺序表和货运单据交与司机；

③ 为保证行车安全，明确职责，区间被迫停车的防护工作，以及附挂车辆有无脱钩和关闭折角塞门等情况，均由机车乘务组负责，机车乘务组于开车前应确认附挂辆数、连接及

通风状态是否良好；

④ 对单机挂车要严格控制，不能"因小失大"，不能因多挂几个车而影响机车计划交路耽误接车，所以要求列车调度员应严格掌握，不得因单机挂车影响机车固定交路和使乘务员超过劳动时间；

⑤ 鉴于爆炸品危险性较大，运行上要求隔离，超限货物在运行条件上有很多限制，司机在进行乘务工作时难以全面照顾，因而单机挂车不准挂装载爆炸品、超限货物的车辆。

单机挂车时，可不挂列尾装置。在这种情况下，车站接发列车时，应有确认完整到达的办法，并于发车后通知邻站，以确保运行安全。

5. 列车编挂关门车的规定

列车中的机车和车辆的自动制动机，均应加入全列车的制动系统。

货物列车中因装载的货物规定需停止制动作用的车辆，自动制动机临时发生故障的车辆，准许关闭截断塞门（简称关门车），但列检作业场所在站编组始发的列车中，不得有制动故障关门车。

编入列车的关门车数不超过现车总辆数的 6%（尾数不足一辆按四舍五入计算）时，可不计算每百吨列车重量的换算闸瓦压力，不填发制动效能证明书；超过 6%时，按《技规》第 261 条规定计算闸瓦压力，并填发制动效能证明书交与司机。关门车不得挂于机车后部三辆车之内；在列车中连续连挂不得超过两辆；列车最后一辆不得为关门车；列车最后第二、三辆不得连续为关门车。对于不适于连挂在列车中部但走行部良好的车辆，经列车调度员准许，可挂于列车尾部，以一辆为限，如该车辆的自动制动机不起作用时，须由车辆人员采取安全措施，保证不致脱钩。

旅客列车、特快货物班列不准编挂关门车。在运行途中（包括在站折返）如遇自动制动机临时故障，在停车时间内不能修复时，准许关闭一辆，但列车最后一辆不得为关门车，120 km/h 速度等级及编组小于 8 辆的 140 km/h、160 km/h 速度等级列车按规定关门时需限速运行，车辆乘务员须向司机递交限速证明书。

编有货车的军用列车、路用列车编挂关门车时，除有特殊规定外，执行货物列车的规定。

6. 列车的紧急制动距离限值

列车在任何线路上的紧急制动距离限值按表 3-2 规定。

表 3-2　列车紧急制动距离限值

列车类型	最高运行速度/(km/h)	紧急制动距离限值/m
旅客列车（动车组列车除外）	120	800
	140	1 100
	160	1 400
特快货物班列	160	1 400
快速货物班列	120	1 100
货物列车（货车轴重<25 t，快速货物班列除外）	90	800
	120	1 400
货物列车（货车轴重≥25 t）	100	1 400

7. 车辆的编挂

1）列车中车辆的编挂

（1）有关隔离与超限、特种车辆的编挂规定。

装载危险、易燃等货物的车辆编入列车的隔离限制执行危险货物运输规章规定。编挂超限货物车辆或特种车辆时，按货物运输规章规定或临时指示办理。

（2）旅客列车编挂的限制。

旅客列车不准编挂货车，编入的客车车辆最高运行速度等级必须符合该列车规定的速度要求。旅客列车中，与机车相连接的客车端门及编挂在列车尾部的客车后端门须加锁。

2）车辆的连挂技术要求

动车组以外的列车中相互连挂的车钩中心水平线的高度差，不得超过 75 mm。

为保证列车中各车辆连挂时车钩高度的一致性，根据车钩中心线水平线距轨面的高度范围（815～890 mm）规定，列车中相互连挂的车钩中心水平线的高度差不得超过 75 mm。车钩的高度差，主要是由于车辆的空重、弹簧的强弱、车轮圆周磨耗、心盘垫板的厚薄，以及运行中弹簧的振动、线路的状况等原因造成的。

如果车钩高度差超过规定的范围，当列车运行至道岔、路基松软地段时，车辆上下颠簸，尤其在陡坡线路上，容易发生脱钩而造成列车分离，并且高度差过大时，使车钩钩舌牵引面变小，局部钩舌的拉力承受不了牵引力，易发生断钩事故。

3）连挂责任分工

列车中车辆的连挂，由调车作业人员负责。连接制动软管、有列检作业的始发列车由列检人员负责；无列检作业的，由调车作业人员负责。

列车机车与第一辆车的连挂，由机车乘务员负责。单班单司机值乘的，由列检人员负责；无列检作业的列车，由车辆乘务员负责；无车辆乘务员的列车，由车站人员负责；列车机车与第一辆车的车钩摘解、软管摘解，由列检人员负责；无列检作业的列车，车钩、软管摘解由机车乘务员（单班单司机值乘的由车辆乘务员）负责，软管连接由车辆乘务员负责；无车辆乘务员的列车，由机车乘务员（单班单司机值乘的由车站人员）负责。

列车机车与第一辆车电气连接线的连接与摘解，由列检作业人员负责；无列检作业人员时，由车辆乘务员负责。

货物列车本务机车在车站调车作业时，无论单机或挂有车辆，与本列的车辆摘挂和软管摘解，均由调车作业人员负责。

旅客列车在途中摘挂车辆时，车辆的摘挂和软管摘解，由调车作业人员负责，密封风挡摘解由车辆乘务员负责，其他由列检作业人员负责；无列检作业人员时，由车辆乘务员负责，必要时打开车门，以便于调车作业。机车与动车组过渡车钩的连接与摘解、软管摘解、电气连接线的连接与分解，由动车组随车机械师负责。

动车组采用机车调车作业时，由随车机械师或动车段（所）胜任人员负责过渡车钩、专用风管与动车组的连接和分解，并打开车门，调车作业人员负责车钩摘解、软管摘解。

动车组被救援时，过渡车钩、专用风管与动车组的连接和分解由随车机械师负责，司机配合。两列动车组重联或摘解时，由动车组机械师负责引导，司机确认。摘解操作时，主动车组必须一次移动 5 m 以上方可停车。

客车编入货物列车回送时，客车编挂辆数不得超过 20 辆，应挂于列车中部或后部。

装有密接式车钩的客车，原则上应附挂旅客列车回送。需附挂货物列车回送时，不得超过 10 辆，其后编挂的其他车辆不得超过 1 辆。

客车与平车、平集共用车以外的货车连挂时，不得与货车有人力制动机端连挂；客车与平车、平集共用车人力制动机端连挂时，平车、平集共用车的人力制动机不得使用，处于非工作状态。

机械冷藏车组应尽量挂于货物列车中部或后部。

军用及其他对编挂位置有特殊要求的客车按有关规定办理。

在有列检作业的车站，发现列车中有技术不良的车辆，因条件限制不能修理时，应从列车中摘下修理。在其他车站发现列车中有技术不良的车辆，因特殊情况不能摘下时，如能确保行车安全，经车辆调度员同意，可回送到指定地点进行处理。

动车组列车运行途中遇空气弹簧故障时，运行速度不得超过 160 km/h（CRH$_2$、CRH380 A/AL 型为 120 km/h），其他旅客列车运行途中遇车辆空气弹簧故障时，运行速度不得超过 120 km/h。采用密接式车钩的旅客列车，在运行途中因故障更换 15 号过渡车钩后，运行速度不得超过 140 km/h。

编入列车的国际铁路联运车辆，应符合国际铁路联运有关车辆交接技术条件。

运用中的车辆应按规定的周期检修。扣修和出入厂、段的车辆应建立定时取送制度，并纳入车站日班计划。

4）列车自动制动机试验

动车组以外的列车自动制动机应按下列规定进行试验。

（1）全部试验。

在以下几种情况下，进行全部试验：

① 货车列检对解体列车到达后施行一次到达全部试验，对编组列车始发前施行一次始发全部试验，对有调车作业中转列车到达后首先施行到达全部试验，发车前只施行始发全部试验中的漏泄试验；

② 货车特级列检和安全保证距离在 500 km 左右的一级列检，对无调车作业中转列车始发前施行一次始发全部试验；

③ 无列检作业场车站始发的列车，在途经第一个列检作业场进行无调车中转技术检查作业时，施行一次始发全部试验；

④ 列检作业场对运行途中自动制动机发生故障的到达列车，进行全部试验；

⑤ 旅客列车库内检修作业，进行全部试验；

⑥ 在有客列检作业的车站折返的旅客列车，进行全部试验。

站内设有试风装置时，应使用列车试验器试验，连挂机车后只做简略试验。对装有空气弹簧等装置的旅客列车，应同时检查辅助用风系统的泄漏情况。

（2）简略试验。

在以下几种情况下，进行简略试验：

① 货车列检对始发列车、中转作业列车连挂机车后；

② 客列检作业后和旅客列车始发前；

③ 更换机车或更换机车乘务组时；

④ 无列检作业的始发列车发车前；

⑤ 列车软管有分离情况时；

⑥ 列车停留超过 20 min 时；

⑦ 列车摘挂补机，或第一机车的自动制动机损坏交由第二机车操纵时；

⑧ 机车改变司机室操纵时；

⑨ 单机附挂车辆时；

⑩ 列车进行摘、挂作业开车前。

在站简略试验，有列检作业的由列检人员负责，无列检作业的由车辆乘务员负责，无车辆乘务员的由车站人员负责。挂有列尾装置的列车由司机负责（挂有列尾装置的旅客列车，始发前、摘挂作业开车前及在途中换挂机车站、客列检作业站，有列检作业的由列检人员负责，无列检作业的由车辆乘务员负责）。

（3）持续一定时间的全部试验。

有列检作业场的车站发出的货物列车，运行前方途经长大下坡道区间的，在始发、中转作业时应进行持续一定时间的全部试验，列检应填发制动效能证明书交给司机；在有列检作业场车站至长大下坡道区间的各站始发或进行摘挂作业的列车，是否进行持续一定时间的全部试验并填发制动效能证明书交给司机，由铁路局规定。具体试验和凉闸的地点、办法，由铁路局规定。

旅客列车出库前，应进行持续一定时间的全部试验。在接近长大下坡道区间的车站，是否进行持续一定时间的全部试验，由铁路局规定。

长大下坡道的定义为：线路坡度超过 6‰，长度为 8 km 及以上；线路坡度超过 12‰，长度为 5 km 及以上；线路坡度超过 20‰，长度为 2 km 及以上。

5）动车组制动试验规定

① 动车组在出段（所）前或折返地点停留出发前需要进行全部制动试验，一级检修作业后的动车组在出发前不再进行全部制动试验。

② 动车组列车在始发前需在操纵端进行简略制动试验。

③ 动车组列车更换动车组司机（同向换乘除外）或操纵端后，需进行简略制动试验。

④ 动车组列车在途中重联或解编后，开车前需在操纵端进行简略制动试验。

⑤ 动车组列车使用紧急制动停车后，开车前需进行简略制动试验。

⑥ 动车组在采用机车救援、无动力回送连挂机车或回送过渡车时，按动车组无动力回送作业办法进行制动性能确认。

注意：车辆上翻车机前和翻卸后，以及进入解冻库前和解冻后，必须由所在地车辆段派列检人员对车辆进行技术检查，对解冻后车辆进行制动机性能试验。具体技术检查作业地点由铁路局规定。

6）货物列车在编组站、区段站发车前的有关规定

货物列车在编组站、区段站发车前，有关人员应做到以下 3 点。

① 货运检查人员应认真执行区段负责制，按规定检查列车中货物装载、加固、施封及篷布苫盖状态，以及车辆的门窗关闭情况，发现异状时应及时处理。对无列检作业的车站，还应检查自动制动机的空重位置，不符合时应进行调整。

② 车号人员应按列车编组顺序表核对现车和货运票据，无误后，按规定与机车乘务员办理交接。

③ 列检人员检查车辆，发现因货物装载超载、偏载、偏重、集重引起技术状态不正常时，应及时通知车站处理；车辆自动制动机的空重位置不符合时，应进行调整。

7）列车编组顺序表交接的规定

动车组不办理编组顺序表交接。动车组以外的旅客列车编组顺序表按以下规定办理交接：

① 在始发站由车站人员按列车编组顺序表核对现车，无误后，与司机办理交接；

② 中途换挂机车时，到达司机与车站间、车站与出发司机间办理交接，仅更换机车乘务组时机车乘务组之间办理交接；

③ 途中摘挂车辆时，车站负责修改列车编组顺序表；

④ 列车到达终到站后，司机与车站办理交接，车站与司机的交接地点均为机车停留位置。

3.2.3　列尾装置

列尾装置的全称为列车尾部安全防护装置，是货车取消守车后，在尾部无人值守情况下，为了保证列车运行安全而研制的综合应用计算机编码、无线遥控、语音合成、计算机处理等技术的专用安全防护设备，也是重要的铁路行车设备。

1）列尾装置的作用

① 使机车乘务员准确掌握列车尾部风压，确认列车完整。

② 当列车主管因泄漏等原因风压不足时，可直接向司机报警。

③ 当车辆折角塞门被意外关闭时，司机可直接操纵列尾装置，使其强行排风，使列车制动停车。

④ 起到列车标志的作用，为接发列车人员确认列车完整提供依据。

2）列尾装置的运用

① 主机使用前由列尾作业员、司机控制盒在机车出库前由电务人员按有关规定进行检测，主机、司机控制盒经确认合格后方可使用。经检测设备不良时，禁止机车牵引列车。

② 单机前往中间站挂运列车时，车站值班员通知列尾作业员（或助理值班员）将断开电源的主机送交机车，由司机负责运交推车站。

③ 为统一列尾装置的使用和管理，规定列尾装置尾部主机的安装与摘解，由车务人员负责。列尾装置尾部主机安装好后，对有列检作业的列车，因列检需进行列车自动制动机的试验等作业，尾部软管不能立即与列尾装置尾部主机连接，为提高作业效率，减少列尾装置作业人员的等待时间，规定尾部主机软管的连接。有列检作业的列车，由列检人员负责。无列检作业的列车，尾部主机软管的连接则由车务列尾装置作业人员自行负责。

④ 本务机车连挂列车后，机车乘务员必须通过司机控制盒查询机车号码是否正确输入主机，并检查确认列车制动主管贯通和风压是否达到标准，以及机车风压与主机风压是否同时升降，确认无误后方可开车。发现错误时，应通知车站值班员检查处理。

⑤ 机车乘务员应按《机车操作规程》的要求，检查列车尾部风压。发现列尾装置故障、不能使用时，应立即通知前方站值班员及列车调度员，并在前方站停车处理。若发现主机风压低于列车主管风压报警后，机车乘务员必须停车检查，排除故障后方准继续运行；发现制

动不正常时，机车乘务员采取机车制动措施时，可操作控制盒的排风键，停车后负责检查列车中折角塞门开闭状态，并报告列车调度员，按其指示或命令办理。

⑥ 列尾装置正常使用时，机车乘务员负责列车完整。无列检作业的列车简略试验，由机车乘务员负责。

⑦ 在中间站停运的列车，调度员应提前通知车站值班员，指派助理值班员及时从列车尾部摘下主机，断开电源，送交机车乘务员；在中间站始发（含保留停运再开）的列车，车站值班员根据机车到达情况通知助理值班员，及时从机车上取下主机进行安装，并通知机车乘务员主机号码；不更换本务机车的中转列车，如不更换主机，由继乘的机车乘务员对列尾主机进行确认；根据调度命令调整回送主机时，由车站列尾作业员填写回送单一式两份，与调度命令一并交机车乘务员，签字后一份存查，一份随主机至指定到站，调度员应及时通知到站，由列尾作业员与机车乘务员办理交接。

 任务能力训练

1. 何为列车？
2. 列车重量如何确定？
3. 列车长度如何确定？
4. 对牵引列车出段机车有何规定？
5. 何为单机？
6. 单机挂车有何规定？
7. 车辆的连挂技术有何要求？
8. 机车车辆连挂责任如何界定？
9. 列尾装置有什么作用？

任务 3.3　调 车 工 作

 任务描述

调车作业是完成铁路运输任务过程中的基本生产环节，是车站工作的主要内容之一。本任务中主要介绍调车作业的一般要求、调车作业计划编制、调车作业的过程等。

 任务学习目标

● 专业能力
（1）掌握调车作业的一般要求；
（2）掌握调车作业计划及调车作业；
（3）了解越出站界调车及跟踪出站调车。

● 方法能力

（1）能够通过真实工作环境、云平台提供的学习环境或虚拟教室学习环境，自主学习调车工作的知识；

（2）能够依据调车工作的特点，熟悉铁路调车作业计划含义；

（3）能够针对调车作业的特点对特殊出站调车进行处理。

● 社会能力

（1）具备良好的职业道德修养，能遵守职业道德规范，有较强的工作责任感；

（2）能灵活处理机车运用中的特殊情况，具有良好的心理素质和协调能力，善于交流、诚信、开朗；

（3）具有自主学习能力，有责任心，具有一定的分析能力，善于总结经验和创新。

 务理论知识

3.3.1 调车作业的一般要求

调车作业是完成铁路运输任务过程中的基本生产环节，是车站工作的主要内容之一。它对及时解体、编组列车和取送客货作业、检修作业的车辆，保证按运行图行车，缩短停留时间，加速车辆周转，完成车站的质量和数量指标任务，都有重要作用。对及时取送客货列车车体，编组旅客列车，完成旅客列车车体技术检查、整备作业，保证旅客列车安全正点发车，全面提高客运服务质量，有着十分重要的意义。

1. 对调车工作的要求

车站的调车工作，应按车站的技术作业过程及调车作业计划进行。参加调车作业的人员应做到：

① 及时编组、解体列车，保证按列车运行图的规定时刻发车，不影响接车；

② 及时取送客货作业和检修的车辆；

③ 充分运用调车机车及一切技术设备，采用先进工作方法，用最少的时间完成调车任务；

④ 认真执行作业标准，保证调车有关人员的人身安全及行车安全。

调车工作要固定作业区域、线路使用、调车机车、人员、班次、交接班时间、交接班地点、工具数量及其存放地点。

作固定替换用的调车机车及小运转机车，应符合调车机车的条件（有前后头灯、扶手把、防滑踏板等）。

调车工作繁忙、配线较多的车站，可划分为几个调车区。

没有做好联系和防护，不准越区或转场作业。

调车机车越区作业的联系和防护办法，应在《站细》内规定。

2. 调车作业中采用无线调车灯显设备的要求

使用机车进行调车作业时，应采用无线调车灯显设备（机车摘挂、转线等不进行车辆摘挂的作业，列车在到达线路内拉道口、直接后部摘车除外），并使用规定频率，其显示方式须符合有关要求。无线调车灯显设备应与列车运行监控装置配合使用。

无线调车灯显设备正常使用时停用手信号，对灯显以外的作业指令采用通话方式；无线调车灯显设备发生故障时，改用手信号作业。

无线调车灯显设备、无线调车机车信号和监控系统的使用、维修及管理办法由铁路局规定。

动车段（所）设动车组地勤司机，负责动车组在动车段（所）内调车、试运行等调移动车组作业。

3. 调车作业的领导及指挥

车站的调车工作，由车站调度员（未设车站调度员的由调车区长，未设调车区长的由车站值班员）统一领导。分场（区）时，各场（区）的调车工作由负责该场（区）的车站调度员或该场（区）的调车区长领导。

动车段（所）调车工作的领导及指挥由铁路局规定。

调车作业由调车长单一指挥。利用本务机车进行调车作业时，可由车站值班员或助理值班员担任指挥工作。遇有特殊情况，可由经鉴定、考试合格取得调车长资格的胜任人员代替。

调车长在调车作业前，必须亲自并督促组内人员充分做好准备，认真进行检查。在作业中应做到：

① 组织调车人员正确及时地完成调车任务；

② 正确及时地显示信号（发出指令），指挥调车机车的行动；

③ 负责调车人员的人身安全和行车安全。

司机在调车作业中应做到：

① 组织机车乘务人员正确及时地完成调车任务；

② 负责操纵调车机车，做好整备，保证机车质量良好；

③ 时刻注意确认信号，不间断地进行瞭望，认真执行呼唤应答制，正确及时地执行信号显示（作业指令）和调车速度的要求，没有信号（指令）不准动车，信号（指令）不清立即停车；

④ 负责调车作业的安全。

3.3.2 调车作业计划及调车作业的有关规定

1. 布置调车作业计划的规定

调车领导人应正确及时地编制、布置调车作业计划。布置调车作业计划，应使用调车作业通知单。中间站利用本务机车调车，应使用有示意图的调车作业通知单（示意图可另附）。使用无线调车灯显设备的车站，调车作业计划布置方法由铁路局规定。

布置调车作业计划的注意事项如下：

① 列车在到达线路内拉道口、对货位、直接后部摘车、本务机车（包括重联机车、补机）摘挂及转线、企业自备机车进入站内交接线整列取送作业，可不使用调车作业通知单；

② 自轮运转特种设备调车作业是否需要使用调车作业通知单由铁路局规定；

③ 调车领导人与调车指挥人必须亲自交接计划。由于设备原因，亲自交接计划确有困难，以及设有调车作业通知单传输装置的车站，交接办法在《站细》内规定；

④ 调车指挥人应根据调车作业计划制定具体作业方法，连同注意事项，亲自向司机交递和传达；对其他有关人员，应亲自或指派连结员进行传达。具体传达办法在《站细》内规定；

⑤ 调车指挥人确认有关人员均已了解调车作业计划后，方可开始作业；

⑥ 动车段（所）调车工作的计划编制及下达办法由铁路局规定；

⑦ 一批作业（指一张调车作业通知单）不超过三钩或变更计划不超过三钩时，可用口头方式布置（中间站利用本务机车调车除外），有关人员必须复诵；变更股道时，必须停车传达；仅变更作业方法或辆数时，不受口头传达三钩的限制，但调车指挥人必须向有关人员传达清楚，有关人员必须复诵；

⑧ 驼峰解散车辆，只变更钩数、辆数、股道时，可不通知司机，但调车机车变更为下峰作业或向禁溜线送车前，须通知司机。

2. 调车准备工作

调车作业必须做好下列准备工作：

① 提前排风、摘管，核对计划，确认进路，检查线路、道岔（集中联锁区除外）、停留车及车辆防溜等情况；

② 人力制动机的选闸、试闸，系好安全带；

③ 准备足够的良好制动铁鞋和防溜器具；

④ 无线调车灯显设备试验良好。

3. 调车注意事项

① 调车作业时，调车人员必须正确及时地显示信号；机车乘务人员要认真确认信号，并回示。

② 推进车辆连挂时，要显示十、五、三车的距离信号，没有显示十、五、三车的距离信号，不准挂车；没有司机回示，应立即显示停车信号。

③ 推送车辆时，要先试拉。车列前部应有人瞭望，及时显示信号。

④ 当调车指挥人确认停留车位置有困难时，应派人显示停留车位置信号。

⑤ 调车人员不足 2 人，不准进行调车作业。

⑥ 在调车作业中，单机运行或牵引车辆运行时，前方进路的确认由司机负责；推进车辆运行时，前方进路的确认由调车指挥人负责，如调车指挥人所在位置确认前方进路有困难时，可指派调车组其他人员确认。

⑦ 没有看到调车指挥人的起动信号，不准动车（但单机返岔子或机车出入段时，可根据扳道员显示的道岔开通信号或调车信号机显示的允许运行的信号动车）。无扳道员和调车信号机时，调车指挥人确认道岔开通正确（如为集中操纵的道岔，还须与操纵人员联系）后，向司机显示起动信号。

⑧ 非集中区调车作业时，要认真执行"要道还道"制度。扳道员之间的要道还道办法及集中区与非集中区间的作业办法，在《站细》内规定。连续溜放和驼峰解散车辆时，第一钩应实行要道还道制度（集中联锁设备除外），从第二钩起，按调车作业通知单的要求扳动道岔。

4. 调车作业的有关规定

1）有关速度及安全距离的规定

调车作业要准确掌握速度及安全距离，并遵守下列规定：

① 在空线上牵引运行时，车速不准超过 40 km/h；推进运行时，车速不准超过 30 km/h；

② 调动乘坐旅客或装载爆炸品、气体类危险货物、超限货物的车辆时，车速不准超过 15 km/h；

③ 接近被连挂的车辆时，车速不准超过 5 km/h；

④ 推上驼峰解散车辆时的速度和装有加、减速顶的线路上的调车速度，在《站细》内

规定；经过道岔侧向运行的速度，由工务部门根据道岔具体条件规定，并纳入《站细》；

⑤ 在尽头线上调车时，距线路终端应有 10 m 的安全距离；遇特殊情况，必须近于 10 m 时，要严格控制速度；

⑥ 电力机车、动车组在有接触网终点的线路上调车时，应控制速度，距接触网终点标应有 10 m 的安全距离；遇特殊情况，必须近于 10 m 时，要严格控制速度；

⑦ 旅客未上下车完毕，除本务机车、补机摘挂作业外，不得进行旅客列车（车底）的连挂作业；

⑧ 遇天气不良等非正常情况，应适当降低速度。

2）禁止溜放的车辆、线路及其他限制

禁止溜放的车辆、线路及其他限制：

① 装有禁止溜放货物的车辆；

② 非工作机车、铁路救援起重机、大型养路机械、机械冷藏车、凹型车、落下孔车、客车、动车组和特种用途车；

③ 乘坐旅客的车辆及停有该车辆的线路，停有动车组的线路；

④ 超过 2.5‰坡度的线路（为溜放调车而设的驼峰和牵出线除外）；

⑤ 停有正在进行技术检查、修理、装卸作业车辆及无人看守道口的线路；

⑥ 停有装载爆炸品、气体类危险货物车辆的线路；

⑦ 停留车辆距警冲标的长度容纳不下溜放车辆（应附加安全制动距离）的线路；

⑧ 中间站正线、到发线及与其衔接而未设隔开设备的线路；

⑨ 调车组不足 3 人时，禁止溜放作业；

⑩ 不准采用牵引溜放法调车。

3）关于调车作业中摘车及转场的规定

① 调车作业摘车时，必须停妥，按规定采取好防溜措施，方可摘开车钩；挂车时，没有连挂妥当，不得撤除防溜措施。

② 转场或在超过 2.5‰坡度的线路上调车时（驼峰作业除外），10 辆及以下是否需要连结软管及连结软管的数量，11 辆及以上必须连结软管的数量，以及以解散作业为目的的牵出是否需要连结软管，由车站和机务段根据具体情况共同确定，并纳入《站细》。

4）过驼峰作业的规定

① 机车（调车机车除外）、铁路救援起重机、客车、动车组、大型养路机械、凹型车、落下孔车、钳夹车及其他涂有禁止上驼峰标记的车辆禁止通过驼峰。装载活鱼（包括鱼苗）、跨装货物的车辆（跨及两平车的汽车除外）等，是否可以通过驼峰，由车站会同车辆段等有关单位做出具体规定，并纳入《站细》。

② 如因迂回线故障等原因，机械冷藏车必须通过设有车辆减速器（顶）的驼峰时，以不超过 7 km/h 的速度推送过峰。不得附挂机械冷藏车溜放其他车辆（推峰除外）。

5）手推调车作业的规定

手推调车，须取得调车领导人的同意，人力制动机作用必须良好，有胜任人员负责制动。手推调车速度不得超过 3 km/h。下列情况，禁止手推调车：

① 在正线、到发线及超过 2.5‰坡度的线路上（确需手推调车时，须经铁路局批准）；

② 在停有动车组的线路上；

③ 遇暴风雨雪或夜间无照明时;

④ 接发列车时,与接发列车进路没有隔开设备或脱轨器的线路,向能进入接发列车进路的方向;

⑤ 装有爆炸品、气体类危险货物的车辆;

⑥ 电气化区段,接触网未停电的线路上,对棚车、敞车类的车辆。

6)动车组调车作业的规定

动车组调车作业时原则上采用自走行方式,并应执行下列规定。

① 司机应在动车组运行方向的前端操作,前方进路的确认由动车组司机负责。在不得已情况下必须在后端操作时,应指派随车机械师或其他胜任人员站在动车组运行方向的前端指挥,发现危及行车或人身安全时,应立即使用紧急停车按钮(紧急制动装置)或通知司机停车。后端操作时,速度不得超过 15 km/h。

② 禁止连挂其他机车车辆(救援机车、附挂回送过渡车、动车组无动力调车时的调车机车、公铁两用牵引车除外)调车。

7)其他规定

① 曲线外轨、调车场以外的线路和外闸瓦车、直径 950 mm 及以上的大轮车,严禁使用铁鞋制动。

② 线路两旁堆放货物,距钢轨头部外侧不得小于 1.5 m。站台上堆放货物,距站台边缘不得小于 1 m。货物应堆放稳固,防止倒塌。不足上述规定距离时,不得进行调车作业。

3.3.3　越出站界调车及跟踪出站调车

1. 正线、到发线上的作业要求

① 在正线、到发线上调车时,要经过车站值班员的准许。在接发列车时,应按《站细》规定的时间,停止影响列车进路的调车作业。

② 接发旅客列车时,与接发列车进路没有隔开设备或脱轨器的线路,不准向能进入接发列车进路的方向调车。本务机车在停留线路内摘挂、列车拉道口时除外。

③ 有特殊困难的车站,确需调车时,制定安全措施,由铁路局批准。

2. 越出站界调车的规定

越出站界调车时,双线区间正方向必须区间(自动闭塞区间为第一个闭塞分区)空闲;单线自动闭塞区间,闭塞系统必须在发车位置,第一个闭塞分区空闲,经车站值班员口头准许并通知司机后,方可出站调车。

单线半自动闭塞区间和双线反方向出站调车时,须有停止使用基本闭塞法的调度命令,与邻站办理闭塞手续,并发给司机出站调车通知书。

越出站界调车是在区间空闲(自动闭塞为第一闭塞分区空闲)的情况下,进入区间调车的一种方法。由于是进入区间,关系较大,非比一般调车,为了保证列车运行和调车作业的安全,必须遵守下列规定。

1)双线区间正方向越出站界调车

① 当区间为自动闭塞时,从监督器上确认第一闭塞分区空闲,车站值班员口头准许并通知司机,即可出站调车。

② 当区间为非自动闭塞时,必须区间空闲,车站值班员口头准许并通知司机,即可出

站调车。

上述情况，因发车权属于办理越出站界调车的车站，对方站不能发车，所以可不与对方站办理占用区间闭塞手续，只要区间（自动闭塞为第一闭塞分区）空闲，车站值班员口头准许并通知司机即可。

2）双线区间反方向越出站界调车

双线区间反方向越出站界调车时，因占用区间的权限不属于本站，同时列车运行情况由列车调度员掌握，所以要首先得到列车调度员发布的停止基本闭塞法改用电话闭塞法的调度命令，确认区间空闲后，由车站值班员与邻站办理电话闭塞手续，发给司机出站调车通知书，方可出站调车。

3）单线区间越出站界调车

① 当区间为自动闭塞或自动站间闭塞时，闭塞系统必须在发车位置，由办理越出站界调车的车站控制发车权，只要第一闭塞分区空闲或区间空闲，经车站值班员口头准许并通知司机，即可出站调车。

② 当区间为半自动闭塞时，区间必须空闲，得到停止基本闭塞法改用电话闭塞法的调度命令，与邻站办理电话闭塞手续，并发给司机出站调车通知书，方可出站调车。

③ 当区间使用电话闭塞时，区间必须空闲，经列车调度员口头准许出站调车后，与邻站办理闭塞手续，发给司机出站调车通知书，方可出站调车。

出站调车通知书由车站值班员填写，当调车机车距行车室较远时，可由扳道员、助理值班员按车站值班员的指示填写。

④ 车站值班员在准许出站调车前，必须取得列车调度员准许，并限定出站调车的时间，调车车列应在限定的时间内返回站内，以不影响列车运行。待调车作业完毕，全部退回站内并不妨碍列车进路后，车站值班员应立即将出站调车通知书收回注销，与邻站办理区间开通手续。当出站调车车列回站待避列车后，需继续出站调车时，应重新办理手续。

3. 跟踪出站调车的规定

跟踪出站调车，只准许在单线区间及双线正方向线路上办理，并须经列车调度员口头准许，取得邻站值班员承认的电话记录号码，发给司机跟踪调车通知书。在先发列车尾部越过预告信号机、接近信号机（或靠近车站的第一个预告标）或《站细》规定的间隔时间后，方可跟踪出站调车，但最远不得越出站界 500 m。

遇下列情况，禁止跟踪出站调车：

① 出站方向区间内有瞭望不良的地形或有长大上坡道（站名表由铁路局公布）；

② 先发列车需由区间返回，或挂有由区间返回的后部补机；

③ 一切电话中断；

④ 降雾、暴风雨雪时；

⑤ 动车组调车作业。

跟踪调车作业完毕，车站值班员确认跟踪调车通知书收回后，向邻站发出电话记录号码。列车虽已到达邻站，但跟踪调车通知书尚未收回时，禁止办理区间开通手续。

4. 机车出入段走行线路及机车车辆停留的规定

1）机车出入段走行线路的规定

车站值班员要认真掌握机车出入段的经路。

① 有固定机车走行线时，出入段机车必须走固定走行线。机车固定走行线上禁止停留机车车辆；

② 没有固定走行线或临时变更走行线时，应通知司机经路（集中联锁的车站除外），司机按固定信号或扳道员显示的允许运行的信号行车。

2）机车车辆停留的规定

① 机车车辆必须停在警冲标内方。调车作业中，车辆临时停在警冲标外方时，一批作业完了后，应立即送入警冲标内方。因特殊情况需在警冲标外方进行装卸作业时，须经车站值班员、调车区长准许，在不影响列车到发及调车作业的情况下方可进行，装卸完了后，应立即送入警冲标内方。

② 安全线及避难线上，禁止停留机车车辆；在超过 6‰坡度的线路上，不得无动力停留机车车辆。

③ 装载爆炸品、气体类危险货物的车辆及救援列车，必须停放在固定的线路上，两端道岔应扳向不能进入该线的位置并加锁；临时停留公务车线路上的道岔也应扳向不能进入该线的位置并加锁。集中操纵的道岔可在控制台上进行单独锁闭。

④ 编组站、区段站在到发线、调车线以外的线路上停留车辆，不进行调车作业时，应连挂在一起，并须拧紧两端车辆的人力制动机，或以铁鞋（止轮器、防溜枕木等）牢靠固定。因装卸车对货位等情况，不能连挂在一起时，应分组做好防溜措施。

⑤ 中间站停留车辆，无论停留的线路是否有坡道，均应连挂在一起，拧紧两端车辆的人力制动机，并以铁鞋（止轮器、防溜枕木等）牢靠固定。因装卸车对货位等情况，不能连挂在一起时，应分组做好防溜措施。一批调车作业中临时停留的车辆，须拧紧两端车辆的人力制动机或以铁鞋（止轮器）止轮。

编组站和区段站的到发线、调车线是否需要防溜，以及作业量较大中间站执行上述规定有困难时，由铁路局规定。

⑥ 动车组无动力停留时，有停放制动装置的动车组，由司机负责将动车组处于停放制动状态；动车组无停放制动装置或在坡度为 20‰以上的区间无动力停留时，由司机通知随车机械师进行防溜，防溜时使用铁鞋牢靠固定。动车段（所）内动车组防溜办法由铁路局规定。

任务能力训练

1. 读懂调车计划。
2. 模拟越出站界调车。
3. 模拟跟踪出站调车。

任务知识巩固

1. 参加调车作业人员应做哪些工作？
2. 调车长在调车作业前应做好哪些准备工作？
3. 调车作业计划传达有何规定？
4. 调车作业显示信号有何规定？

5. 调车作业进路确认有何规定？

6. 调车作业速度有何规定？

7. 司机在调车作业中应做到哪些事项？

8. 线路两旁及站台上堆放货物有何规定？

9. 越出站界调车有何规定？

任务 3.4　行车闭塞法

务描述

本任务中主要学习行车闭塞法基本知识，自动闭塞、自动站间闭塞、半自动闭塞、电话闭塞法的行车凭证的使用，以及各种闭塞法的使用时机及行车条件。

务学习目标

● 专业能力

（1）掌握行车闭塞法基本知识；

（2）掌握自动闭塞、自动站间闭塞、半自动闭塞、电话闭塞法的行车凭证；

（3）熟练掌握使用代用闭塞法办理行车的时机；

（4）能够判定各种闭塞法的行车条件。

● 方法能力

（1）能够通过真实工作环境、云平台提供的学习环境或虚拟教室学习环境，自主学习行车闭塞法的知识；

（2）能够依据行车闭塞法的特点，熟悉铁路行车闭塞法的种类及含义；

（3）能够针对具体情况应用不同闭塞法。

● 社会能力

（1）具备良好的职业道德修养，能遵守职业道德规范，有较强的工作责任感；

（2）能灵活处理机车运用中的特殊情况，具有良好的心理素质和协调能力，善于交流，诚信、开朗；

（3）具有自主学习能力，有责任心，具有一定的分析能力，善于总结经验和创新。

务理论知识

3.4.1　行车闭塞法基本知识

1. 行车闭塞法的概念

铁路为了安全、准确、迅速、协调地完成国家运输任务，铁路线路设置的有单线行车区段和双线行车区段。在单线行车区段列车运行时，上、下行列车均在同一条线路上行驶。而在双线行车区段列车运行时，上、下行列车分别在两条不同的线路上行驶，但同方向运行的列车仍在同一条线路上行驶，由于列车等级及速度不同往往会发生让车和越行等情况。可见，无论是在单线行车区段的列车运行还是双线行车区段的列车运行，列车与列车之间必然存在发生正面冲突、追尾等事故的可能性。通过对设在车站（线路所）的有关设备或通过信号机的控制（包括在设备因故障失效后的联系制度），保证在同一时间内，站间、所间、闭塞分区内只有一个列车运行的办法，称为行车闭塞法。保证一个区间或闭塞分区只准许运行一个列车的设备，称为闭塞设备。

2. 行车闭塞法的作用与列车运行间隔制度分类

行车闭塞法的作用是控制列车与列车之间保持一定距离，以保证列车安全运行。

列车运行间隔制度主要分为两大类：一类是空间间隔法，另一类是时间间隔法。

1）空间间隔法

在铁路正线上每相隔一定距离设立一个车站（或线路所，自动闭塞通过色灯信号机），这样把正线划分为若干个区间（或闭塞分区），在同一时间、同一空间（站间区间、所间区间或闭塞分区）内只准许一个列车运行的方法，称为空间间隔法。即列车运行是以车站、线路所所划分的区间及自动闭塞区间的通过信号机所划分的闭塞分区作为间隔。

区间及闭塞分区的界限，按下列规定划分。

（1）站间区间。

① 在单线上，车站与车站间以进站信号机柱的中心线为车站与区间的分界线；

② 在双线或多线上，车站与车站间分别以各线的进站信号机柱或站界标的中心线为车站与区间的分界线。

（2）所间区间。

两线路所间或线路所与车站间以该线上的通过信号机柱的中心线为所间区间的分界线。设有进站信号机的线路所，所间区间的分界方法与站间区间相同。

（3）闭塞分区。

自动闭塞区间位于同方向相邻的两架色灯信号机间，以该线上的通过信号机柱的中心线为闭塞分区的分界线。

空间间隔法的优点如下：

① 由于铁路线划分出很多的区间（或闭塞分区），在一定时间内每一区间都可开行列车，这样可提高行车能力；

② 由于在各个车站上都有为列车到发、会让、越行而铺设的配线，可保证列车安全运行；

③ 由于在一个区间里只准许一个列车运行，列车可按规定的速度在区间内运行，这样既能提高列车行车速度，又能加速机车车辆周转。

基于空间间隔法具有以上优点，根据规定，在正常情况下，只采用空间间隔法。

2）时间间隔法

时间间隔法是在一个区间里，用规定的时间将同方向运行的列车彼此间隔开运行。时间间隔一般为在区间列车运行图规定的运行时分基础上增加 3 min。

由于用时间间隔法行车，没有设备上的控制，容易发生人为的事故，安全性较差。尤其采用这种间隔开行列车时，要求的条件也比较复杂，如区间内的坡道大了不行、瞭望条件差了不行，列车速度也因之受限制等。所以采取这种间隔放行列车只有在特殊情况下（如临时性的缓和列车堵塞、事故恢复后的车流疏散、战时行车、一切电话中断的行车等）采用，即在同一区间内前次列车开出后，相隔一定时间再向同一方向连发第二趟列车。

3. 行车闭塞法的分类

我国《铁路技术管理规程》规定，行车的闭塞方法分基本闭塞法与代用闭塞法两类。

1）基本闭塞法

我国铁路采用的行车基本闭塞法是自动闭塞、自动站间闭塞和半自动闭塞。其中自动闭塞以闭塞分区作为列车间隔。自动站间闭塞和半自动闭塞都是以站间（所间）区间作为列车间隔，这几种列车运行间隔均属于空间间隔法。

在列车运行速度超过 120 km/h 的双线行车区段，应采用速差式自动闭塞，列车紧急制动距离由两个及以上闭塞分区长度保证。

2）代用闭塞法

当基本闭塞设备因故不能使用时，应根据调度命令采用电话闭塞作为代用闭塞法。电话闭塞是在没有机械、电气设备条件下，仅凭联系制度来保证实现列车运行的方法。由于安全程度较低，所以只有当基本闭塞设备不能使用时，作为临时代用的闭塞方法使用。

3.4.2 自动闭塞

1. 自动闭塞的特点及分类

自动闭塞是运行中列车自动完成闭塞作用的一种设备，将两端车站间的区间正线划分成若干个闭塞分区，每个闭塞分区的起点设置一个通过色灯信号机进行防护。由于每个闭塞分区都装设轨道电路，因而能够正确反映列车的运行和钢轨的完整与否，并及时传给通过色灯信号机显示出来（通过色灯信号机的显示是随着列车的运行自动控制的，不需要人工操纵），向接近它的列车指示运行条件。

1）自动闭塞的主要优点

① 由于区间划分为若干个闭塞分区，可以利用最小的运行间隔发出跟踪列车，从而缩短列车的运行间隔，增加行车密度。

② 由于区间装设了轨道电路，可以反映运行列车所在位置、线路的状态，因此，通过色灯信号机能够不间断地向司机预告列车运行前方的线路状态，从而提高列车运行速度，保证行车安全，显著地提高区间通过能力。

③ 通过色灯信号机根据列车运行情况而自动显示，简化了办理闭塞的手续，缩短了办理闭塞的时间，提高了车站的通过能力，改善了行车有关人员的劳动条件。

④ 由于轨道上全部装设了轨道电路，当区间有列车占用或钢轨折断时，都可以使通过信号机显示停车信号，保证了安全。

2）自动闭塞的分类

自动闭塞按轨道电路的特征分为交流计数电码自动闭塞、极频自动闭塞和移频自动闭塞。自动闭塞按通过信号机显示分为三显示自动闭塞和四显示自动闭塞。

（1）三显示自动闭塞。

三显示自动闭塞有三种灯光显示，即红灯、黄灯和绿灯。红灯显示说明其防护的分区被占用，也可能是该分区设备或线路发生故障；黄灯显示则说明它防护的闭塞分区空闲；绿灯显示则说明其前方有两个及以上闭塞分区空闲。

（2）四显示自动闭塞。

四显示自动闭塞是在三显示自动闭塞基础上增加一种绿黄显示，它显示意义为前方有两个闭塞分区空闲，要求高速列车和重载列车减速运行，以使列车在抵达黄灯显示下运行时不大于规定的黄灯允许速度，保证在显示红灯的通过信号机前安全停车。而四显示绿灯显示意义则为前方有三个及以上闭塞分区空闲。进站（含反方向进站）、接车进路信号机还能显示两个黄色灯光。

每一自动闭塞分区的长度三显示自动闭塞一般为 1 200～3 000 m 四显示自动闭塞一般为 600～1 000 m。通过色灯信号机经常显示绿色灯光，随着列车驶入和驶出闭塞分区而自动转换。但进出站信号机的显示一般仍由车站实行人工控制，只有当连续放行通过列车时，才改由列车运行控制。

2. 自动闭塞区间行车凭证

1）正常情况

使用自动闭塞法行车时，列车进入闭塞分区的行车凭证为出站或通过信号机显示的允许运行的信号。

① 自动闭塞区段的车站，办理发车前应向接车站预告；

② 单线自动闭塞区段的车站，还须得到列车调度员的同意（列车调度员已下达列车运行调整计划时除外）；

③ 已向接车站预告，但列车不能出发时，发车站须通知接车站取消预告。

2）特殊情况

自动闭塞区段特殊情况下的行车凭证如表 3-3 所示。

表 3-3　自动闭塞区段特殊情况下的行车凭证

列车出发情况	行车凭证	发给行车凭证的依据	附带条件
（1）出站信号机故障时发出列车	绿色许可证	（1）监督器表示时为第一个闭塞分区空闲，不表示时为接到前次列车到达邻站的通知或前次列车发出后不少于 10 min 的时间 （2）确认道岔位置正确及进路空闲 （3）单线须取得对方站确认区间内无迎面列车的电话记录号码	从监督器上不能确认第一个闭塞分区空闲时，车站应发给司机书面通知，司机以在瞭望距离内能随时停车的速度，最高不超过 20 km/h，运行到第一架通过信号机，按其显示的要求执行
（2）由未设出站信号机的线路上发出列车			
（3）超长列车头部越过出站信号机发出列车			
（4）发车进路信号机发生故障时发出列车		确认道岔位置正确及进路空闲	列车到达次一信号机，按其显示的要求执行
（5）超长列车头部越过发车进路信号机发出列车			
（6）自动闭塞作用良好，监督器故障时发出列车	出站信号机显示的允许运行的信号	（1）区间占用表示灯表示区间空闲	与邻站车站值班员及本站信号员联系
（7）双线双向闭塞设备的车站，反方向发出列车		（2）双线反方向行车的调度命令	反方向发车进路表示器显示正确（进路表示器故障时通知司机）

3. 自动闭塞区间通过信号机显示停车信号的行车办法

自动闭塞区间通过信号机显示停车信号（包括显示不明或灯光熄灭）时，列车必须在该信号机前停车，司机应使用列车无线调度通信设备通知车辆乘务员（随车机械师）。停车等候 2 min，该信号机仍未显示允许运行的信号时，即以遇到阻碍能随时停车的速度继续运行，最高不超过 20 km/h，运行到次一通过信号机（进站信号机），按其显示的要求运行。在停车等候时，必须与车站值班员、列车调度员联系，如确认前方闭塞分区内有列车时，不得进入。

装有容许信号的通过信号机，显示停车信号时，准许铁路局规定停车后起动困难的货物列车在该信号机前不停车，按上述速度通过。当容许信号灯光熄灭或容许信号和通过信号机灯光都熄灭时，司机在确认信号机装有容许信号时，仍按上述速度通过该信号机。

装有连续式机车信号的列车，遇通过信号机灯光熄灭，而机车信号显示允许运行的信号时，应按机车信号的显示运行。

司机发现通过信号机故障时，应将故障信号机的号码通知前方站车站值班员（列车调度员）。车站值班员（列车调度员）发现或得到区间通过信号机故障的报告后，在故障修复前，对尚未进入区间的后续列车，改按站间组织行车。

3.4.3 自动站间闭塞、半自动闭塞

1. 自动站间闭塞

使用自动站间闭塞法行车时，列车凭出站信号机或线路所通过信号机显示的允许运行的信号进入区间。

自动站间闭塞须与集中联锁设备结合使用，自动检查区间空闲，发车站办理发车进路后即自动构成站间闭塞。列车到达接车站或返回发车站并出清区间后，自动解除闭塞。

发车站在办理发车进路前，须确认区间空闲、接车站未办理同一区间的发车进路，并向接车站预告。发车站已向接车站预告，但列车不能出发时，在取消发车进路后，须通知接车站。

自动站间闭塞的行车办法，由铁路局规定。

2. 半自动闭塞

使用半自动闭塞法行车时，列车凭出站信号机或线路所通过信号机显示的允许运行的信号进入区间。

开放出站信号机或通过信号机前，双线区段必须得到前次列车到达前方站的到达信号；单线区段必须得到接车站的同意闭塞信号。

发车站办理闭塞手续后，列车不能出发时，应将事由通知接车站，取消闭塞。

半自动闭塞区段，遇超长列车头部越过出站信号机而未压上出站方面的轨道电路发车时，行车凭证为出站信号机显示的允许运行的信号，并发给司机调度命令；遇发车进路信号机故障或超长列车头部越过发车进路信号机发车时，列车越过发车进路信号机的行车凭证为半自动闭塞发车进路通知书。

3.4.4 电话闭塞

1. 电话闭塞行车

使用电话闭塞法行车时，列车占用区间的行车凭证为路票。当挂有由区间返回的后部补

机时，另发给补机司机路票副页。

单线或双线反方向发车（正方向首列发车）时，根据《行车日志》查明区间已空闲，并取得接车站承认的电话记录号码，在发车进路准备妥当后，方可填发路票。双线正方向发车（首列除外）时，根据收到的前次发出的列车到达的电话记录号码，在发车进路准备妥当后，即可填发路票。

办理电话闭塞时，下列各项应发出电话记录号码，并记入《行车日志》：

① 承认闭塞；

② 列车到达，补机返回；

③ 取消闭塞；

④ 单线或双线反方向越出站界调车。

电话记录号码自每日 0 时起至 24 时止，按日循环编号，编号办法由铁路局规定。

路票应由车站值班员或指定的助理值班员填写。对于填写的路票，车站值班员应根据《行车日志》的记录，进行认真核对，确认无误，并加盖站名印后，方可送交司机。

双线反方向行车使用路票时，应在路票上加盖"反方向行车"章；两线、多线区间使用路票时，应在路票上加盖"××线行车"章。

2. 电话中断时的行车

车站行车室内一切电话中断，单线行车按书面联络法，双线行车按时间间隔法，列车进入区间的行车凭证均为红色许可证。

在双线自动闭塞区间，当闭塞设备作用良好时，列车运行仍按自动闭塞法行车，但车站与列车司机应以列车无线调度通信设备直接联系（说明车次及注意事项等）。当列车无线调度通信设备故障时，列车必须在车站停车联系。

单线按书面联络法行车时，下列车站可以优先发车：

① 已办妥闭塞而尚未发车的车站；

② 未办妥闭塞时：

a）单线区间为发出下行列车的车站；

b）双线改为单线行车时，为该线原定发车方向的车站；

c）同一线路同一方向运行的列车，有上、下行两种车次时，铁路局规定优先发车的车站。

第一个列车的发车权为优先发车的车站所有，如优先发车的车站没有待发列车时，应主动用通知书通知非优先发车的车站。非优先发车的车站有待发列车时，应在得到通知书以后方可发车。

第一个列车的发车站，在发车前应查明区间已空闲，并在通知书上记明下一个列车的发车权。如为①项所规定的发车站发车时，持有行车凭证的列车，还应发给通知书；如无行车凭证，列车应持红色许可证开往邻站。以后开行的列车，均凭通知书上记明的发车权办理。

通知书应采取最快的方法传送，优先方向车站如无开往区间的列车时，在确认区间空闲后，可使用重型轨道车或单机传送。

双线按时间间隔法行车时，只准发出正方向的列车。非自动闭塞区间发出第一个列车时，在发车前应查明区间已空闲。

一切电话中断后，连续发出同一方向的列车时，两列车的间隔时间，应按区间规定的运行时间另加 3 min，但不得少于 13 min。

一切电话中断时，禁止发出下列列车：

① 在区间内停止工作的列车（救援列车除外）；

② 开往区间岔线的列车；

③ 须由区间内返回的列车；

④ 挂有须由区间内返回后部补机的列车；

⑤ 无线调度通信设备故障的列车。

在一切电话中断时间内，如有封锁区间抢修施工或开通封锁区间时，由接到请求的车站值班员书面通知封锁区间的相邻车站。

单线区间的车站，经以闭塞电话、列车调度电话或其他电话呼唤 5 min 无人应答时，由列车调度员查明该站及其相邻区间确无列车（包括单机、大型养路机械及重型轨道车）后，可发布调度命令，封锁相邻区间，按封锁区间办法向不应答站发出列车。

该列车应在不应答站的进站信号机外停车，判明不应答原因及准备好进路后，再行进站。司机或车站值班员应将经过情况报告列车调度员。

![任务能力训练]

1. 模拟出站信号机故障使用绿色许可证发车。

2. 模拟通过信号机故障使用路票行车。

![任务知识巩固]

1. 行车闭塞法分几种？

2. 基本闭塞法有哪几种？

3. 使用自动闭塞法行车时，列车进入闭塞分区的行车凭证是什么？

4. 简述绿色许可证使用时机。

5. 简述自动闭塞区间通过信号机显示停车信号的行车办法。

6. 电话闭塞法的行车凭证是什么？

7. 简述车站一切电话中断时的行车办法。

8. 一切电话中断时，禁止发出哪些列车？

9. 简述路票的使用时机。

任务 3.5　列　车　运　行

本任务中主要学习列车运行的一般要求、接发车的相关规定、列车在区间被迫停车后的

处理办法、救援列车与路用列车的开行办法等。

- **专业能力**
（1）掌握列车运行的一般要求；
（2）熟练掌握接发车的相关规定；
（3）掌握列车在区间被迫停车后的处理办法；
（4）掌握救援列车与路用列车的开行办法；
（5）掌握轻型车辆及小车的使用和固定行车设备检修及故障处理方法。
- **方法能力**
（1）能够通过真实工作环境、云平台提供的学习环境或虚拟教室学习环境，自主学习列车运行的知识；
（2）能够依据相关规定的特点，熟悉列车运行的处理方法；
（3）能够针对不同情况采用不同行车办法。
- **社会能力**
（1）具备良好的职业道德修养，能遵守职业道德规范，有较强的工作责任感；
（2）能灵活处理机车运用中的特殊情况，具有良好的心理素质和协调能力，善于交流、诚信、开朗；
（3）具有自主学习能力，有责任心，具有一定的分析能力，善于总结经验和创新。

3.5.1 列车运行一般要求

列车是指编成的车列并挂有机车及规定的列车标志。动车组列车为自走行固定编组列车。

单机、大型养路机械及重型轨道车，虽未完全具备列车条件，亦应按列车办理。

旅客列车的尾部标志应使用电灯，动车组以外的旅客列车尾部标志灯的摘挂、保管，由车辆部门负责。对中途转向的动车组以外的旅客列车应有备用标志灯，以备转向时使用。

特大桥梁、长大隧道、轮渡、装备区域联锁设备区段、装备列控设备区段、调度集中区段和重载列车、组合列车的特殊行车组织办法，由铁路局根据具体设备条件和作业组织需要规定。

列车运行中，各有关作业人员应按规定执行车机联控。

1. 列车乘务组的组成

列车应设有列车乘务组。列车乘务组按下列规定组成：

① 动车组列车应有动车组司机，其他列车应有机车乘务人员；

② 动车组列车应有随车机械师，其他旅客列车、特快货物班列和机械冷藏车组，均应有车辆乘务人员；

③ 旅客列车应有客运乘务组。

2. 动车组以外列车司机的行车职责

动车组以外的列车司机在列车运行中，应做到：

① 列车在出发前输入监控装置有关数据；按规定对列车自动制动机进行试验，在制动保压状态下列车制动主管的压力 1 min 内漏泄不得超过 20 kPa，确认列尾装置作用良好。

装备机车综合无线通信设备的机车，开车前司机要选定机车综合无线通信设备通信模式和运行线路。在 GSM-R 区段运行时，机车综合无线通信设备、GSM-R 手持终端按规定注册列车车次，并确认正确。

② 遵守列车运行图规定的运行时刻和各项允许及限制速度。彻底瞭望，确认信号，执行呼唤应答制度，严格按信号显示要求行车，确保列车安全正点。遇有信号显示不明或危及行车和人身安全时，应立即采取减速或停车措施。

③ 机车信号、列车无线调度通信设备、列车运行监控装置（轨道车运行控制设备）和列尾装置必须全程运转，严禁擅自关机。

运行途中，遇列尾装置、机车信号、列车运行监控装置（轨道车运行控制设备）发生故障时，司机应立即使用列车无线调度通信设备报告车站值班员或列车调度员，并根据实际情况掌握速度运行；遇机车信号、列车运行监控装置（轨道车运行控制设备）发生故障时，司机应控制列车运行至前方站停车处理或请求更换机车，在自动闭塞区间，列车运行速度不超过 20 km/h；遇列车无线调度通信设备发生故障时，司机应在前方站停车报告。

④ 起动稳，加速快，精心操纵，停车准确，按规定鸣笛，防止列车冲动和断钩。

⑤ 随时检查机车总风缸、制动主管的压力。检查内燃机车柴油机的润滑油压力、冷却水的温度及其转数等情况。注意电力机车的各种仪表的显示及接触网状态。

⑥ 在区间内列车停车进行防护、分部运行、装卸作业或使用紧急制动阀停车后再开车时，司机必须检查试验列车制动主管的贯通状态，确认列车完整，具备开车条件后，方可起动列车。

⑦ 单机、自轮运转特种设备在自动闭塞区间紧急制动停车或被迫停在调谐区内时，司机须立即通知后续列车司机，向两端站车站值班员（列车调度员）报告停车位置（具备移动条件时司机须先将机车移动不少于 15 m），并在轨道电路调谐区外使用短路铜线短接轨道电路。

⑧ 等会列车时，不准关闭空气压缩机，并应按规定显示列车标志。

⑨ 负责货运票据的交接与保管。

⑩ 将列车运行中发生的问题及使用紧急制动阀的情况，及时报告列车调度员。

3. 动车组列车司机的行车职责

动车组列车司机在列车运行中，应做到：

① 开车前司机要选定机车综合无线通信设备通信模式和运行线路，机车综合无线通信设备、GSM-R 手持终端按规定注册列车车次，并确认正确。装备列车运行监控装置的动车组列车还应按规定输入监控装置有关数据。

② 遵守列车运行图规定的运行时刻和各项允许及限制速度。彻底瞭望，确认信号，执行呼唤应答制度，严格按信号显示要求行车，确保列车安全正点。遇有信号显示不明或危及行车和人身安全时，应立即采取减速或停车措施。

③ 机车信号、机车综合无线通信设备、列车运行监控装置、列控车载设备必须全程运转，严禁擅自关机、隔离。运行途中，遇机车信号、列车运行监控装置（列控车载设备）发生故障时，司机应立即报告车站值班员或列车调度员。动车组列车按列车运行监控装置方式行车时，遇机车信号、列车运行监控装置发生故障，应根据实际情况掌握运行速度，运行至前方站停车处理；在自动闭塞区间，机车信号、列车运行监控装置发生故障时，列车运行速度不超过 40 km/h。动车组列车按列控车载设备方式行车时，遇列控车载设备发生故障，应根据调度命令停车，转为列车运行监控装置控车方式或隔离模式运行；转为隔离模式运行时，列车运行速度不超过 40 km/h。

④ 运行途中，司机不能使用机车综合无线通信设备进行通话时，应立即使用 GSM-R 手持终端或无线对讲设备报告车站值班员（列车调度员）；如 GSM-R 手持终端及无线对讲设备也不能进行通话，司机应在前方站停车报告。

⑤ 起动稳，加速快，精心操纵，停车准确，按规定鸣笛。

⑥ 注意操纵台各种仪表及车载信息监控装置的显示。

⑦ 正常情况下在列车运行方向最前端司机室操纵，非操纵端司机室门、窗及各操纵开关、手柄均应置于断开或锁闭位。关闭非操纵端司机室机车综合无线通信设备电源。

⑧ 动车组列车停车后，必须使列车保持制动状态。更换动车组司机（同向换乘除外）或司机室操纵端、使用紧急制动停车、重联或解编后再开车时，必须进行相关试验。

⑨ 等会列车时，不准关闭辅助电源装置，应按规定显示列车标志。

⑩ 将列车运行中发生的问题及使用紧急制动装置的情况，及时报告列车调度员。

4. 紧急制动阀的使用要求

车辆乘务员、客运乘务组等列车乘务人员发现下列危及行车和人身安全情形时，应使用紧急制动阀（紧急制动装置）停车：

① 车辆燃轴或重要部件损坏；

② 列车发生火灾；

③ 有人从列车上坠落或线路内有人死伤；

④ 其他危及行车和人身安全必须紧急停车时。

使用车辆紧急制动阀时，不必先行破封。使用方法是：将阀手把向全开位置拉动，直到全开为止，不得停顿和关闭。遇弹簧手把时，在列车完全停车以前，不得松手。在长大下坡道上，必须先看制动主管压力表，当压力表指针已由定压下降 100 kPa 时，不得再行使用紧急制动阀（遇折角塞门关闭时除外）。

动车组列车遇上述情况时，随车机械师、客运乘务组等列车乘务人员应立即报告司机采取停车措施；来不及报告时，应使用客室紧急制动装置停车。

列车乘务人员应将使用紧急制动阀（紧急制动装置）的情况报告司机。

5. 恶劣天气行车要求

遇天气恶劣，信号机显示距离不足 200 m 时，司机或车站值班员须立即报告列车调度员，列车调度员应及时发布调度命令，改按天气恶劣难以辨认信号的办法行车。

① 列车按机车信号的显示运行。当接近地面信号机时，司机应确认地面信号，遇地面信号与机车信号显示不一致时，应立即采取减速或停车措施。

② 当无法辨认出站（进路）信号机显示时，在列车具备发车条件后，司机凭车站值班

员列车无线调度通信设备 （其语音记录装置须作用良好）的发车通知起动列车，在确认出站（进路）信号机显示正确后，再行加速。

③ 天气转好时，应及时报告列车调度员发布调度命令，恢复正常行车。

6. 汛期暴风雨行车应急处理

① 列车通过防洪重点地段时，司机要加强瞭望，并随时采取必要的安全措施。

② 当洪水漫到路肩时，列车应按规定限速运行；遇有落石、倒树等障碍物危及行车安全时，司机应立即停车，排除障碍并确认安全无误后，方可继续运行。

③ 列车遇到线路塌方、道床冲空等危及行车安全的突发情况时，司机应立即采取应急性安全措施，并立刻通知追踪列车、邻线列车及邻近车站。配备列车防护报警装置的列车应首先使用列车防护报警装置进行防护。

7. 车辆乘务人员行车要求

车辆乘务人员应按技术作业过程的规定检查车辆，并参加制动试验。在列车运行途中，应监控车辆运用状态，及时处理车辆故障，并将本身不能完成的不摘车检修工作，预报前方站列检。前方站列检应积极组织人力修复车辆故障，保持原编组运用。是否摘车检修，由当地列检决定并处理。

车辆乘务人员应配备列车无线调度通信设备及响墩、火炬、短路铜线、信号旗（灯）等防护用品，在值乘中还应做到：

① 列尾装置故障时，列车出发前、停车站进站前和出站后，应按规定与司机核对列车尾部风压；

② 列车发生紧急制动停车后，联系司机，检查车辆技术状态，可继续运行时通知司机开车；

③ 向司机通报使用紧急制动阀的情况，并协助司机处理有关行车事宜。

8. 随车机械师行车要求

随车机械师应按技术作业过程的规定检查动车组；在列车运行途中，应监控动车组设备技术状态，及时处理车辆故障，经处置确认无法正常运行时，通知司机选择维持运行或停车。随车机械师应配备 GSM−R 手持终端和无线对讲设备及响墩、火炬、短路铜线、信号旗（灯）等防护用品，在值乘中还应做到：

① 列车发生紧急制动停车后，联系司机，检查车辆技术状态，可继续运行时通知司机开车；

② 向司机通报使用紧急制动装置的情况，并协助司机处理有关行车事宜。

9. 双管供风改单管供风的要求

双管供风旅客列车运行途中发生双管供风设备故障或用单管供风机车救援接续牵引，需改为单管供风时，双管改单管作业应在站内进行。旅客列车在区间发生故障需双管改单管供风时，由车辆乘务员通知司机向列车调度员（车站值班员）提出在前方站停车处理的请求，并通知司机以不超过 120 km/h 速度运行至前方站。列车调度员发布双管改单管供风的调度命令，车辆乘务员根据调度命令在站内将客车风管路改为单管供风状态。旅客列车改为单管供风跨局运行时，由中国铁路总公司发布调度命令通知有关铁路局，按单管供风办理，直至终到站。

10. 动车组列车运行故障处理要求

动车组列车运行中出现故障，司机应根据车载信息监控装置的提示，按步骤及时处理；

需要由随车机械师处理时，司机应通知随车机械师。经处置确认无法正常运行时，司机应按车载信息监控装置的提示和随车机械师的要求，选择维持运行或停车等方式，并报告列车调度员。动车组运行中，轴承温度超过报警温度，或地面红外线预报热轴，经随车机械师根据车载轴温检测系统确认轴承温度超过报警温度时，均应立即停车请求处理。

动车组列车重联后，本务端司机重新开启驾驶台，司机在列车运行监控装置（列控车载设备）、机车综合无线通信设备的人机界面上输入新列车数据和车次号。重联动车组列车解编后，可对分解后的两列车分别组织同方向发车或背向发车。开车前司机必须重新输入列车数据和车次号。

当未装备列车运行监控装置的动车组列车在 CTCS-0/1 级区段按机车信号模式运行时，列车按地面信号机显示行车，最高运行速度不超过 80 km/h。低于 80 km/h 的限速按调度命令执行，线路允许速度低于 80 km/h 的区段由司机控制列车运行速度。

11. 其他人员登乘机车、动车组司机室的要求

机车乘务组以外人员登乘机车时，除铁路机车运用管理规则指定的人员外，须凭登乘机车证登乘。登乘动车组司机室须凭动车组司机室登乘证。

登乘机车、动车组司机室的人员，在不影响乘务人员工作的前提下，经检验准许后方可登乘。

12. 列车运行限速规定

列车运行限速规定见表 3-4。

表 3-4　列车运行限速规定

项　　目	速度/（km/h）
四显示自动闭塞区段通过显示绿黄色灯光的信号机	在前方第三架信号机前能停车的速度
通过显示黄色灯光的信号机及位于定位的预告信号机	在次一架信号机前能停车的速度
通过显示一个黄色闪光灯光和一个黄色灯光的信号机	该信号机防护进路上道岔侧向的允许通过速度
通过减速地点标	标明的速度，未标明时为 25
推　　进	30
退　　行	15
接入站内尽头线，自进入该线起	30

动车组一般情况下不得通过半径小于 250 m 的曲线。通过半径为 300 m 的曲线时，限速 35 km/h；通过半径为 250 m 的曲线时，限速 30 km/h；特殊情况通过半径为 200 m 的曲线时，限速 25 km/h；通过 6 号对称双开道岔时限速 15 km/h；不得侧向通过小于 9 号的单开道岔和小于 6 号的对称双开道岔。

13. 动车组回送要求

① 动车组回送按旅客列车办理，原则上采用自走行方式。无动力回送时可根据回送技术条件加挂回送过渡车，使用客运机车牵引，回送过渡车须挂于机后第一位。8 辆编组的动车组可两列重联回送。未装备列车运行监控装置的动车组需在 CTCS-0/1 级区段回送时，应采取无动力回送方式。

② 动车组回送运行时，须安排动车组司机及随车机械师值乘。有动力回送时，非担当

区段应指派带道人员。

③ 动车组回送不进行客列检作业。

④ 动车组安装过渡车钩回送时，按规定限速运行，尽可能避免实施紧急制动。发生紧急制动后，本务司机必须通知随车机械师，经随车机械师检查过渡车钩状态良好后方可继续运行。

⑤ 动车组回送时，相关动车段（所）及造、修单位应提出限速、回送方式（有动力、无动力）、可否折角运行等注意事项。

3.5.2 接车与发车

车站应不间断地接发列车，严格按列车运行图行车。

1. 车站值班员接发列车的要求

① 接发列车时，车站值班员应亲自办理闭塞、布置进路（包括听取进路准备妥当的报告）、开闭信号、交接凭证、接送列车、发车。由于设备或业务量关系，除布置进路（包括听取进路准备妥当的报告）外，其他各项工作可指派助理值班员、信号员或扳道员办理。

② 车站值班员接到邻站列车预告后，按《站细》规定及时通知有关人员到岗接车，站内平过道应加强监护。

③ 车站值班员在办理闭塞时，应确认区间空闲。接车前，必须亲自或通过有关人员确认接车线路空闲、影响进路的调车作业已经停止后，方可准备进路、开放进站信号机，准备接车；发车前，必须亲自或通过有关人员确认影响进路的调车作业已经停止后，方可准备进路、开放出站信号机，交付行车凭证，在旅客上下、行包装卸和列检作业等完了后发车。

④ 车站值班员下达准备接发车进路命令时，必须简明清楚，正确及时，讲清车次和占用线路（一端有两个及以上列车运行方向或双线反方向行车时，应讲清方向、线别），并要受令人复诵，核对无误。

⑤ 车站值班员应严格按《站细》规定时机开闭信号机。若取消发车进路，应先通知发车人员；若已开放信号或发车人员已通知司机发车，而列车尚未起动，还应通知司机，收回行车凭证后，再取消发车进路。

⑥ 接发列车时，按规定程序办理，并使用规定用语。

2. 扳道、信号人员接发车值班要求

① 严格按照车站值班员的接发列车命令、调车作业计划，正确及时地准备进路。

② 在扳动道岔、操纵信号时，认真执行"一看、二扳（按）、三确认、四显示（呼唤）"制度；对进路上不该扳动的道岔，也应认真进行确认。

③ 接发列车进路准备完了后，及时报告车站值班员（能从设备上确认的除外）。

下列情况，禁止办理相对方向同时接车和同方向同时发接列车：

① 进站信号机外制动距离内，进站方向为超过 6‰ 的下坡道，而接车线末端无隔开设备；

② 在接、发旅客列车的同时，接入列车运行监控装置或轨道车运行控制设备发生故障的列车、制动力部分切除的动车组列车而接车线末端无隔开设备。

相对方向不能同时接车时，应先接不适于在站外停车的列车、停车后起动困难的列车或后面有续行列车的列车。遇两列车不能同时接发时，原则上应先接后发。车站应将不能办理相对方向同时接车和同方向同时发接列车的情况纳入《站细》。

3. 接发列车工作要求

接发列车应在正线或到发线上办理，并应遵守下列原则。

① 旅客列车、挂有超限货物车辆的列车，应接入规定线路。

② 动车组列车在车站办理客运业务时，须固定股道、固定站台、固定停车位置。

③ 动车组列车、特快旅客列车通过时应在正线办理，其他通过列车原则上应在正线办理。

④ 原规定为通过的旅客列车由正线变更为到发线接车及动车组列车、特快旅客列车遇特殊情况必须变更基本进路时，须经列车调度员准许，并预告司机；如来不及预告时，应使列车在站外停车后，再开放信号机，接入站内。动车组列车遇特殊情况需变更办理客运业务的固定股道时，须经调度所值班主任（值班副主任）准许。

⑤ 车站值班员应保证有不间断接车的空闲线路。正线上不应停留车辆（尽头式车站除外）。到发线上停留车辆时，须经车站值班员准许，在中间站须取得列车调度员的准许方可占用，该线路的两端道岔应扳向不能进入的位置并加锁（装有轨道电路除外）。在站内无空闲线路的特殊情况下，只准许接入为排除故障、事故救援、疏解车辆等所需要的救援列车、不挂车的单机及重型轨道车。上述列车均应在进站信号机外停车，由接车人员向司机通知事由后，以调车手信号旗（灯）将列车领入站内。

⑥ 列车进站后，应停于接车线警冲标内方。在设有出站（进路）信号机的线路，列车头部不得越过出站（进路）信号机。如列车尾部停在警冲标外方或压轨道绝缘时，车站接车人员应使用列车无线调度通信设备等通知司机或显示向前移动的手信号，使列车向前移动。当超长列车尾部停在警冲标外方，接入相对方向的列车时，在进站信号机外制动距离内进站方向为超过 6‰ 的下坡道，而接车线末端无隔开设备，须使列车在站外停车后，再接入站内。如在邻线上未设调车信号机，又无隔开设备，相对方向需要进行调车作业时，必须派人以停车手信号对列车进行防护。

⑦ 进站、接车进路信号机不能使用时，应开放引导信号。引导信号不能开放或无进站信号机时，应派引导人员接车。引导接车时，列车以不超过 20 km/h 速度进站，并做好随时停车的准备。由引导人员接车时，应站在引导员接车地点标处（未设的，引导人员应在进站信号机、进路信号机或站界标外方），显示引导手信号接车。列车头部越过引导信号，即可关闭信号或收回引导手信号。

⑧ 在无联锁的线路上接发列车时，车站值班员除严格按接发列车手续办理外，还应将进路上无联锁的有关对向道岔及邻线上防护道岔加锁。进路上无联锁的分动外锁闭道岔无论对向或顺向，均应对密贴尖轨、斥离尖轨和可动心轨加锁。具体加锁办法，由铁路局规定。

⑨ 接发列车时，接发车人员应携带列车无线调度通信设备、持手信号旗（灯），站在规定地点接送列车，注意列车运行和货物装载状态。发现旅客列车尾部标志灯光熄灭情况时，应通知车辆乘务员进行处理。在自动闭塞区段，通知不到时，应使列车停车处理。发现货物装载状态有异状时，应及时处理；发现货物列车列尾装置丢失时，应报告列车调度员，使列车在前方站停车处理。

⑩ 列车接近车站、进站和出站时，接发车人员应及时向车站值班员报告列车进出站的情况（能从设备上确认的除外）。列车到达、发出或通过后，车站值班员应立即向邻站及列车调度员报点，并记入《行车日志》（设有计算机报点系统的按有关规定办理）。遇有超长、

超限列车、制动力部分切除的动车组列车、单机挂车和货物列车列尾装置灯光熄灭等情况，应通知接车站。

⑪ 货物列车在站停车时，司机必须使列车保持制动状态（铁路局指定的凉闸站除外）。发车前，司机施行缓解，确认发车条件具备后，方可起动列车。

⑫ 动车组列车由列车长确认旅客上下完毕后，通知司机关闭车门；列车进站停车时，司机按动车组停车位置标停车，确认列车停稳、对准停车位置后开启车门。按钮不在司机操作台上的，由列车长通知随车机械师关闭车门；列车到站停稳后，由随车机械师开启车门。如自动开关门装置故障或特殊情况需单独开关车门时，由司机通知列车工作人员手动开关车门。动车组列车在车站出发，动车组列车司机在确认行车凭证和开车时间、车门关闭后，即可起动列车。

⑬ 动车组以外的列车在车站发车前，有关人员应做到：

a）发车进路准备妥当，行车凭证已交付，出站（进路）信号机已开放，发车条件完备后，车站值班员（助理值班员）方可显示发车信号；

b）司机必须确认行车凭证及发车信号显示正确后，方可起动列车；

c）语音记录装置良好的车站，准许使用列车无线调度通信设备发车。

4. 故障处理

① 进站、出站、进路及线路所通过信号机发生故障时，应置于关闭状态，进站信号机及线路所通过信号机发生不能关闭的故障时，应将灯光熄灭或遮住。在将灯光熄灭或遮住及信号机灭灯时，于夜间应在信号机柱距钢轨顶面不低于 2 m 处，加挂信号灯，向区间方面显示红色灯光。

② 出站信号机发生故障时，除按规定交递行车凭证外，对通过列车应预告司机，并显示通过手信号。装有进路表示器或发车线路表示器的出站信号机，当该表示器不良时，由办理发车人员通知司机后，列车凭出站信号机的显示出发。

③ 列车在站内临时停车，待停车原因消除且继续运行时，应按下列规定办理：

a）司机主动停车时，自行起动列车；

b）其他列车乘务人员使用紧急制动阀（紧急制动装置）停车时，由车辆乘务员（随车机械师）通知司机开车；

c）车站接发车人员使列车在站内临时停车时，由车站按规定发车，动车组列车由车站通知司机开车；

d）其他原因的临时停车，车站值班员应组织司机、车辆乘务员（随车机械师）等查明停车原因，在列车具备运行条件后，由车站按规定发车，动车组列车由车站通知司机开车。

上述第 a）、b）、c）项列车停车后，司机应立即报告车站值班员，并说明停车原因。

3.5.3　列车被迫停车后的处理

1. 通用处理程序

列车在区间被迫停车不能继续运行时，司机应立即使用列车无线调度通信设备通知两端站车站值班员（列车调度员）及车辆乘务员（随车机械师），报告停车原因和停车位置，根据需要迅速请求救援。需要防护时，列车前方由司机负责，列车后方由车辆乘务员（随车机械师）负责，无车辆乘务员（随车机械师）时由列车乘务员负责。配备列车防护报警装置的列车应首先使用列车防护报警装置进行防护。单班单司机值乘的列车防护作业办法由铁路局规定。

如遇自动制动机故障，动车组以外的旅客列车司机应通知车辆乘务员立即组织列车乘务人员拧紧全列人力制动机，以保证就地制动；其他列车司机应立即采取安全措施，并向车站值班员（列车调度员）报告，请求救援。

对已请求救援的列车，不得再行移动，并按规定对列车进行防护。车站值班员（列车调度员）接到司机通知后，应将区间内列车运行情况通知司机，并立即使用列车无线调度通信设备转告区间内有关列车。在停车原因消除前不得再放行追踪、续行列车。

需组织旅客疏散时，车站值班员得到列车调度员准许后，扣停邻线列车并通知司机，司机通知有关作业人员办理。

2. 停车妨碍邻线的有关规定

列车被迫停车可能妨碍邻线时，司机应立即用列车无线调度通信设备通知邻线上运行的列车和两端站车站值班员（列车调度员），并与车辆乘务员（随车机械师）分别在列车的头部和尾部附近邻线上点燃火炬；在自动闭塞区间，还应对邻线来车方向短路轨道电路。配备列车防护报警装置的列车应首先使用列车防护报警装置进行防护。司机应亲自或指派人员沿邻线一侧对列车进行检查，发现妨碍邻线时，应立即派人按规定防护。如发现邻线有列车开来时，应鸣示紧急停车信号。单班单司机值乘的列车防护作业办法由铁路局规定。

车站值班员（列车调度员）接到列车被迫停车可能妨碍邻线的通知后，应立即通知邻线有关列车停车，在原因消除前不得向邻线放行列车。

3. 放置响墩防护的有关规定

列车在区间被迫停车后，根据下列规定放置响墩防护：

① 已请求救援时，从救援列车开来方向（不明时，从列车前后两方向），距离列车不小于 300 m 处防护；

② 一切电话中断后发出的列车（持有红色许可证通知书的列车除外），应于停车后，立即从列车后方按线路最大速度等级规定的列车紧急制动距离位置处防护；

③ 对于邻线上妨碍行车地点，应从两方向按线路最大速度等级规定的列车紧急制动距离位置处防护，如确知列车开来方向时，仅对来车方向防护；

④ 列车分部运行，机车进入区间挂取遗留车辆时，应从车列前方距离不小于 300 m 处防护。

防护人员设置的响墩待停车原因消除后可不撤除（运行动车组列车的区段除外）。

4. 分部运行的有关规定

在不得已情况下，列车必须分部运行时，司机应报告前方站车站值班员（列车调度员），并做好遗留车辆的防溜和防护工作。司机在记明遗留车辆辆数和停留位置后，方可牵引前部车辆运行至前方站。在运行中仍按信号机的显示前行，但在半自动闭塞区间或按电话闭塞法行车时，该列车必须在进站信号机外停车（司机已报告前方站或列车调度员列车为分部运行时除外），将情况通知车站值班员后再进站。车站值班员应立即报告列车调度员封锁区间，待将遗留车辆拉回车站，确认区间空闲后，方可开通区间。

下列情况列车不准分部运行：

① 采取措施后可整列运行时；

② 对遗留车辆未采取防护、防溜措施时；

③ 遗留车辆无人看守时；

④ 司机与车站值班员及列车调度员均联系不上时；

⑤ 遗留车辆停留在超过 6‰坡度的线路上时。

5. 列车发生火灾、爆炸的应急处理程序

① 列车发生火灾、爆炸时，须立即停车（停车地点应尽量避开特大桥梁、长大隧道等，选择便于旅客疏散的地点），车站不再向区间放行列车，并通知邻线及后续相关列车停车。电气化区段，现场需停电时，应立即通知供电部门停电。

② 列车需要分隔甩车时，应根据风向及货物性质等情况而定。一般为先甩下列车后部的未着火车辆，再甩下着火车辆，然后将机后未着火车辆拉至安全地段。

对甩下的车辆，在车站由车站人员负责采取防溜措施；在区间由司机、车辆乘务员负责采取防溜措施。

6. 列车（动车组列车除外）运行途中发生车辆故障的应急处理程序

① 发现客车车辆轮轴故障、车体下沉（倾斜）、车辆剧烈振动等危及行车安全的情况时，须立即采取停车措施。由车辆乘务员检查，对抱闸车辆应关闭截断塞门，排除工作风缸和副风缸中的余风，确认安全无误后，方可继续运行；如车轮踏面损坏超过限度或车辆故障不能继续运行时，应甩车处理。

② 列车调度员接到热轴报告后，应按热轴预报等级要求果断处理。必要时，立即安排停车检查（司机应采用常用制动，列车停车后由车辆乘务员负责检查，无车辆乘务员的由司机确认能否继续安全运行），或就近站甩车处理。

③ 遇客车安全监控系统报警或其他故障需要列车限速运行时，车辆乘务员应使用列车无线调度通信设备通知司机，司机根据要求限速运行并报告车站值班员（列车调度员）。

7. 列车退行的有关规定

在不得已情况下，列车必须退行时，车辆乘务员或随车机械师（无车辆乘务员或随车机械师时为指派的胜任人员）应站在列车尾部注视运行前方，发现危及行车或人身安全时，应立即使用紧急制动阀（紧急制动装置）或使用列车无线调度通信设备通知司机，使列车停车。

列车退行速度不得超过 15 km/h。未得到后方站（线路所）车站值班员准许，不得退行到车站的最外方预告标或预告信号机（双线区间为邻线预告标或特设的预告标）的内方。车站接到列车退行的报告后，除立即报告列车调度员外，根据线路占用情况，可开放进站信号机或按引导办法将列车接入站内。

下列情况列车不准退行：

① 按自动闭塞法运行时（列车调度员或后方站车站值班员确认该列车至后方站间无列车，并准许时除外）；

② 在降雾、暴风雨雪及其他不良条件下，难以辨认信号时；

③ 一切电话中断后发出的列车（持有红色许可证通知书的列车除外）。

挂有后部补机的列车，除上述情况外，是否准许退行，由铁路局规定。

动车组列车在区间被迫停车后须返回后方站时，车站值班员确认动车组列车至后方站间已空闲后，经列车调度员同意，通知司机返回。司机根据车站值班员的通知，在动车组列车运行方向（折返）前端操作，运行速度不得超过 40 km/h，按进站信号机显示进站。

3.5.4　救援列车的开行

车站值班员接到司机或工务、电务、供电等人员的救援请求后，应立即报告列车调度员。需封锁区间派出救援列车时，列车调度员应向有关车站发布命令封锁区间，并派出救援列车。向封锁区间发出救援列车时，不办理行车闭塞手续，以列车调度员的命令作为进入封锁区间的许可。当列车调度电话不通时，应由接到救援请求的车站值班员根据救援请求办理，救援列车以车站值班员的命令作为进入封锁区间的许可。司机接到救援命令后，必须认真确认。命令不清、停车位置不明确时，不准动车。

救援列车进入封锁区间后，在接近被救援列车或车列 2 km 时，要严格控制速度，同时使用列车无线调度通信设备与请求救援的机车司机进行联系，或以在瞭望距离内能够随时停车的速度运行，速度最高不得超过 20 km/h，在防护人员处或压上响墩后停车，联系确认后按要求进行作业。救援列车的出发或返回，均应通知列车调度员及对方站。当事故现场设有临时线路所时，车站值班员应于发车前征得线路所值班员的同意。采用机车救援动车组时，应进行制动试验，具备升弓取电条件时，允许动车组升弓取电。

在事故调查组人员到达前，站长或胜任人员应随乘发往事故地点的第一列救援列车（分部运行时挂取遗留车辆的机车除外）到事故现场，负责指挥列车有关工作。

3.5.5　施工及路用列车的开行

1. 通用处理程序

行车的施工（特别规定的慢行施工除外）、维修作业，都必须纳入天窗，不得利用列车间隔进行。线路、桥隧、信号、通信、接触网及其他行车设备的施工、维修，要求力争开通后不降低行车速度。

封锁区间施工时，施工负责人应确认已做好一切施工准备，按批准的施工计划（临时封锁区间抢修施工时除外），亲自或指派驻站联络员在车站《行车设备施工登记簿》内登记，按规定向车站或通过车站值班员向列车调度员申请施工。

封锁区间施工时，车站值班员根据封锁或开通命令，在信号控制台或规定位置上揭挂或摘下封锁区间表示牌。列车调度员应保证施工时间，并向施工区间的两端站、有关单位及施工负责人及时发出实际施工调度命令。施工负责人接到调度命令，确认施工起、止时刻，设好停车防护后，方可开工，并保证在规定时间内完成。

施工单位及设备管理单位应严格掌握开通条件，经检查满足放行列车的条件，且设备达到规定的开通速度要求，办理开通登记后，通过车站值班员向列车调度员申请开通区间。如因特殊情况不能按时开通区间或不能按规定的开通速度运行时，应提前通知车站值班员，要求列车调度员延长时间或限速运行。

施工时，除本项施工外的车列或列车不得进入封锁区间。进入封锁区间的施工列车司机应熟悉线路和施工条件。

施工封锁前，通过施工地点的最后一趟列车前进方向为不大于 6‰ 的上坡道时，列车调度员可根据施工负责人的请求，在调度命令中注明该次列车通过施工地点后即可开工（按自动闭塞法行车时可安排施工路用列车跟踪该次列车进入区间），列车到达前方站后，再封锁区间。上述命令应抄交司机，该列车不得后退。

2. 遇有施工又必须接发列车的处理办法

① 车站采用固定进路的办法接发列车。施工开始前，车站须将正线进路开通，并对进路上所有道岔按规定加锁（集中联锁良好的道岔可在控制台上进行单独锁闭）。有关道岔密贴的确认及具体的加锁办法，由铁路局规定。

② 引导接车并正线通过时，准许列车司机凭特定引导手信号的显示，以不超过 60 km/h 的速度进站。

③ 准许车站不向司机递交书面行车凭证和调度命令。但车站仍按规定办理行车手续，并使用列车无线调度通信设备（其语音记录装置须作用良好）将行车凭证号码（路票为电话记录号码、绿色许可证为编号）和调度命令号码通知司机，得到司机复诵正确后，方可显示通过手信号。列车凭通过手信号通过车站。

④ 其他具体安全行车办法，由铁路局规定，例如：

a）向施工封锁区间开行路用列车时，列车进入封锁区间的行车凭证为调度命令，该命令中应包括列车车次、停车地点、到达车站的时刻等有关事项，需限速运行时在命令中一并注明；

b）向施工封锁区间开行路用列车，原则上每端只准进入一列，如超过时，其安全措施及运行办法由铁路局规定；

c）路用列车应由施工单位指派胜任人员携带列车无线调度通信设备值乘，并在区间协助司机作业；路用列车或施工机械进入施工地段时，应在施工防护人员显示的停车手信号前停车，根据施工负责人的要求，按调车办法，进入指定地点；

d）在区间装卸车时，装卸车负责人应指挥列车停于指定地点；装卸车完毕后，其负责人应负责检查装卸货物的装载、堆码状态，确认限界，清好道沿，关好车门，通知司机开车。

3. 遇有施工又必须开行列车的处理办法

① 凡影响行车的施工及故障地点的线路，均应设置防护。

② 未设好防护，禁止开工。线路状态未恢复到准许放行列车的条件，禁止撤除防护、放行列车。施工防护的设置与撤除，由施工负责人决定。

③ 多个单位在同一个区间施工时，原则上应分别按规定进行防护，由施工主体单位负责划分各单位范围及分界。

④ 施工、维修及各种上道检查巡视作业，应严格遵守作业人员和机具避车制度，采取措施保证邻线列车和施工作业人员安全。

⑤ 在区间或站内线路、道岔上封锁施工作业时，施工单位在车站行车室设驻站联络员，施工地点设现场防护人员。驻站联络员和现场防护人员应由指定的、经过考试合格的人员担任。施工负责人可指派驻站联络员负责在车站办理施工封锁及开通手续，向施工负责人传达调度命令，通报列车运行情况，并向车站值班员传达开通线路请求。驻站联络员和现场防护人员在执行防护任务时，应佩戴标志，携带通信设备；现场防护人员还应携带必备的防护用品，随时观察施工现场和列车运行情况。发现异常情况时及时通报车站值班员和施工负责人。

⑥ 驻站联络员应与现场防护人员保持联系，如联系中断，现场防护人员应立即通知施

工负责人停止作业，必要时将线路恢复到准许放行列车的条件。

⑦ 在区间线路、站内线路、站内道岔上维修时，现场防护人员应站在维修地点附近、且瞭望条件较好的地点进行防护，在天窗内作业时，显示停车手信号。

⑧ 维修作业应在车站与作业地点分别设驻站联络员和现场防护人员，并保持联系。

凡上道使用涉及行车安全的养路机械、机具及防护设备，须符合有关技术标准，满足运用安全的要求。养路机械、机具及防护设备应专管专用，加强日常检修和定期检查，经常保持良好状态。状态不良的，禁止上道使用。

⑨ 在线间距不足 6.5 m 地段施工维修而邻线行车时，邻线列车应限速 160 km/h 及以下，并按规定设置防护。施工单位在提报施工计划时，应提出邻线限速的条件。

⑩ 邻线来车时，现场防护人员应及时通知作业人员，机具、物料或人员不得在两线间放置或停留，并应与列车保持安全距离，物料应堆码放置牢固。

线路备用轨料应在车站范围内码放整齐，线路两侧散落的旧轨料、废土、废渣应及时清理。因施工等原因线路两侧临时摆放的轨料，要码放整齐，并进行必要的加固。有栅栏的地段要置于两侧的封闭栅栏内；需临时拆除封闭栅栏时，应设置临时防护设施并派人昼夜看守。

4. 在区间线路上施工时使用移动停车信号的防护办法

① 单线区间线路施工时，如图 3-1 所示，其中数字的单位为 m。

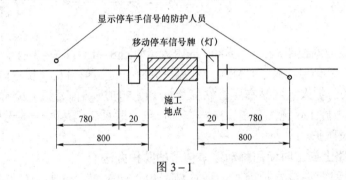

图 3-1

② 双线区间一条线路施工时，如图 3-2 所示，其中数字的单位为 m。

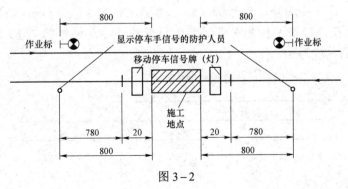

图 3-2

③ 双线区间两条线路同时施工时，如图 3-3 所示，其中数字的单位为 m。

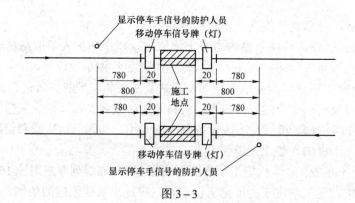

图 3－3

④ 作业地点在站外，距离进站信号机（反方向进站信号机）小于 820 m 时，如图 3－4 所示，其中数字的单位为 m。

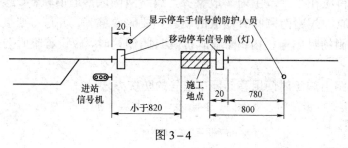

图 3－4

现场防护人员应站在距施工地点 800 m 附近（如图 3－1～图 3－3 所示），且瞭望条件较好的地点显示停车手信号；施工作业地点在站外，距离进站信号机（反方向进站信号机）小于 820 m 时，现场防护人员应站在距进站信号机（反方向进站信号机）20 m 附近（如图 3－4 所示）；在尽头线上施工，施工负责人经与车站值班员联系确认尽头一端无列车、轨道车时，则尽头一端可不设防护。

5. 在站内线路上施工时使用移动停车信号的防护办法

① 将施工线路两端道岔扳向不能通往施工地点的位置，并加锁或紧固，可不设置移动停车信号牌（灯）。当施工线路两端道岔只能通往施工地点的位置时，在施工地点两端各 50 m 处线路上设置移动停车信号牌（灯）防护，如图 3－5 所示；如施工地点距离道岔小于 50 m 时，在该端警冲标相对处线路上设置移动停车信号牌（灯）防护，如图 3－6 所示，其中数字的单位为 m。

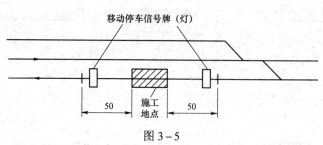

图 3－5

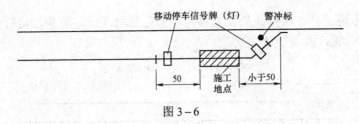

图 3-6

② 在进站道岔外方线路上施工，对区间方向，以关闭的进站信号机防护；对车站方向，在进站道岔外方基本轨接头处（顺向道岔在警冲标相对处）线路上，设置移动停车信号牌（灯）防护，如图 3-7 所示。

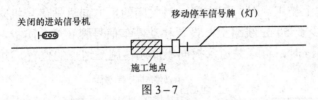

图 3-7

③ 双线区段，在反方向进站信号机至出站道岔的线路上施工，对区间方向，以关闭的反方向进站信号机防护。对车站方向，在出站道岔外方基本轨接头处（对向道岔在警冲标相对处）线路上设置移动停车信号牌（灯）防护，如图 3-8 所示。

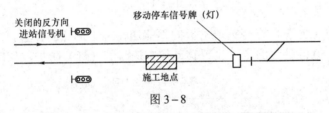

图 3-8

6. 在站内道岔上（含警冲标至道岔尾部线路、道岔间线路）施工时使用移动停车信号的防护办法

① 在站内道岔上施工，一端距离施工地点 50 m，另一端两条线路距离施工地点 50 m（距出站信号机不足 50 m 时，为出站信号机处），分别在线路上设置移动停车信号牌（灯）防护，如图 3-9 所示；如一端距离外方道岔小于 50 m 时，将有关道岔扳向不能通往施工地点的位置，并加锁或紧固。

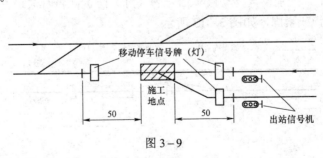

图 3-9

② 在进站道岔上施工，对区间方向，以关闭的进站信号机防护；对车站方向，在距离施工地点 50 m 线路上设置移动停车信号牌（灯）防护，如图 3-10 所示。距邻近道岔不足

50 m 时，在邻近道岔基本轨接头处设置移动停车信号牌（灯）防护，将有关道岔扳向不能通往施工地点的位置，并加锁或紧固。

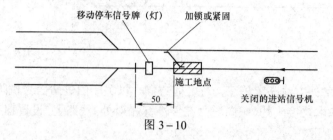

图 3 - 10

③ 在出站道岔上施工，对区间方向，以关闭的反方向进站信号机防护；对车站方向，在距离施工地段不少于 50 m 线路上，设置移动停车信号牌（灯）防护，如图 3 - 11 所示。距邻近道岔不足 50 m 时，将有关道岔扳向不能通往施工地点的位置，并加锁或紧固。

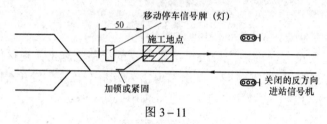

图 3 - 11

④ 在交分道岔上施工，将有关道岔扳向不能通往施工地点的位置，并加锁或紧固，在距离施工地点两端 50 m 处线路上，设置移动停车信号牌（灯）防护，如图 3 - 12 所示。

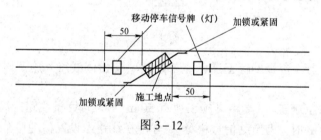

图 3 - 12

⑤ 在交叉渡线的一组道岔上施工，一端在菱形中轴相对处线路上，另一端在距离施工地点 50 m 处线路上，分别设置移动停车信号牌（灯）防护，将有关道岔扳向不能通往施工地点的位置，并加锁或紧固，如图 3 - 13 所示。

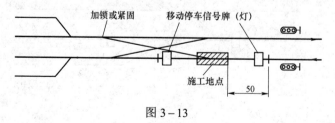

图 3 - 13

⑥ 在道岔上进行大型养路机械施工时，如延长移动停车信号牌（灯）防护距离后占用其他道岔时，对相关道岔应一并防护。

7. 在区间线路上根据线路速度等级使用移动减速信号的防护办法

① 单线区间施工，设立位置如图3-14所示，其中数字的单位为m。

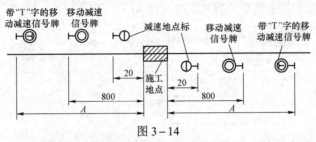

图 3-14

注：(1) A为不同线路允许速度的列车紧急制动距离（下同）；

(2) 允许速度 120 km/h < V < 200 km/h 的线路，在移动减速信号牌外方增设带"T"字的移动减速信号牌。

② 双线区间在一条线上施工，设立位置如图3-15所示，其中数字的单位为m。

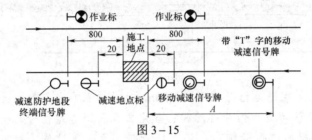

图 3-15

③ 双线区间两条线路同时施工，设立位置如图3-16所示，其中数字的单位为m。

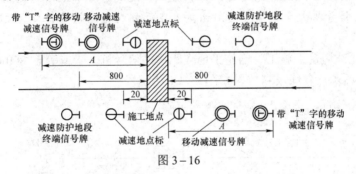

图 3-16

④ 施工地点距离进站信号机（或站界标）小于800 m时，设立位置如图3-17所示。

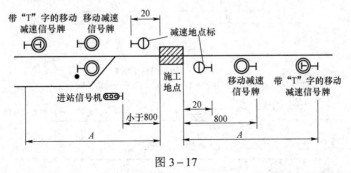

图 3-17

注：(1) 当站内正线警冲标距离施工地点小于800 m时，按800 m设置移动减速信号牌；

(2) 当站内正线警冲标距离施工地点大于或等于A时，不设置带"T"字的移动减速信号牌。

147

8. 在站内线路或道岔上根据线路速度等级使用移动减速信号的防护办法

① 在站内正线线路上施工，当施工地点距进站信号机大于或等于 800 m 时，单线设立位置如图 3－18 所示，双线设立位置如图 3－19 所示。

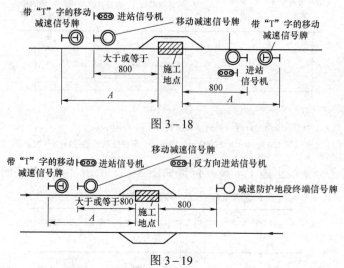

图 3－18

图 3－19

注意：当施工地点距进站信号机不足 800 m 时，自施工地点起至 800 m 处区间线路列车运行方向左侧，设移动减速信号牌防护；当施工地点距进站信号机大于或等于 A 时，不设置带"T"字的移动减速信号牌；当施工地点距反方向进站信号机不足 800 m 时，自施工地点起至 800 m 处区间线路列车运行方向左侧，设减速防护地段终端信号牌；当施工地点距反方向进站信号机大于或等于 800 m 时，在反方向进站信号机处，设减速防护地段终端信号牌。

② 在站内正线道岔上施工，当施工地点距进站信号机大于或等于 800 m 时，单线设立位置如图 3－20 所示，双线设立位置如图 3－21 所示。

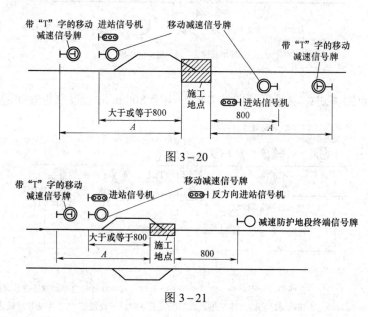

图 3－20

图 3－21

　　注意：当施工地点距进站信号机不足 800 m 时，自施工地点起至 800 m 处区间线路列车运行方向左侧，设移动减速信号牌防护；当施工地点距进站信号机大于或等于 A 时，不设置带"T"字的移动减速信号牌；当施工地点距反方向进站信号机不足 800 m 时，自施工地点起至 800 m 处区间线路列车运行方向左侧，设减速防护地段终端信号牌；当施工地点距反方向进站信号机大于或等于 800 m 时，在反方向进站信号机处，设减速防护地段终端信号牌。

　　③ 在站线线路上施工，设立位置如图 3－22 所示。

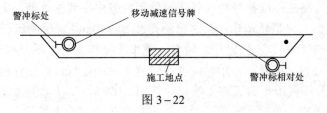

图 3－22

　　④ 在站线道岔上施工，该道岔中部线路旁，设置两面黄色的移动减速信号牌，设立位置如图 3－23 所示。

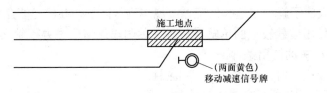

图 3－23

　　凡线间距离不足规定时，则应设置矮型（1 m 高）的移动减速信号牌。

　　在移动减速信号牌上，应注明规定的慢行速度。

　　在区间线路上进行不影响行车的作业，不需要以停车信号或移动减速信号防护，应在作业地点两端 500～1 000 m 处列车运行方向左侧（双线在线路外侧）的路肩上设置作业标，设立位置如图 3－24 所示。列车接近该作业标时，司机须长声鸣笛，注意瞭望。

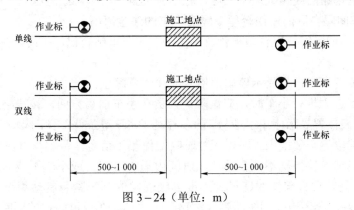

图 3－24（单位：m）

3.5.6 轻型车辆及小车的定义与使用

1. 轻型车辆及小车的定义

轻型车辆是指由随乘人员能随时撤出线路外的轻型轨道车及其他非机动轻型车辆。小车是指轨道检查仪、钢轨探伤仪、单轨小车、吊轨小车等。

2. 轻型车辆及小车的使用要求

轻型车辆仅限昼间封锁施工维修作业时使用，不按列车办理；在夜间或遇降雾、暴风雨雪时，仅限于消除线路故障或执行特殊任务时使用，但应按列车办理，此时轻型车辆必须有照明及停车信号装置。轻型轨道车过岔速度不得超过 15 km/h，区间运行最高速度不得超过 45 km/h，不得与重型轨道车连挂运行。轻型轨道车连挂拖车时，不得推进运行。

小车不按列车办理。在昼间使用时，可跟随列车后面推行，但在任何情况下，都不得影响列车正常运行。夜间仅限于封锁施工维修时使用。160 km/h 以上的区段禁止利用列车间隔使用小车。在双线地段，单轨小车应面对来车方向在外股钢轨上推行。

使用轻型车辆时，须取得车站值班员对使用时间的承认，填发《轻型车辆使用书》（在区间用电话联系时，双方分别填写），并须保证在承认使用时间内将其撤出线路以外。使用各种小车时，负责人应了解列车运行情况，按规定进行防护，并保证能在列车到达前撤出线路以外。在车站内使用装载较重的单轨小车时，须与车站值班员办理承认手续。

3. 轻型车辆及小车的使用条件

使用轻型车辆及小车时，必须具备下列条件：

① 须有经使用单位指定的负责人和防护人员；

② 轻型车辆具有年检合格证；

③ 须有足够的人员，能随时将轻型车辆或小车撤出线路以外；

④ 须备有防护信号、列车运行时刻表、钟表及列车无线调度通信设备；

⑤ 轻型车辆应有制动装置（其他非机动轻型车辆根据需要安装）；牵引拖车时，连挂处应使用自锁插销，拖车必须有专人负责制动；

⑥ 在有轨道电路的线路或道岔上运行时，应设置绝缘车轴或绝缘垫。

4. 利用列车间隔在区间使用轻型车辆及小车的注意事项

利用列车间隔在区间使用轻型车辆及小车时，应在车站登记，并设置驻站联络员，按下列规定防护：

① 轻型车辆运行中，须显示停车手信号，并注意瞭望；

② 在线路上人力推行小车时，应派防护人员在小车前后方向，按线路最大速度等级的列车紧急制动距离位置显示停车手信号，随车移动，如瞭望条件不良，应增设中间防护人员；

③ 在双线地段遇有邻线来车时，应暂时收回停车手信号，待列车过后再行显示；

④ 轻型车辆遇特殊情况不能在承认的时间内撤出线路，或小车不能立即撤出线路时，在轻型车辆或小车前后方向按线路最大速度等级规定的列车紧急制动距离位置以停车手信号防护，自动闭塞区段还应使用短路铜线短路轨道电路，在设置防护的同时，应立即使用列车无线调度通信设备报告车站值班员或通知列车司机紧急停车；

⑤ 小车跟随列车后面推行时，应与列车尾部保持大于 500 m 的距离。

3.5.7　固定行车设备检修及故障处理

影响设备使用的检修均纳入天窗进行。

在车站（包括线路所、辅助所）内及相邻区间、列车调度台检修行车设备，影响其使用时，事先须在《行车设备施工登记簿》内登记，并经车站值班员（列车调度员）签认或由扳道员、信号员取得车站值班员同意后签认（检修驼峰、调车场、货场等处不影响接发列车的行车设备时，签认人员在《站细》内规定），方可开始。

正在检修中的设备需要使用时，须经检修人员同意。检修完毕，检修人员应将检修结果记入《行车设备施工登记簿》。对处于闭塞状态的闭塞设备和办理进路后处于锁闭状态的信号、联锁设备，严禁进行检修作业。

车站值班员发现或接到行车设备故障的报告后，应立即通知设备管理单位相关人员，并在《行车设备检查登记簿》内登记。

列车调度员发现或接到调度台行车设备故障的报告后，应立即通知设备管理单位相关人员，并在《行车设备检查登记簿》内登记。

设备管理单位应在《行车设备检查登记簿》内签认，尽快组织修复。对暂时不能修复的，应登记停用内容和影响范围，并注明行车限制条件。

沿线工务人员发现线路设备故障危及行车安全时，应立即连续发出停车信号，并以停车手信号防护，还应迅速通知就近车站和工长或车间主任，采取紧急措施修复故障设备；当不能立即修复时，应封锁区间或限速运行。车站值班员接到区间发生故障的报告后，应立即通知有关列车停车，并报告列车调度员。

必要时，进入该区间的第一趟列车由工务部门的工长或车间主任随乘。列车在故障地点停车后继续运行时，应根据随乘人员的指挥办理。

线路发生故障时的防护办法如下：

① 应立即使用列车无线调度通信设备通知车站值班员或列车司机紧急停车，同时在故障地点设置停车信号；

② 当确知一端先来车时，应急速奔向列车，用手信号旗（灯）或徒手显示停车信号；

③ 如不知来车方向，应在故障地点注意倾听和瞭望，发现来车后应急速奔向列车，用手信号旗（灯）或徒手显示停车信号。设有固定信号机时，应先使其显示停车信号。站内线路、道岔发生故障时，应按规定设置停车信号防护。

设备维修人员发现信号、通信设备故障危及行车安全时，应立即通知车站，并积极设法修复；当不能立即修复时，应停止使用，同时报告工长、车间主任或电务段、通信段调度，并在《行车设备检查登记簿》内登记。

铁路职工或其他人员发现设备故障危及行车和人身安全时，应立即向开来列车发出停车信号，并迅速通知就近车站、工务、电务或供电人员。

任务知识巩固

1. 何为列车？

2. 动车组以外的列车司机在列车运行中应如何做？

3. 遇天气恶劣，信号机显示距离不足 200 m 时，司机如何行车？

4. 简述汛期暴风雨行车应急处理办法。

5. 机车乘务组以外人员登乘机车时，有何规定？

6. 列车运行限制速度有何规定？

7. 动车组以外的列车在车站发车前，对司机有何要求？

8. 列车在站内临时停车，待停车原因消除且继续运行时，应如何行车？

9. 列车在区间被迫停车不能继续运行时，司机应如何做？

10. 列车被迫停车可能妨碍邻线时，司机应如何做？

11. 列车在区间被迫停车后，如何按规定放置响墩防护？

12. 列车分部运行有何规定？

13. 哪些情况列车不准分部运行？

14. 列车退行有何规定？

15. 哪些情况列车不准退行？

16. 简述列车发生火灾、爆炸的应急处理办法。

17. 救援列车的开行有何规定？

18. 路用列车的开行有何规定？

19. 遇有施工又必须接发列车的特殊情况时，施工特定行车办法有何规定？

20. 何为轻型车辆？

21. 进站、出站、进路及线路所通过信号机发生故障时如何行车？

22. 简述在区间线路上施工时使用移动停车信号的防护办法。

23. 简述在站内线路上施工时使用移动停车信号的防护办法。

任务拓展

1. 列车运行实训。

2. 非正常情况行车实训。

项目 **4**

机车操作规则

本项目中，重点学习机车操作总则、段内作业、出段与挂车、发车准备与发车、途中作业、终点站作业、继乘站换乘、段外交接班、退勤与机车操作规则。

目实施环境

1. 硬件
铁道概论实习教室或虚拟仿真教学系统。
2. 软件
（1）配套云平台学习系统；
（2）《铁路行车规章》数字媒体资源。

目实施知识技能准备

1. 铁道概论知识；
2. 机车操作常识；
3. 安全规章标准。

任务 4.1 段 内 作 业

务描述

本任务中主要学习机车乘务员待乘休息管理规定、出勤作业要求及程序、接车检查的要求。

● **专业能力**

（1）了解机车乘务员待乘休息管理规定；

（2）掌握出勤作业要求及程序；

（3）熟练理解接车检查项目。

● **方法能力**

（1）能够通过真实工作环境、云平台提供的学习环境或虚拟教室学习环境，自主学习出勤作业的相关规定；

（2）能够依据乘务的工作特点，进行段内作业。

● **社会能力**

（1）具备良好的职业道德修养，能遵守职业道德规范，有较强的工作责任感；

（2）能灵活处理机车运用中的特殊情况，具有良好的心理素质和协调能力，善于交流，诚信、开朗；

（3）具有自主学习能力，有责任心，具有一定的分析能力，善于总结经验和创新。

4.1.1 《机车操作规划》总则

机车乘务员是铁路运输的主要技术工种，担负着驾驶机车、维护列车安全正点的责任。为使机车乘务员操纵列车规范化、标准化，特制定《机车操作规划》。

机车乘务员和各级机务管理人员必须认真学习和严格执行《机车操作规划》的规定，树立良好的职业道德，做到遵章守纪、爱护机车、平稳操纵、安全正点。

应采用先进的科学技术手段，逐步实现机车运行远程监控，完善机车操纵运行信息分析，配备模拟驾驶装置，加强日常培训，规范和提高机车乘务员操纵水平。

铁路局按《机车操作规划》制定作业标准，定期组织检查。

4.1.2 出勤作业要求及程序

① 出乘前必须充分休息，严禁饮酒，按规定着装，准时出勤。

② 出勤时，机车乘务员应携带工作证、驾驶证、岗位培训合格证（鉴定期间由机务段出具书面证明）和有关规章制度，到机车调度员处报到，接受指纹影像识别、酒精含量测试，按规定领取司机报单、司机手册、列车时刻表、运行揭示等行车资料和备品。

③ 认真阅读核对运行揭示及有关安全注意事项，结合担当列车种类、天气等情况，做好安全预想，并记录于司机手册。认真听取出勤指导，将司机手册交机车调度员审核并签认。

④ 办理运行揭示和列车运行监控装置专用 IC 卡（以下简称"IC 卡"）交付时，必须实行出勤机班与出勤调度员双审核、双确认的检验签认把关制度。

4.1.3 接车检查

按职责分工进行交接。

① 接车时，认真了解机车运用、检修情况，办理燃料、耗电和工具、备品交接。

② 接车后，确认列车运行监控装置（以下简称 "LKJ"）、机车信号、列车无线调度通信设备等行车安全装备合格证齐全、符合规定。

③ 将 IC 卡数据载入 LKJ 并确认无误。

务知识巩固

1. 待乘休息管理规定有哪些？
2. 对乘务员出勤有何要求？
3. 接车时、接车后要检查什么？

任务 4.2   出段与挂车

务描述

本任务中主要学习机车整备工作及出段准备、进入挂车线的速度要求、挂车后的操作注意事项、列车自动制动机试验等内容。

务学习目标

● **专业能力**

（1）掌握机车整备完毕出段规定；

（2）掌握进入挂车线的速度；

（3）熟练掌握挂车后的操作及注意事项；

（4）掌握列车制动机试验。

● **方法能力**

（1）能够通过真实工作环境、云平台提供的学习环境或虚拟教室学习环境，自主学习出段与挂车的知识；

（2）能够依据乘务的特点，正确操作机车出段，并完成挂车作业。

● **社会能力**

（1）具备良好的职业道德修养，能遵守职业道德规范，有较强的工作责任感；

（2）能灵活处理机车运用中的特殊情况，具有良好的心理素质和协调能力，善于交流，诚信、开朗；

（3）具有自主学习能力，有责任心，具有一定的分析能力，善于总结经验和创新。

4.2.1 机车整备完毕准备出段

机车整备完毕机班全员上车后，要道准备出段。

① 确认调车信号或股道号码信号、道岔开通信号、道岔表示器显示正确，厉行确认呼唤（应答）、鸣笛动车（限鸣区段除外，下同）。确认呼唤（应答），执行机车乘务员呼唤（应答）标准。

② 移动机车前，应确认相关人员处于安全处所，防溜撤除，注意邻线机车、车辆的移动情况。段内走行严守速度规定。

③ 机车到达站、段分界点停车，签认出段时分（单班单司机签点办法由铁路局规定），了解挂车股道和经路，执行车机联控，按信号显示出段。

4.2.2 进入挂车线后的速度

进入挂车线后，应严格控制机车速度，执行十、五、三车和一度停车规定，确认脱轨器、防护信号及停留车位置。

① 距脱轨器、防护信号、车列 10 m 前必须停车。

② 确认脱轨器、防护信号撤除后，显示连挂信号，以不超过 5 km/h 的速度平稳连挂。

③ 连挂时，根据需要适量撒砂，连挂后查看单独制动调压阀、塞门是否正常。

4.2.3 挂车后的操作及注意事项

挂车后，机车保持制动，司机确认机车与第一位车辆的车钩、软管连结和折角塞门状态。多机重联时，机车与车辆连挂状态的检查由连挂司机负责；列车本务司机应复检机车与第一位车辆的车钩、软管连结和折角塞门状态。

① 正确输入机车综合无线通信设备（以下简称"CIR"）、LKJ 有关数据。采用微机控制制动系统的机车，核对制动机设定的列车种类。向运转车长或车站值班员（助理值班员）了解编组情况、途中甩挂计划及其他有关事项。

② 货运票据、列车编组顺序表需由机车乘务组携带时，应按规定办理交接，并妥善保管。

③ 司机应在列车充风或列车制动机试验时，检查本务机车与列尾装置主机是否已形成"一对一"关系。

④ 制动主管达到定压后，司机按规定及检车人员的要求进行列车制动机试验，装有防折关装置的机车应确认制动主管贯通情况。

⑤ 发现充、排风时间短等异常或制动主管漏泄每分钟超过 20 kPa 时，及时通知检车人员（无检车人员时通知车站值班员）。

⑥ 制动关门车辆数超过规定时，发车前应持有制动效能证明书。

⑦ 列车制动机进行持续一定时间的保压试验，应在试验完毕后，接收制动效能证明书。

⑧ 司机接到制动效能证明书后，应校核每百吨列车重量换算闸瓦压力，不符合《铁路技术管理规程》及本区段的规定时，应向车站值班员报告。

⑨ 直供电列车连挂后，司机拔出供电钥匙与客列检（或车辆乘务）人员按规定办理交接、供电手续，电力机车还须断开主断路器。

4.2.4　列车制动机试验

1. 全部试验

列检作业场无列车制动机的地面试验设备或该设备发生故障时，机车对列车充满风后，司机应根据检车员的要求进行试验：

① 自阀减压 50 kPa（编组 60 辆及以上时为 70 kPa）并保压 1 min，对列车制动机进行感度试验，全列车必须发生制动作用，并不得发生自然缓解，司机检查制动主管漏泄量，每分钟不得超过 20 kPa；手柄移至运转位后，全列车须在 1 min 内缓解完毕。

② 自阀施行最大有效减压（制动主管定压 500 kPa 时为 140 kPa，定压 600 kPa 时为 170 kPa），对列车制动机进行安定试验，以便检车员检查列车制动机，要求不发生紧急制动，并检查制动缸活塞行程或制动指示器是否符合规定。

2. 简略试验

制动主管达到规定压力后，自阀减压 100 kPa 并保压 1 min，检查制动主管贯通状态，检车员、车站值班员或车站有关人员检查确认列车最后一辆车发生制动作用；司机检查制动主管漏泄量，每分钟不得超过 20 kPa。

3. 持续一定时间的保压试验

在长大下坡道前方的列检作业场需进行持续一定时间的保压试验时，应在列车制动机按全部试验方法试验后，自阀减压 100 kPa 并保压 3 min，列车不得发生自然缓解。

注意：进行列车制动机试验时，司机应确认并正确记录充、排风时间，检查制动主管压力的变化情况，并作为本次列车操纵和制动机使用的参考依据。装有列尾装置的列车，进行列尾风压查询；装有防折关装置的机车，注意观察其状态；CCB Ⅱ、法维莱等微机控制的制动机，注意观察显示屏上充风流量信息。

任务知识巩固

1. 机车整备完毕，机班全员上车后准备出段前，有哪些注意事项？
2. 机车进入挂车线后，有何要求？
3. 简述列车制动机全部试验的试验方法。
4. 简述列车制动机简略试验的试验方法。

任务 4.3　发车准备与发车

任务描述

本任务中主要学习列车发车时的准备工作、发车工作及发车办法、发车注意事项等。

务学习目标

● **专业能力**

（1）掌握铁路信号的分类；

（2）掌握视觉信号的颜色及含义；

（3）熟练掌握信号机的设置及信号机的显示距离；

（4）掌握信号机的定位及信号机的关闭时机。

● **方法能力**

（1）能够通过真实工作环境、云平台提供的学习环境或虚拟教室学习环境，自主学习发车准备与发车的知识；

（2）能够依据乘务的特点，完成发车准备与发车工作。

● **社会能力**

（1）具备良好的职业道德修养，能遵守职业道德规范，有较强的工作责任感；

（2）能灵活处理机车运用中的特殊情况，具有良好的心理素质和协调能力，善于交流，诚信、开朗；

（3）具有自主学习能力，有责任心，具有一定的分析能力，善于总结经验和创新。

务理论知识

4.3.1　发车准备工作

① 司机根据发车时间，做好发车准备工作。

② 货物列车起动困难时，可适当压缩车钩，但不应超过总辆数的三分之二。

③ 压缩车钩后，在机车加载前，不得缓解机车制动。

4.3.2　发车工作

起动列车前，必须二人及以上（单司机值乘区段除外）确认行车凭证、发车信号显示正确，准确呼唤应答，执行车机联控，鸣笛起动列车。

① 起动列车前使用列尾装置检查尾部制动主管压力是否与机车制动主管压力基本一致。

② 列车起动时，应检查制动机手柄是否在正常位置及各仪表的显示状态，做到起车稳、加速快、防止空转。

③ 内燃机车提手柄、电力机车进级时，应使柴油机转速及牵引电流稳定上升。当列车不能起动或起动过程中空转不能消除时，应迅速调整主手柄位置，重新起动列车。

④ 列车起动后，应进行后部瞭望，确认列车起动正常。单司机单班值乘的不进行后部瞭望。

任务知识巩固

1. 发车前应做好哪些工作?
2. 起动列车前司机应注意哪些事项?

任务 4.4　途 中 作 业

任务描述

本任务中主要学习列车操纵示意图及列车操纵提示卡包括的内容、列车操纵方法与安全注意事项、列车制动机操纵要求及注意事项、特殊情况下列车操作的基本要求。

任务学习目标

● 专业能力
（1）掌握列车操纵示意图、操纵提示卡;
（2）掌握列车操纵与安全注意事项;
（3）熟练掌握列车制动操纵要求;
（4）掌握特殊情况操作及机械间的巡视要求。

● 方法能力
（1）能够通过真实工作环境、云平台提供的学习环境或虚拟教室学习环境，自主学习途中作业规定;
（2）能够依据途中作业规定进行途中作业。

● 社会能力
（1）具备良好的职业道德修养，能遵守职业道德规范，有较强的工作责任感;
（2）能灵活处理机车运用中的特殊情况，具有良好的心理素质和协调能力，善于交流、诚信、开朗;
（3）具有自主学习能力，有责任心，具有一定的分析能力，善于总结经验和创新。

任务理论知识

4.4.1　列车操纵示意图、操纵提示卡

机务段应根据担当的牵引区段、使用机型、牵引定数、区间运行时分等编制列车操纵示意图、列车操纵提示卡。在编制过程中，应利用 LKJ 运行数据对其进行校核优化。列车操纵示意图应包括以下内容:

① 列车速度曲线；

② 运行时分曲线；

③ 线路纵断面和信号机位置；

④ 站场平面示意图；

⑤ 提回手柄地点；

⑥ 动力制动使用和退回地点；

⑦ 空气制动减压量和缓解地点及速度；

⑧ 区间限制速度及区段内各站道岔的限制速度；

⑨ 机械间、走廊巡视时机；

⑩ 接触网分相区地点；

⑪ 各区间注意事项。

铁路局按照列车操纵示意图相关内容，针对担当区段的安全关键，编制操纵提示卡，明确区间公里、运行时分、平均速度、具体提回手柄地点、提回手柄级位或柴油机转速、制动机使用操作、电力机车过分相操作、特殊困难区段操作，以及含到发线有效长度、道岔限速、站中心公里、股道有无接触网等内容的中间站站场示意图等内容和安全注意事项。

4.4.2 列车操纵要求与注意事项

1. 列车操纵要求

① 机车司机在运行中必须严格执行"彻底瞭望、确认信号、准确呼唤、手比眼看"的"十六字令"，依照机车乘务员一次出乘作业标准、列车操纵示意图和列车操纵提示卡正确操纵列车，并规范执行确认呼唤（应答）和车机联控制度。

严格遵守每百吨列车重量换算闸瓦压力限制速度，列车限制速度，线路、桥隧、信号容许速度，机车车辆最高运行速度，道岔、曲线及各种临时限制速度，以及 LKJ 速度控制模式设定的限制速度的规定。

列车运行中，当列尾装置主机发出电池欠压报警、通信中断等异常情况时，司机应及时通知就近车站值班员或列车调度员，旅客列车应同时通知车辆乘务员。

② 设有两端司机室的机车，司机必须在运行方向前端司机室操纵（调车作业推进运行时除外）。机车信号转换开关置于正确位置。非操纵端与行车无关的各开关均应置于断开位并锁闭，取出制动机手柄或置于规定位置；列车无线调度通信设备和列尾装置司机控制盒置于关闭位。安装双套 LKJ 主机的机车，非操纵端 LKJ 应关闭。

③ 操纵机车时，未缓解机车制动不得加负荷（特殊情况除外）；运行中或未停稳前，严禁换向操纵。设有速度工况转换装置的机车，车未停稳，不准进行速度工况转换。

机车负载运行中，内燃机车提手柄、电力机车进级时，应使柴油机转速及牵引电流稳定上升，遇天气不良时应实施预防性撒砂，当机车出现空转不能消除时，应及时调整主手柄位置；具有功率自动调节控制功能的和谐型机车运行在困难区段出现空转时，不得盲目退回手柄。

2. 多机牵引列车操纵要求

（1）多机牵引时应遵守下列规定：

① 机车重联后，相邻机车之间连接状态的检查，由相邻机车乘务员实行双确认，共同

负责；

② 机车操纵应由行进方向的前部机车负责。重联机车必须服从前部机车的指挥，并执行有关鸣笛及应答回示的规定；

③ 设有重联装置的机车，该装置作用必须良好，重联运行时应接通重联线，其他各有关装置及制动机手柄的位置按《重联机车制动机手柄位置处理表》执行；

④ 电力机车重联运行中，前部机车应按规定鸣示降、升弓信号，后部机车必须按前部机车的指示，立即降下或升起受电弓；

⑤ 中部、尾部挂有补机的列车，其具体操纵及联系办法由铁路局规定。

（2）组合列车前部、中部机车必须装有同步操纵装置并保持通信设备良好，其具体操纵及联系办法由铁路局规定。

（3）附挂（重联）机车连挂妥当后，附挂（重联）司机按规定操作制动机、弹停装置、电气设备等，操作完毕且具备附挂（重联）运行条件后，通知本务机车司机。

附挂（重联）机车需与本务机车或前位机车摘开时，必须恢复机车牵引条件后（闭合蓄电池开关、开启 LKJ、升弓或启机、空压机工作、总风缸压力达到定压、机车处于制动状态），方可通知前位机车进行摘挂作业。

无动力回送机车按规定开放无火回送装置，操作有关阀门。

3. 内燃机车运行中注意事项

① 内燃机车提回手柄应逐位进行，使牵引电流、柴油机转速稳定变化。负载运行中，当柴油机发生端振、共振时，司机应及时调整主手柄位置。退回手柄时，主手柄回至"1"位需稍作停留再退回"0"位。

② 主手柄退回的过程中，若柴油机转速不下降，为防止柴油机"飞车"，禁止手柄回"0"位，立即采取停止燃油泵工作、打开燃油系统排气阀、按下紧急停车按钮等措施。

4. 电力机车运行中注意事项

① 根据列车速度，选择适当的手柄位置。牵引电动机电压、电流不得超过额定值。

② 解除机车牵引力时，牵引手柄要在接近"0"位前稍作停留再退回"0"位。

③ 使用磁场削弱时，要在牵引电机端电压接近或达到额定值、电流还有相当余量时，逐级进行。

④ 通过分相绝缘器时严禁升起前后两受电弓，一般不应在牵引电动机带负荷的情况下断开主断路器。按"断""合"电标，断开、闭合主断路器（装有自动过分相装置除外）。货物列车在通过分相绝缘器前列车速度过低时（速度值由铁路局规定），允许快速退回牵引手柄。

⑤ 遇接触网故障或挂有异物，降、升受电弓标或临时降、升弓手信号时，及时降下或升起受电弓。

⑥ 接触网临时停电或异常时，要迅速断开主断路器，降下受电弓，立即采取停车措施，检查弓网状态。装有车顶绝缘检测装置的机车，司机要检查确认机车绝缘情况，确认机车绝缘装置故障或绝缘不良时，不得盲目升弓。

5. 列车或单机停留注意事项

列车或单机停留时，不准停止柴油机、劈相机及空气压缩机的工作，并保持制动状态。

① 进站停车时，应注意车站接车人员的手信号。

② 货物列车应保压停车，直至发车前出站（发车进路）信号机开放，或接到车站准备开车的通知后，方能缓解列车制动。

③ 夜间等会列车时，应将机车头灯灯光减弱或熄灭。

④ 中间站停车，有条件时应对机车主要部件进行检查。

⑤ 机车乘务员必须坚守岗位，不得擅自离开机车。

6. 其他注意事项

① 装有列尾装置的列车出发前、进站前、进入长大下坡道前和停车站出站后，应使用列尾装置对制动主管的压力变化情况进行检查，发现制动主管的压力异常时，应立即停车，停车后，查明原因妥善处理，并通知就近车站值班员或列车调度员。

② 内燃、电力机车在附挂运行中，换向器的方向应与列车运行方向相同，主接触器在断开位。禁止进行电气动作试验。

③ 遇天气恶劣，应加强瞭望和鸣笛，信号机显示距离不足 200 m 时，应立即报告车站值班员或列车调度员。

④ 机车各安全保护装置和监督、计量器具不得盲目切（拆）除及任意调整其动作参数。内燃、电力机车各保护电器（油压、水温、接地、过流、柴油机超速、超压等保护装置）动作后，在判明原因前，不得强迫启动柴油机及切除各保护装置。机车保护装置切除后，应密切注视机车各仪表的显示，加强机械间的巡视。

运行中，应随时注意机车各仪表的显示。发现机车故障处所和非正常情况，要迅速判明原因及时处理，并将故障现象及处理情况填记《机车运行日志》。

牵引直供电、双管供风的旅客列车时，运行中应注意确认列车供电电压及电流、列车总风管压力的显示，发现异常情况时应及时通知车辆乘务员，按其要求运行或维持到前方车站停车处理，并报告列车调度员或车站值班员。

旅客列车在区间发生故障需双管改单管供风时，司机应掌握安全速度（最高不超过 120 km/h）运行至前方站后进行，跨局旅客列车改为单管供风后，司机报告车站值班员转报列车调度员。因列车总风管压力漏泄不能维持运行时，应立即停车，关闭机车后部折角塞门，判断原因，属车辆原因应立即通知车辆乘务员处理。

7. 其他注意事项

① 不得超越机车限界进行作业，电气化区段严禁攀登机车、车辆顶部，途中停车检查时，身体不得侵入临线限界。

② 电力机车乘务员需要登机车顶部检查弓网状态或处理故障时，应断开主断路器，降下受电弓，必须向车站值班员或列车调度员申请办理登顶作业，接到列车调度员发布"接触网已停电，允许登顶作业"的调度命令并验电、接地后方准作业。

③ 外走廊式的内燃机车运行中不得在走廊上作业。

④ 严禁向机车外部抛撒火种，机械间严禁吸烟。

⑤ 列车在区间被迫停车后不能继续运行时，司机应立即使用列车无线调度通信设备通知两端站、列车调度员及运转车长（无运转车长时为车辆乘务员），报告停车原因和停车位置，根据需要迅速请求救援，并按规定设置防护。机车故障后 10 min 内不能恢复运行时，司机应迅速请求救援。

⑥ 遇天气不良、机车牵引力不足等原因，列车在困难区段可能发生坡停或严重运缓时，

司机应提前使用列车无线调度通信设备通知两端站或列车调度员。

⑦ 单机进入区间担当救援作业，在自动闭塞区间正方向运行时，应使 LKJ 处于通常工作状态，严格按分区通过信号机的显示要求行车；在自动闭塞区间反方向、半自动闭塞区间及自动站间闭塞区间运行时，应使 LKJ 处于调车工作状态。在接近被救援列车 2 km 时，按规定严格控制速度。

⑧ 运行途中突发难以抵抗的身体急症，要立即报告列车调度员或车站值班员，不能维持驾驶操纵的要立即采取停车措施。

4.4.3 列车制动机操纵要求

1. 常用制动操纵要求

常用制动时，应考虑列车速度、线路坡道、牵引辆数和吨数、车辆种类及闸瓦压力等条件，保持列车均匀减速，防止列车冲动。进入停车线停车时，提前确认 LKJ 显示距离与地面信号位置是否一致，准确掌握制动时机、制动距离和减压量，应做到一次停妥。牵引列车时，不应使用单阀制动停车，并遵守以下规定：

① 初次减压量不得少于 50 kPa。长大下坡道应适当增加初次减压量，具体减压量由铁路局制定；

② 追加减压一般不应超过两次；一次追加减压量，不得超过初次减压量；

③ 累计减压量，不应超过最大有效减压量；

④ 单阀缓解量，每次不得超过 30 kPa （CCBⅡ、法维莱型制动机除外）；

⑤ 减压时，自阀减压排风未止，不应追加、停车或缓解列车制动；

⑥ 货物列车运行中，自阀减压排风未止，不得缓解机车制动；

⑦ 在制动保压后，禁止将自阀手柄由中立位推向缓解、运转、保持位后，又移回中立位（牵引采用阶段缓解装置的列车除外）；

⑧ 货物列车速度在 15 km/h 以下时，不应缓解列车制动；长大下坡道区段因受制动周期等因素限制，最低缓解速度不应低于 10 km/h；重载货物列车速度在 30 km/h 以下时，不应缓解列车制动；

⑨ 少量减压停车后，应追加减压至 100 kPa 及以上；

⑩ 站停超过 20 min 时，开车前应进行列车制动机简略试验。

2. 紧急制动操纵要求

① 施行紧急制动时，应迅速将自阀手柄推向紧急制动位，并立即解除机车牵引力，期间柴油机不得停机，电力机车不得断主断路器、降弓，动力制动应处在备用状态。列车未停稳，严禁移动自阀、单阀手柄（投入动力制动时，单阀除外）。无自动撒砂装置或自动撒砂装置失效时，停车前应适当撒砂。

② 单机（包括双机、专列回送的机车，下同）在自动闭塞区间紧急制动停车后，具备移动条件时司机须立即将机车移动不少于 15 m，再按照"先防护后报告"的原则，在轨道电路调谐区外使用短路铜线短接轨道电路，然后向就近车站值班员或列车调度员报告停车位置和原因。

单机被迫停在调谐区内时，司机须立即在调谐区外使用短路铜线短接轨道电路，然后向就近车站值班员或列车调度员报告停车位置和原因。

3. 制动主管压力不正常操纵要求

列车运行中，发现制动主管压力急剧下降、波动，空气压缩机不工作或长时间泵风不止，列尾装置发出制动主管压力不正常报警等异常情况时，应迅速停止向制动主管充风，解除机车牵引力，及时采取停车措施。

列车停车再开车后，应选择适当地点进行贯通试验。司机确认制动主管排风结束、列车速度下降方可缓解，同时司机应注意风表压力及列车充、排风时间（万吨及以上重载列车除外）；装有列尾装置的列车还应使用列尾装置查询列车尾部制动主管风压。

4. 装有动力制动装置列车的制动操纵要求

装有动力制动装置的机车在列车调速时，要采用动力制动为主、空气制动为辅、相互配合使用的方法，并应做到：

① 内燃机车在提、回动力制动手柄时，要逐位进行，至"1"位时应稍作停留。电力机车给定制动励磁电流时，电流的升、降要做到平稳；

② 制动电流不得超过额定值；

③ 动力制动与空气制动配合使用时，应将机车制动缸压力及时缓解为 0（设有自动控制装置的机车除外）；

④ 需要缓解时，应先缓解空气制动，再解除动力制动；

⑤ 多机牵引使用动力制动时，前部机车使用后，再通知后部机车依次使用；需要解除动力制动时，根据前部机车的通知，后部机车先解除，前部机车后解除（装有重联线和同步装置机车运行时除外）。

当发现列车失去空气制动力或制动力减弱危及行车安全时，紧急制动可以同步投入动力制动的机车，司机应立即使用紧急制动，并将动力制动投入达到最大值，在确认动力制动发挥作用后，使用单阀缓解制动缸压力至 150 kPa 以下（设有自动控制装置的机车可不进行单阀缓解操作）。有运转车长（车辆乘务人员）值乘的列车，司机迅速通知运转车长（车辆乘务人员），使用车辆紧急制动阀停车；装有列尾装置的列车，司机应采取列尾装置主机排风制动措施，使列车停车，停车前适当撒砂。

装有动力制动装置的机车在使用动力制动调速过程中发生紧急制动或需紧急制动时，司机应保持机车动力制动，同时立即用单阀缓解机车制动缸压力至 150 kPa 以下（设有自动控制装置的机车可不进行单阀缓解操作）。

4.4.4 旅客列车操纵要求

1. 总体要求

牵引旅客列车在确保安全正点的同时，应做到运行平稳、停车准确。具体内容如下：

① 起动列车时，全列起动后再加速；

② 进站停车时，应采取保压停车，按机车停车位置标一次稳、准停妥。

2. 旅客列车常用制动操纵要求

列车运行中施行常用制动时，应遵守以下规定：

① 机车呈牵引状态，柴油机转速控制在 550 r/min 左右或牵引电流控制在 1 000 A 左右；电力机车的牵引电流控制在 200 A 以下；停车制动，自阀减压时，列车产生制动作用并稳定降速（时间原则上应控制在 5 s 以上）后，再解除机车牵引力；特殊情况由铁路局规定；

② 自阀减压前，应单独缓解机车，使列车制动时机车呈缓解状态；

③ 制动时，追加减压量累计不应超过初次减压量；

④ 列车运行中应根据线路纵断面及限速要求，尽可能不中断机车牵引力。在起伏坡道区段或较小的下坡道运行时，应采用低手柄位或低转速的牵引，尽量避免惰力运行。

3. 旅客列车在长大下坡道运行制动操纵要求

列车在长大下坡道运行中，应采用空气、动力制动配合使用的操纵方法，做到：

① 列车进入下坡道时，投用动力制动，待列车继续增速的同时，再逐步增加制动电流；

② 当动力制动不能满足控制列车运行速度的要求时，采用空气制动调整列车运行速度；无动力制动或动力制动故障时的空气制动操纵办法，由铁路局制定；

③ 缓解列车制动时，应在缓解空气制动后，再逐步解除动力制动。

4.4.5　特殊情况的操纵要求

1. 不同线路条件下的操纵要求

在较平坦的线路上，列车起动后应强迫加速，达到运行时分所需速度时，适当调整机车牵引力，使列车以均衡速度运行。

在起伏坡道上，应充分利用线路纵断面的有利地形，提早加速，以较高的速度通过坡顶。

在长大上坡道上，应采用"先闯后爬，闯爬结合"的操纵方法。进入坡道前应提早增大机车牵引力，储备动能，进入坡道后应进行预防性撒砂，防止空转，并注意牵引电流不得超过持续电流。

2. 防寒过冬期间的操纵要求

在防寒过冬期间，段内接班后，除执行《铁路机车操作规则》第九条的规定外，还应检查机车有无冻结处所，暖气阀是否按规定开放，防寒罩是否齐全。

① 内燃机车关闭门窗，调整百叶窗开度并装好防寒被，应适时使用非操纵端热风机。打开预热锅炉循环水系统止阀，以防止水管路及预热锅炉冻结。

② 内燃机车柴油机故障无法再启动时，要及时放尽柴油机、冷却单节、热交换器及管路内的冷却水。

③ 遇雾、雪等天气受电弓或接触网被冰雪包裹，在站内停留时若发现弓网产生打火放电现象时，站内起动列车时应控制牵引电流不得过大，避免受电弓与接触网间产生拉弧导致烧网。

④ 机车检查、保养及操作的具体注意事项，由铁路局制定。

4.4.6　机械间及走廊巡查

内燃、电力机车的机械间及走廊巡查，由非操纵司机或学习司机负责，应按下列要求执行。

1. 巡查时机

（1）内燃机车：

① 始发列车出站后；

② 列车运行中一般每 30 min 进行一次；

③ 发生异音、异状时。

（2）电力机车：

① 始发列车出站后；

② 发生异音、异状时。

（3）单司机值乘时，机械间检查时机由铁路局规定。

2. 巡查项目

① 内燃机车检查项目：电气间、柴油机、增压器、牵引发电机、辅助传动装置、空气压缩机、辅助发电机、牵引电动机的通风机等状态是否正常；有无电气绝缘烧损气味、油水管路有无漏泄；水箱水位和各仪表显示是否正常。

② 电力机车检查项目：各辅助机组运转是否正常；各部件有无异音、异状；有无放电和电气绝缘烧损的气味；主变压器油温、油位是否正常，牵引及辅助变流器工作状态、各保护继电器和指示灯、指示件有无异状或动作显示。

4.4.7 调车作业操纵要求

1. 总体要求

① 调车机车乘务员要熟悉《站细》及有关规定，熟记站内线路（包括专用线）、信号机及各种标志等站场情况，严格执行《技规》调车工作有关规定。

② 采用无线调车灯显设备调车时，应使 LKJ 处于调车工作状态，与无线调车灯显设备配合使用，并根据信号显示和作业指令的要求进行作业。

③ 中间站利用本务机车调车时，对附有示意图的调车作业通知单的内容和注意事项必须掌握清楚。作业前，应使 LKJ 处于调车工作状态。

④ 在中间站不得利用单司机单班值乘列车的机车进行调车作业。遇特殊情况，必须利用该本务机车对本列进行调车作业时，相关作业人员应加强安全控制。

⑤ 调车作业中，彻底瞭望，确认信号，正确执行信号显示的要求和呼唤应答制度，没有信号不准动车，信号中断或不清立即停车。穿越正线调车作业时，必须执行车机联控制度。

连挂车辆时，严格按十、五、三车距离和信号要求控制速度，接近被连挂车辆时，速度不得超过 5 km/h。

按《站细》规定连结软管后，动车前应进行制动机简略试验。

单机连挂车辆时，应注意确认车辆停留和脱轨器位置，必须执行"一度停车"制度。

⑥ 当调车指挥人显示溜放信号时，司机应"强迫加速"满足作业要求；显示减速或停车信号时，司机应迅速解除机车牵引力，立即制动。

⑦ 认真执行驼峰调车作业的规定，连挂车列后试拉时不得越过信号机或警冲标，推峰时要严格按信号的要求控制速度。

⑧ 电力机车调车时，机车距接触网终点标应有 10 m 的安全距离，防止进入无电区。

2. 部件检查要求

① 在车站交接班时，交接班乘务员应认真对机车走行部、基础制动装置、牵引装置、制动机性能进行重点检查；注意检查调整制动缸活塞行程和闸瓦与轮箍踏面的缓解间隙。

② 作业间歇时应对其他部件进行检查。停留较长时间后再次作业前，应对制动机机能进行试验。

4.4.8　机车行车安全装备

① 机车出段前，必须确认 LKJ、机车信号、列车无线调度通信设备、列尾装置司机控制盒、平面灯显接口设备、防折关装置、警惕报警装置、机车走行部监测装置等行车安全装备检测合格证签发符合规定。出段必须开机，按规定正确操作使用，严禁擅自关机。

不得使用列车无线调度通信设备进行与行车无关的通话，并应遵守保密的规定。

② 列车途中在本务机车前部加挂补机、更换本务机车或机车因故不能继续运行请求救援时，司机应在停车后并制动主管减压的情况下，解除列尾装置主机记忆的本务机车号码，加挂机车、更换机车及救援机车连挂车列后担当本务机车时，重新建立"一对一"关系。

1. 列车操纵示意图包括哪些内容？
2. 列车操纵注意事项有哪些？
3. 装有动力制动装置的机车在列车调速时有哪些注意事项？
4. 对列车制动机操纵有哪些要求？
5. 特殊情况的操纵内容有哪些？
6. 电力机车机械间巡视检查的项目有哪些？

任务 4.5　终点站作业、入段作业、中途继乘站换班、外段交接班与退勤

本任务中主要学习终点站作业、入段作业、中途继乘站换班作业办法、外段交接班及退勤作业办法。

● 专业能力
（1）熟悉终点站作业；
（2）掌握入段作业；
（3）熟练掌握中途继乘站换班作业；
（4）掌握外段（折返段）交接班及退勤作业。

● 方法能力
（1）能够通过真实工作环境、云平台提供的学习环境或虚拟教室学习环境，自主学习终

点作业与退勤作业；

（2）能够依据乘务的特点，处理终点作业与退勤作业。

● 社会能力

（1）具备良好的职业道德修养，能遵守职业道德规范，有较强的工作责任感；

（2）能灵活处理机车运用中的特殊情况，具有良好的心理素质和协调能力，善于交流、诚信、开朗；

（3）具有自主学习能力，有责任心，具有一定的分析能力，善于总结经验和创新。

4.5.1　终点站作业

① 到达终点站后，摘解机车前不得缓解列车制动。当地面无列车制动机试验设备或该设备临时发生故障时，司机应根据检车员的要求，试验列车制动机。牵引制动主管定压 600 kPa 的货物列车到达机车换挂后，应对制动主管实施最大有效减压，减压量为 170 kPa。

② 直供电列车到达后，应保持供电，接到车辆乘务员通知后方可停止供电，拔出供电钥匙，按规定与车辆乘务员办理交接。

③ 机车不能及时入段时，将机车移动至脱轨器外方、信号机前或警冲标内方。机车乘务员应及时检查轴温（装有轴温检测装置的除外）。LKJ 转入调车状态，按调车信号显示运行。

④ 机车到达站、段分界点处应停车，签认入段时分，了解段内走行经路。

⑤ 确认入段信号、股道号码信号、道岔开通信号、道岔表示器显示正确，厉行确认呼唤（应答），鸣笛动车入段，按规定速度控制运行。

⑥ 有运用干部添乘的，在列车终到前，司机应出示"添乘指导簿"，添乘运用干部填写本趟添乘指导意见。

4.5.2　入段作业

1. 机车转头

电力机车进整备线，在隔离区防护信号前停车，确认隔离区防护信号开放后再动车。

在转盘及整备线停留时，机车必须制动。上、下转盘时，确认开通位置，严守速度规定。转盘转动时，司机不得离座，不得换端及做其他工作。并须做到：

① 内燃机车主手柄置于"0"位，换向手柄置于中立位，机车控制开关置于断开位；

② 电力机车断开主断路器，降下受电弓，牵引手柄置于"0"位。

2. 入段机车检查和整备

机务段应根据使用机型、乘务方式和段内技术作业时间，制定机车检查、给油、保洁等工作范围和标准，具体包括：

① 交班司机应将机车运用状态，在"机车运行日志"上做出记录，按规定做好防溜，与接车人员办理交接；

② 轮乘制司机应向接车人员详细介绍机车运用状态、机车运行日志记录等情况，与有关人员办理燃油、耗电、工具备品及机车行车安全装备的交接；

③ 检查机车时，发现故障处所及时处理或报修。

4.5.3　中途继乘站换班

中途继乘站换班应实行对口交接，具体如下：

① 司机交接燃料、耗电、机车运用状态等；

② 学习司机（非操纵司机）检查机车行车安全装备，整理工具、备品等交接；

③ 接班后，按规定检查机车。

4.5.4　外段交接班及退勤作业

1. 外段（折返段）交接班

① 内燃、电力机车交班机班应填写机车运行日志。

② 内燃、电力机车的接班司机应对机车进行检查，学习司机（非操纵司机）对机车下部进行复检。

③ 制动机试验，内燃机车的电气动作试验，电力机车的高、低压试验，按规定执行。

④ 其他未尽事宜，按机务本段、外段（折返段）有关规定办理。

2. 退勤作业

① 退勤前，司机用 IC 卡转储 LKJ 运行记录文件，正确填写司机报单，对本次列车的安全正点情况进行分析，做出记录。

② 退勤时，进行酒精测试，向退勤调度员汇报本次列车安全及运行情况，对运行中发生的非正常情况按规定填写"机调–10"，对 LKJ 检索分析的问题及超劳、运缓等情况做出说明，交还列车时刻表、司机报单、司机手册、添乘指导簿后，办理退勤手续。

任 务知识巩固

1. 终点站作业有何要求？

2. 入段作业有哪些内容？

3. 外段（折返段）交接班有哪些事项？

4. 中途继乘站换班有哪些内容？

项目 5

机车运用管理规则

本项目中，重点学习机车运用管理总则、铁路运输组织机构及职责范围、机车运用工作管理、安全管理、机车管理、机车乘务员管理、机车调度管理等机车运用管理规则。

 **目实施环境**

1. 硬件
铁道概论实习教室或虚拟仿真教学系统。
2. 软件
（1）配套云平台学习系统；
（2）《铁路行车规章》数字媒体资源。

目实施知识技能准备

1. 铁道概论知识；
2. 铁路运用常识；
3. 安全规章标准。

任务 5.1　总则、组织机构及职责范围

务描述

本任务中主要学习铁路总公司的管理职责、铁路局的管理职责、机务段的管理职责、机务段运用科和安全科的管理职责、机务段运用车间的管理职责等。

任务学习目标

● 专业能力

（1）了解中国铁路总公司的管理职责；

（2）了解铁路局的管理职责；

（3）掌握机务段的管理职责；

（4）掌握机务段运用科和安全科的管理职责；

（5）掌握机务段运用车间的管理职责。

● 方法能力

（1）能够通过真实工作环境、云平台提供的学习环境或虚拟教室学习环境，自主学习机车管理与运用的相关知识；

（2）能够针对具体管理规程，对不同情况进行处理。

● 社会能力

（1）具备良好的职业道德修养，能遵守职业道德规范，有较强的工作责任感；

（2）能灵活处理机车运用中的特殊情况，具有良好的心理素质和协调能力，善于交流，诚信、开朗；

（3）具有自主学习能力，有责任心，具有一定的分析能力，善于总结经验和创新。

任务理论知识

5.1.1 总则

机车是铁路运输的牵引动力，机车运用工作是铁路运输工作的重要组成部分。为加强机车运用管理，更好地为铁路运输服务，依据有关法律、法规和《铁路技术管理规程》等规定，制定机车运用管理规则。

机车运用工作的基本任务是：精心组织，为铁路运输生产提供满足需求的机车和机车乘务员，优质高效地完成运输生产任务；科学合理使用机车，推广先进经验，遵循经济规律，不断提高机车运用效率，促进资产回报；加强安全风险管理，确保行车和人身安全；加强职工队伍建设，不断提高职工的政治素质、技术素质和业务水平。

各级机车运用人员应具备高度的责任心和求实精神，热爱本职工作；对工作高标准、严要求，对技术精益求精；维护路网完整性，坚持调度指挥统一，顾全大局，联劳协作，服从命令听指挥；深入实际，调查研究，扎实做好各项工作。

机车运用管理要采用先进、成熟、经济、可靠的技术，建立健全准确无误、反应迅速的信息采集、数据处理系统，实行网络管理，实现技术设备标准化、系列化和信息化，确保有序可控。

机车运用管理规则是中国铁路总公司机车运用工作的基本标准和要求，各级运输、机车运用管理和生产人员必须认真学习，严格执行。

5.1.2　三级管理职责

机车运用管理工作要贯彻"统一指挥、分级管理"的原则，充分发挥各级职能部门作用。

1. 中国铁路总公司（以下简称总公司）的管理职责

① 负责国家铁路机车运用管理，制定机车运用安全管理、机车乘务员管理等有关规章制度和技术标准。

② 负责规划、调整总公司机车配属，实行集中配置，统一机型，衔接干、支线。追求资产配置效率和效益最大化，淘汰落后产能，加快升级换代，满足总公司运输计划需要，适应生产力布局调整。

③ 按照"机车长交路、乘务区段化"原则，规划和审核跨局机车和乘务交路及有关技术标准。参加列车运行图编制，负责组织机车周转图编制。

④ 制定机车运用、安全管理等人员培训规划，并组织实施。组织开展职业技能竞赛。

⑤ 负责跨局机车调度指挥，确保机车供应，提高机车运用效率；综合评价和考核铁路局机车运用工作。

⑥ 参与或组织有关事故调查分析及措施制定。

⑦ 规划国家铁路救援列车布局，指导救援列车专业管理工作。

⑧ 组织安全生产管理督导检查，开展安全生产规范化、标准化创建工作。

2. 铁路局的管理职责

① 全面负责本局机车运用、安全管理等工作。贯彻执行总公司有关机车运用、安全管理等方面的规章制度，制定相关办法、作业标准及实施细则，并组织实施。

② 负责根据承担的跨局机车长交路和管内运输任务变化，结合机车检备率提出机车购置和调整建议，确定管内机务段的机车配置及调拨。综合分析机车运用情况，考核管内机车运用工作，提高机车运用效率。

③ 负责确定管内机车交路、乘务交路、乘务制度，组织查定牵引定数、运行时分、自外段技术作业时分、折返时分等技术标准；参加编制列车运行图、机车周转图并组织实施；指导编制列车操纵示意图。负责对铁路局机车调度进行专业指导。

④ 负责机车乘务员管理。根据图定担当任务及运输发展需求，在满足机车乘务员培训率和预备率，严格执行国家工作时间和休假有关规定的基础上，制定机车乘务员配备计划；组织机车乘务员培训、考核和鉴定。开展职业技能竞赛。

⑤ 参与或组织有关事故、设备故障分析及措施制定。

⑥ 负责全局救援列车管理。

⑦ 定期组织开展安全生产监督检查及评比活动，开展安全生产规范化、标准化创建工作。

3. 机务段的管理职责

① 贯彻执行总公司、铁路局有关机车运用、安全管理等方面的规章制度、管理办法、作业标准及实施细则，制定实施措施并组织落实，提供满足需求的机车和机车乘务员，安全、优质、高效地完成运输生产任务。

② 按照逐级负责、岗位负责、分工负责、专业负责的要求，实行机务段、运用车间、运用车队、乘务指导组（班组）四级管理模式。

③ 坚持机车运用集中配置、统一管理，推行地乘分离，减少机车乘务员辅助作业时间，

实行专业整备管理模式，完善机车整备设备设施，提高机车运用效率、机车乘务员劳动生产率及机车保养质量。定期分析机车运用工作，提出改进建议。

④ 负责机车乘务员管理和日常培训，加大科技投入，完善教育设施，应用机车驾驶模拟装置、实物教学、网络教学等培训手段，努力提高机车乘务员技术业务水平和操纵技能。组织编制作业指导书及列车操纵示意图、操纵提示卡。

⑤ 负责事故、设备故障分析及制定防范措施；负责本段救援列车日常管理及现场救援指挥。

⑥ 改善职工生产、生活条件，开展职工健身活动，提高机车乘务员身体素质。定期组织机车乘务员进行体检。

⑦ 积极推行管理和技术创新，开展企业文化建设，并在实践中不断总结，巩固和提高机车运用、安全管理基础。

5.1.3 机务段专业管理职责

1. 运用科的管理职责

① 负责制定全段机车运用方案，并组织实施。参与机车长交路、跨局（段）轮乘有关协议的签订。

② 参加查定牵引定数、运行时分、机车折返和整备作业时分等技术标准；组织编制作业指导书、列车操纵示意图、操纵提示卡。

③ 负责按照列车运行图、机车周转图确定的方案组织生产。依据运输任务变化及时提出机车和乘务员调整、补充方案。

④ 负责接收、核对、传达调度命令，编辑、审核、发布运行揭示和 LKJ 临时数据文件及相关管理工作。

⑤ 定期和专题分析机车运用效率指标、运输生产任务和机车乘务员超劳情况，提出整改建议及措施。参加机车检修计划编制，并组织按计划扣车。

⑥ 负责机车调度室管理和机务派班室的专业管理。

2. 安全科的管理职责

① 负责制定安全风险管理实施办法，建立安全风险控制数据库，动态分析研判安全风险，定期进行安全风险评估检查，完善安全风险控制措施。

② 负责安全生产的日常监督检查和劳动安全管理，分析职工执行作业标准、劳动纪律、作业纪律动态，及时发现倾向性问题，提出改进意见和措施。

③ 负责日常安全信息收集、汇总、分析和上报等管理工作；参与事故调查和分析，并制定整改措施。

④ 负责施工安全专业管理。

⑤ 负责救援列车专业管理，组织开展应急演练。

⑥ 负责行车安全装备的运用管理，组织记录文件的分析工作。

3. 运用车间的管理职责

根据担当客运、货运、调小等任务性质和牵引区段情况，因地制宜合理设置运用车间，人数原则上不得超过 800 人。运用车间按运用、安全、教育（质量）及人员管理等设置专业管理副主任；按运用、安全、乘务、操纵、教育、劳动计工等工作设置技术人员。其主要职责如下。

① 贯彻执行运用、安全管理规章、制度、标准、细则，落实安全生产责任制度和安全措施。

② 负责机车乘务员管理，加强机车乘务员队伍的技术业务、思想动态分析，组织机车乘务员业务学习和典型事故案例教育，开展岗位练兵和劳动竞赛，监督检查考核机车乘务员作业标准化日常执行情况，配合完成机车乘务员作业标准化年度鉴定。按照调度日班计划，提供素质达标、满足需求的机车乘务员。

③ 加强运用车队和指导司机管理，组织开展标准化班组建设，落实岗位责任制、工作标准和工作质量考核制度；配合完成指导司机技术业务年度鉴定。

④ 严格落实安全风险管理要求，根据运输生产任务变化，加强安全风险研判，完善安全风险控制表和岗位安全风险提示卡，组织现场作业的检查、抽查，加强行车安全装备记录数据分析，不断提高安全防控能力。反馈机车故障信息，提出质量改进建议，参与相关的机破、临修分析。

⑤ 负责运用车队、机务派班室和驻外公寓指导室的管理：

a）运用车间设置运用车队，原则上不超过 200 人。

乘务指导组设 1 名指导司机任班组长。实行轮乘制的，原则上由 10～15 个机班组成，人员控制在 25 人以内；实行包乘制的，原则上由 3～4 台机车组成。铁路局、机务段每年组织对指导司机队伍进行综合分析评价。

b）根据任务需要在驻外公寓设指导室，设置值班人员，主要负责：机车乘务员待乘管理，重要事项传达，组织业务学习，机车乘务员交路临时调整，办理机车乘务员出寓请、销假手续、酒精测试等；积极参与寓乘共管共建活动。

驻外公寓指导室应配备计算机、具备录音功能的电话、传真机、打印机、测酒仪等相关设备。所在铁路局负责为其开通铁路办公网络。

c）乘务交路需在车站继乘、换班时，由所在铁路局按规定设置继乘室，安装铁路长途自动电话、与车站信号楼的直通电话、列车进路表示系统、冷暖空调，配备办公桌椅、工具备品柜、水电、卫生间等设备；可在车站或公寓设置机务派班室。

⑥ 机务段机车调度员应从担当乘务工作不少于 1 年的机车司机中选拔产生；指导司机应从担当机车调度工作不少于 1 年的调度员中或担当乘务工作不少于 2 年的机车司机中竞聘产生；运用安全管理人员原则上应从具有一年及以上指导司机任职经历的现职指导司机中选拔产生。

任务知识巩固

1. 中国铁路总公司的管理职责有哪些？
2. 铁路局的管理职责有哪些？
3. 机务段的管理职责有哪些？
4. 机务段运用科的管理职责有哪些？
5. 机务段安全科的管理职责有哪些？
6. 机务段运用车间的管理职责有哪些？

任务 5.2　机车运用工作管理

务描述

本任务中主要学习机车交路及乘务制度，牵引定数、技术作业时分及运行时分的规定，机车运用计划及机车周转图的编制、机车整备及登乘机车管理等。

务学习目标

● 专业能力

（1）掌握机车交路及乘务制度；

（2）理解牵引定数、运行时分、技术作业时分；

（3）了解机车周转图及机车运用计划；

（4）掌握机车整备及登乘机车的规定。

● 方法能力

（1）能够通过真实工作环境、云平台提供的学习环境或虚拟教室学习环境，自主学习机车运用管理工作；

（2）能够针对具体管理规程，对不同情况进行处理。

● 社会能力

（1）具备良好的职业道德修养，能遵守职业道德规范，有较强的工作责任感；

（2）能灵活处理机车运用中的特殊情况，具有良好的心理素质和协调能力，善于交流，诚信、开朗；

（3）具有自主学习能力，有责任心，具有一定的分析能力，善于总结经验和创新。

务理论知识

5.2.1　机车交路和乘务制度

1. 机车交路

机车交路是机车固定担当运输任务的周转区段。按用途分为客运机车交路和货运机车交路；按机车运转方式分为循环运转制、半循环运转制、肩回运转制和环形运转制机车交路等；按区段距离分为一般机车交路和长交路。客运机车交路区段距离 800 km 以上、货运机车交路区段距离 500 km 以上的为长交路。总公司负责确定跨局机车长交路并定期公布。

机车交路设置原则：

① 充分利用运输设备条件，根据列车编组站分工，推行"机车长交路、乘务区段化"运用模式，实行机车集中配置，乘务分段担当，向同方向或多方向延伸覆盖，提高运用效率。

② 依据路网特点和机车续行能力，科学、合理确定机车交路，兼顾机车整备、检修能力，统筹安排机车乘务员休息和工作时间，满足运输生产需求。

③ 充分利用各类机车性能，逐步统一干线和跨线牵引定数，提高机车运用效率和运输能力。

④ 根据机务生产力发展水平，坚持近期与远期相结合，不断完善和优化。

2. 机车乘务制度

机车乘务制度是机车乘务员使用机车的制度，分为轮乘制、包乘制、轮包结合制。按值乘方式分为标准班、单班单司机、双班单司机。

机车乘务制度的选择应符合工作时间标准和运输需要，积极推行标准班，管内具备条件的可实行单班单司机制度，严格控制双班单司机制度。干线机车实行轮乘制，调车机车、小运转机车可实行包乘制。担当固定调车作业的调车机车乘务员原则上采取小四班轮班方式。

根据机车交路、乘务制度和工作条件，合理采用机车运转制和乘务员换班方式。

5.2.2 牵引定数与区间运行时分的确定

机车牵引定数、运行时分，应根据线路纵断面、机车类型、供电能力、地区海拔高度、气候特点、站场设备及运量等条件，按《技规》和《牵规》进行科学、周密计算，并使用牵引试验车实地牵引试验查定。铁路局管内的由铁路局确定，并报总公司备案；跨局的由总公司确定。

1. 牵引定数、区间运行时分查定的原则和要求

① 本着科学、合理的原则，发挥机车功率、优化操纵水平，满足运输需要。

② 畅通分界口，按线、按方向尽可能平衡一致，兼顾邻线衔接。

③ 严格遵守线路允许速度，车站到发线有效长度，机车、车辆构造速度，下坡道闸瓦压力限制速度，长大下坡道制动周期限制速度，长大隧道限制速度及机车持续速度等各项限速的规定，确保行车及人身安全。

④ 牵引定数、区间运行时分确定后，未经批准不得变更。

2. 机车牵引定数的有关规定

① 波动尾数：旅客列车及特快货物班列按规定牵引辆数不上波，时速 120 km 的货物列车按牵引辆数和牵引定数不上波，其他货物列车的波动限定在 81 t 以内。线路坡度在 12.5‰以上的区段，长大隧道牵引定数在 1 500 t 及以下的波动尾数，铁路局管内的由铁路局制定，跨局的由相关局协商报总公司批准。

② 因天气不良、施工慢行、列车限速等，需要临时减吨时，铁路局管内的由铁路局确定，跨局的由相关局协商确定。

③ 货物列车普超吨数应合理查定，严格掌握，并在编制基本列车运行图、机车周转图时重新核定。铁路局管内的普超吨数由铁路局确定，跨局的普超吨数由总公司确定。天气不良时应按牵引定数编组列车。

④ 机车在站（段）技术作业时分，机车乘务员出勤、退勤作业时分，应根据站（段）设备情况和管理模式、机车类型、乘务制度及技术作业程序等，按科学、合理原则，进行实地查定。

5.2.3 机车周转图与机车运用计划

1. 机车周转图

列车运行图和机车周转图是组织运输生产的依据。机车周转图分为基本机车周转图、分号式机车周转图、日（班）计划机车周转图和实际机车周转图。下面介绍前两种。

① 基本机车周转图与列车运行图同时编制。机车周转图编制完成后，应同时查定机车运转方式、乘务制度、乘务方式、机车走行公里、使用台数、全周转时间（包括纯运行、中间站停留及机车在自外段、站停留时间）、日车公里、旅行速度、技术速度、机车使用系数、机车乘务员使用人数等技术指标，经总公司或铁路局批准后执行。

② 分号式机车周转图（货车），是在基本列车运行图的基础上，根据运量波动抽线后选定的列车对数编制而成。制定分号机车周转图均须查定货运机车走行公里、使用台数、日车公里等指标，并有机车检修扣车安排。其中，日车公里应保证年度机车运用计划的要求。

铁路局和机务段应统一配备和使用机车周转图编制软件，计划和实际机车周转图编制以铁路运输生产信息平台为依托，实现跨局机车交路编制及资源共享。

2. 机车运用计划

机车运用计划编制应遵循列车运行图和机车周转图的技术要求，综合考虑机车和机车乘务员的配置、使用，以及各项机车运用指标等因素，不断提高机车运用效率和机车乘务员劳动生产率。

铁路局根据年度运输任务下达年度机车运用计划，按机务段承担的工作量，确定机务段年、季、月度机车运用计划。机车运用计划应包括：客货机车日车公里、支配机车日车公里、技术速度、货运机车日产量、列车平均牵引总重、单机率、配属台数（含分工作种别的机车使用台数，厂、段修台数，备用和出租台数）、机车检修率、机车备用率、机车乘务员需要人数及补充计划等。

增加专用调车机车应由铁路局运输、机务、劳资等部门根据实际工作量联合查定，纳入年度机车运用计划。在年度计划以外增加专用调车机车，除按上述程序查定外，需报总公司备案。

铁路局机务处和调度所、机务段应有专人负责机车运用分析工作，制定日常分析、定期分析和专题分析制度，建立定期通报制度和评价考核体系，不断提高机车运用效率。

① 日常分析一般在交班会上进行，其内容应包括：安全正点情况，日（班）计划机车周转图兑现情况，机车供应情况，机车检修情况，分界口列车交接及机车运用情况，机车乘务员使用和超劳情况等。

② 定期分析是指对运输生产活动的阶段总结，查找出存在的规律性问题，以改进和提高工作。其内容应包括：安全生产情况，机车质量及机车供应情况，主要区段及分界口列车开行及机车供应情况，运输任务完成情况，日车公里、日产量（机车日产量和功率日产量）、列车平均总重、技术速度等机车指标完成情况，超轴、欠轴情况，列车等线情况，单机走行率情况，机车乘务员使用、超劳、出勤率情况等。

③ 专题分析是针对运输生产中出现的特定情况进行的分析，分析内容根据实际需要确定。

5.2.4　机车整备与登乘机车管理

1. 机车整备

① 机务段应实行机车乘务与地勤分离管理模式，实现地勤检查、检测、整备、维修、保养、保洁一体化专业管理。

② 跨局机车交路实施前，由机车配属局牵头组织相关单位签订协议，明确继乘交接、机车整备、维修等事项，制定相应的管理办法和安全措施，并严格执行总公司相关规定。

③ 机车入段整备周期必须严格按有关规定执行。机务段应对所有入段运用机车（包括外段、外局机车）按统一标准整备，完成机车出入段检查、整备、保养、保洁、临碎修等工作。

④ 机车一次整备续行距离和周期要根据机车类型、担当任务类别、交路区段的线路条件及地域温差、车顶电气绝缘、滤网状态等因素，科学合理安排。机车整备除了补充油、水、砂外，还要按规定进行检查和检测。

⑤ 内燃机车根据可用燃油量确定；电力机车根据机车交路图定时间测算，一次整备续行周期不超过 48 h，但担当跨局交路的机车在换挂站或终到站应入段整备（交路距离较短或其他特殊情况，可由相关局协商确定是否入段整备）。

2. 登乘机车管理

机车上应严格控制非值乘人员登乘，因工作需要必须登乘机车时应按以下规定办理：

① 机务段直接行车有关人员、机车试运转有关人员，凭工作证可登乘本段机车。铁路局要制定相应管理办法。

② 总公司、铁路局行车安全监察人员，凭监察证登乘机车。

③ 因救援抢险等需要，相关人员凭调度命令可登乘机车。

④ 检查工作的人员，凭添乘机车证添乘机车。

⑤ 运输、牵引供电、电务、工务、车辆、通信、公安等有关人员，凭登乘机车证和工作证，可登乘机车。登乘机车证由所属单位提出书面申请，由铁路局机务处负责审核填发。

⑥ 登乘机车证分为临时、定期两种。使用期限超过三个月（含三个月）时可填发定期登乘机车证。

⑦ 机车登乘人数不得超过 2 人，因特殊情况超过 2 人的需经乘务担当局机务处同意。登乘人员不得影响机车乘务员正常工作，不得在机车非操纵端（便乘机车乘务员除外）或其他部位乘坐，不得擅自操作机车的开关、按钮及其他设备，更不得在运行中开关司机室门。

⑧ 不符合登乘规定人员，严禁登乘机车。机车乘务员对不符合规定的登乘人员劝阻无效时，有权不开车，报请车站（列车调度员）处理。

![任务知识巩固]

1. 何为机车交路？
2. 机车交路的设置原则有哪些？
3. 何为机车乘务制度？
4. 机车乘务制度分为哪几种？

5. 牵引定数、区间运行时分查定原则有哪些？
6. 对非值乘人员登乘机车有何规定？

任务 5.3　安 全 管 理

务描述

本任务中主要学习安全管理的基本要求，救援列车的管理与出动等。

务学习目标

● 专业能力
（1）掌握安全管理的基本要求；
（2）掌握救援列车的管理与出动。

● 方法能力
（1）能够通过真实工作环境、云平台提供的学习环境或虚拟教室学习环境，自主学习机车安全管理的相关知识；
（2）能够针对具体管理规程出动救援列车。

● 社会能力
（1）具备良好的职业道德修养，能遵守职业道德规范，有较强的工作责任感；
（2）能灵活处理机车运用中的特殊情况，具有良好的心理素质和协调能力，善于交流，诚信、开朗；
（3）具有自主学习能力，有责任心，具有一定的分析能力，善于总结经验和创新。

务理论知识

5.3.1　安全管理的基本要求

安全生产是铁路运输的生命线。机务安全是运输安全的重要组成部分。机务安全工作必须认真贯彻落实国家及总公司有关安全生产的决定、命令和指示，全力以赴地抓好运输安全，高质量地完成运输生产任务。

机务安全是机务部门的职工素质、设备质量、基础工作和管理水平的综合反映，是一项复杂的系统工程。抓好机务安全工作，必须统筹兼顾、综合治理，既要重视安全管理和安全教育，又要重视安全设备的科技开发。

机务安全要贯彻"标本兼治、预防为主"的方针。各级机务干部和专业技术人员要经常深入一线，添乘机车，调查研究，掌握信息，增强风险意识，强化风险管理，针对关键问题和事故隐患及时采取措施，将事故消灭在发生之前。

建立健全科学高效、管理规范、覆盖全面的机务安全风险控制体系，使机务安全风险全面受控，确保机务安全生产稳定有序。要坚持定期安全分析制度，对防止事故有功和创出安全成绩的集体和个人要及时进行表彰和奖励，对安全生产中出现的关键问题，要深入分析，找出规律，及时进行处理。

机务安全工作应以防止列车冒进信号和超速为主线，除认真贯彻执行有关规章制度及决定、命令外，铁路局还应制定基本安全制度并组织落实，制定安全措施，汇编成册，并组织机车乘务员学习、贯彻执行。

铁路局、机务段要加强行车安全装备的使用管理工作，建立健全严格的分析、考核制度。机车出段前，行车安全装备须作用良好。铁路局每半年、机务段每季应组织一次机车行车安全装备使用和管理情况的检查，对检查发现的问题，要进行认真分析，落实整改措施，并将检查情况逐级上报。

机务部门必须认真贯彻执行车机联控、道机联控等制度，并与相关部门协调配合，不断完善。

5.3.2 救援列车的管理与出动

各铁路局所属的救援列车由所在机务段负责日常管理。组成救援列车的车辆须状态良好，最大允许速度应与铁路救援起重机最大允许速度相适应。救援列车的设备、工具和备品应保持齐全，性能、作用良好。车辆部门根据检修资质，对救援列车编组所属的专用车辆进行检修。救援列车通过桥梁的速度应遵守铁路局公布的各条线路的铁路救援起重机过桥允许速度。

发生事故时，应根据调度命令，迅速出动救援列车，积极进行救援和抢修。救援列车跨局出动，由总公司机车调度发布调度命令。

铁路救援起重机不应做非救援工作。遇特殊情况必须使用时，按出租办理，具体办法由铁路局制定，但不得影响救援任务。铁路局应建立救援基地，配备机车、客车、货车等救援演练设备设施，具备条件的配备动车组车辆。

任务知识巩固

1. 对安全管理的基本要求是什么？
2. 救援列车出动条件是什么？

任务 5.4 机 车 管 理

务描述

本任务中主要学习机车的配属及使用，机车调拨、出租及有偿调拨的有关规定，机车回送及机车备用的有关规定。

任务学习目标

● 专业能力

（1）掌握机车配属及使用办法；

（2）理解机车调拨、出租、有偿调拨的规定；

（3）熟练掌握机车回送及机车备用方法。

● 方法能力

（1）能够通过真实工作环境、云平台提供的学习环境或虚拟教室学习环境，自主学习机车管理的相关知识；

（2）能够依据机车运用的特点，进行机车管理；

（3）能够针对具体管理规程，能够对不同情况处理。

● 社会能力

（1）具备良好的职业道德修养，能遵守职业道德规范，有较强的工作责任感；

（2）能灵活处理机车运用中的特殊情况，具有良好的心理素质和协调能力，善于交流，诚信、开朗；

（3）具有自主学习能力，有责任心，具有一定的分析能力，善于总结经验和创新。

任务理论知识

5.4.1　机车配属及使用

1. 机车配属原则

① 近期与远期相结合，满足运输需要，符合机车牵引动力发展和检修布局的规划，提高机车使用效率和资产回报及效益。

② 力求机型统一、点线结合、集中配属。

③ 合理使用机车，平衡相邻区段的牵引定数。

④ 适应列车编组计划和运输设备的基本要求。

⑤ 配置机车根据机车周转图查定，并依据担当任务性质等情况，确定机车检修、备用率。原则上，小运转、调车任务按 12%，客、货任务管内的按 12%、跨局机车交路的按 15%，春暑运期间临客任务占图定任务 10% 以上的机务段按 20%，直供电机车按 25%。

2. 机车的使用

① 机车必须按列车运行图和机车周转图的规定使用。不得安排担当直达、直通货物列车牵引任务的机车在中间站、岔线及有专用调车机车的车站进行调车作业；旅客列车机车在始发、终到站，不得安排调车作业任务，必须担当调车作业时。应在列车运行图中确定。

② 直供电机车出库前必须按规定对直供电装置进行检查，保证出库牵引质量状态良好，按规定时间出库、向客车供电；直供电列车运行区段，具备条件的，应合理安排直供电机车担当非直供电客车或货车牵引任务，以提高应急处置能力。

③ 机车应按照"使用性能、节能环保、技术更新、经济合理及淘汰落后产能"的原则

确定使用年限，机车使用年限为 20 年。

④ 铁路局、机务段要确保机车配属、运用等管理信息系统数据准确，并及时更新。

5.4.2　机车调拨、出租、有偿调拨

1. 机车调拨

总公司根据运输市场和路网能力的变化，按照资产配置效率效益最大化原则，依据机车配置整体情况和铁路局相互协商的结果，综合考虑运输需求、线路特点、机车检修布局等情况，安排局间机车调拨。

局间机车调拨以总公司运输局文件、电报为准；铁路局管内由铁路局决定，以铁路局机务处文件、电报为准，并报总公司备案。机车调拨要力求符合"机车集中配置、机型统一"的原则。调拨机车原则上在调出机务段进行交接，机车和车载电务设备状态应符合运用条件。相关机务段必须在调拨电报确定的时间内完成交接。调出机务段做好准备工作并填写移交记录，交接完毕时刻拍发电报，告知有关铁路局、机务段。

调拨机车应由调出段负责按其最低一级修程范围和相应工艺标准做一次整修，并由交接双方共同提出整修项目，交配属段技术科和驻段验收室备案。调出段应按修程范围和验收室意见进行整修，修竣后经验收员签字办理交接手续。调拨机车交接遇有质量问题争议时，由调出局驻段验收室负责裁决。

机车在承修工厂或机务段修理期间进行调拨时，调入局（段）继续履行调出局（段）与厂（段）方签订的协议；调出局（段）应派人参加接车，并办理工具交接。调拨机车的质量状态，由监造项目部监造人员（驻段验收员）签认。交接完毕，由监造项目部（驻段验收室）及时发电报告知调入、调出配属铁路局、机务段。

调拨机车配件应齐全、完好，电务车载设备、6 A 系统、CMD、机车空调等现车部件均完整且状态良好，不得拆解，相关设备技术档案一并移交。调出局（段）的技术改造项目，应按运用现状交接，并提供技术改造方案及使用情况等资料。对于国内无条件修复、进口数量不足等特殊情况造成的缺损配件，由总公司协调处理，可按现状交接，并由调出局（段）技术部门在机车履历簿和设备技术档案中注明。调拨机车的随车工具、备品应按规定配齐并作用良好。特殊原因在交接时不能配齐的，由调出局在 1 个月内配齐交调入局。进口机车的随车工具备品自然损耗的，可用国产代替。

局间调拨机车，检修费用分摊按照总公司相关规定办理。高价互换配件应随机车调拨，按总公司有关规定办理。局间调拨机车（含电务车载设备）的账务处理，按总公司的有关规定办理。

总公司运输局根据列车运行图调整、运输增量及春运、暑运等特殊时期需要，综合考虑总公司机车配置情况，以出、入助方式安排局间机车调整。入助费用按照总公司财务相关规定办理。

2. 机车出租

铁路局可将富余和闲置机车出租给路外企业或单位。电务车载设备满足租用单位运用要求的，可随机车一并出租，具体办法由铁路局自定。

租用单位向铁路局提报租用机车的需求内容，应注明担当任务、使用区段（地点）及所需机型、数量等。租期一年及以上的应列入年度计划，并报总公司备案。出租机车使用机型

原则上为直流传动机车，使用配属交流传动机车时，须报总公司批准。出租机车乘务员受租用单位的领导和指挥。工作中发生事故，由租用单位负责。

机车出租费用标准按总公司有关规定办理。出租机车须在合同范围内使用。铁路局所属单位运营外使用机车，按出租机车办理的，收费办法按有关规定执行。机车出租期间的走行公里比照调车机车统计。

3. 机车有偿调拨

购置闲置机车的企业或单位以正式文件向调出局提报申请，说明购买机车类型、数量及用途，铁路局对企业或单位的性质、经营范围进行审核。

铁路局与购置单位协商确定有偿调拨机型、台数，报总公司运输局。运输局确认有偿调拨机车不影响运输生产，报总公司分管领导，经批准后，以运输局函通知铁路局并抄送财务部。总公司于每年 4 月和 10 月集中办理机车的有偿调拨。有偿调拨机车应拆除电务车载设备。机车有偿调拨应履行资产评估等相关手续，并按有关规定办理调拨事项。有偿调拨机车变现资金按总公司有关规定办理。有偿调拨机车按照运用状态办理交接，购车企业或单位不得出租、转卖。

铁路局机务处每年对管内企业从铁路局（含控股合资铁路）有偿调拨的机车梳理检查一次，全面掌握情况，对将机车违规处置或使用单位、作业范围与批准文件不一致的，不得再为该单位办理有偿调拨审核。对有偿调拨机车的报废情况进行备案。

5.4.3　机车回送及机车备用

1. 机车回送

铁路局配属机车回送方式有单机、专列、附挂、托运。无动力回送机车，相关作业应在库内完成，并由管理人员或专业技术人员指导。

局间调拨及新造、检修完毕出厂（段）的机车，均按专列或有动力附挂方式回送；入厂（段）检修的机车，除事故车和返厂（段）修车外，必须达到运用状态，按专列或有动力附挂方式回送。电力机车在非全程电气化区段回送应按无动力托运方式，并将受电弓绑扎。日常运输组织发生的机车回送，原则上应按有动力方式，无动力附挂时不得跨牵引区段。铁路局管内机车回送方式由铁路局自定。

附挂回送机车应挂于本务机车次位，每列不得超过 2 台；专列回送每列不超过 5 台（不包括本务机车，双节机车按一台计）；在受桥梁限制的区段按规定进行隔离。在线路坡度超过 20‰及以上区段，禁止办理机车专列回送。走行部及制动机等严重破损机车禁止随列车跨局回送，在铁路局管内回送时，其办法由铁路局制定。

旅客列车不应附挂回送机车，但担当旅客列车任务的客运机车走行部和制动装置良好时，在保证安全的前提下可随旅客列车附挂回送，并按总公司调度命令办理。

专列回送按货运机车长交路接运。货运机车应附挂直通、直达货物列车回送，不准附挂旅客列车。铁路局所属机车需无动力托运方式回送时，机务段向车站办理免费托运手续。未安装行车安全装备或行车安全装备故障的机车回送时，需安排机车进行取送，不得采用单机自走行方式进行调车作业。

局间调拨、新造或维修机车在回送前，应由机车所属单位（或制造、修理单位）拍发电报，电告途经的铁路局调度所、机车调度。无动力托运的机车在回送前应按有关规定进行申报。铁路局调度所应按照有关回送电报要求及时安排回送机车计划，不得扣压，随时掌握回送机车动态，与相邻铁路局调度所加强联系，确保交接顺畅，避免滞留，并在日班计划和机车周转图中做出明显的标识。铁路局机车调度要建立回送机车登记及汇报制度，登记内容包括：机车所属局段及型号，始发地和终到地，到达管内各地的日期、车次、时间，计划挂运日期、车次，实际挂运日期、车次、时间及计划未兑现的原因。铁路局机车调度每天 16 时前须向总公司机车调度汇报跨局机车在本局管内的回送动态。

回送机车在一地滞留时间超过 24 h（故障除外），所在局调度所要向总公司汇报滞留原因及解决措施。回送机车乘务员有权使用车站运转室（调度室）、机务派班室电话，向途经铁路局、总公司机车调度员汇报机车回送情况。总公司、铁路局调度员接到回送机车滞留的报告后，要做好记录，立即查明原因，组织尽快放行。回送机车乘务员须每天向本段汇报回送情况，机务段应掌握本段回送机车情况，发现机车滞留时应协调相关部门及时处理。

有动力回送机车中途出、入机务段（异地车间），机车乘务员应到派班室办理出勤、退勤手续，报告机车状态，自行打温，无特殊原因停留时间不得超过 24 h。补充燃料、油脂、冷却水等，凭回送机车乘务员签认的回送清单，机务段间进行清算。机车自行出、入段时，铁路局机车调度应提前安排带道人员。回送机车途中故障需修理时，机车乘务员应及时向途经铁路局列车、机车调度报告。由所在铁路局机车调度安排就近机务段维修，修理费用凭回送机车乘务员签认的修理项目清单，经相关主管人员相互间确认后由两段或厂、段间进行清算。修复确有困难的，所在机务段应及时向铁路局机车调度汇报，回送机车乘务员与机车厂或所属机务段联系处理。若有动力附挂回送需转为无动力托运时，由所在地机务段报请所属铁路局机车调度同意后，负责办理无动力托运回送手续，重新发电报。新造内燃机车出厂时，除有电报指明上油数量外，加油量需满足回送要求，机车必须达到运用状态。出厂时机车燃油及随车携带的各种油脂，其费用处理按有关规定办理。

铁路局所属铁路救援起重机随列车回送时，必须由机务段（承修厂）负责技术检查，填写《铁路救援起重机回送状态鉴定书》，向车站办理免费回送手续（回送要求见《回送机车请求书》）。为确保行车安全，回送铁路救援起重机一律挂于列车后部。铁路局管内救援起重机回送办法由铁路局自定。

铁路局、机务段应制定机车回送管理办法。机车回送时应按回送需要配备机车乘务员，沿途行车公寓负责安排回送机车乘务员的住宿及叫班。

内燃机车经电气化区段回送时，所属机务段须对回送机车乘务员进行电气化区段安全技术作业规定的专题教育和考试。电气化区段各机务段派班室在回送机车乘务员出勤时，要认真传达安全注意事项，铁路岗位培训合格证上无电气化培训合格记录的不准放行。

无动力托运回送机车应按以下要求整备：

① 直流传动机车的牵引电动机电刷全部拔掉，拆除动轴轴箱测速发电机机械连结；液力传动内燃机车应拆除与动轮连接的万向轴；

② 按不同类型机车制动机无动力回送要求，对机车制动系统进行处置；

③ 内燃机车要排净柴油机冷却水和润滑油，冬季注意防冻；

④ 无动力托运回送机车应备有信号器具和必要的油脂、工具，并安排司机随车回送。

机车办理回送，填写"回送机车请求书"的限制速度及理由时，如不要求限速或能满足回送全程列车运行速度要求时，应填写"不限"字样。走行部及基础制动装置故障的机车回送时，须经机务段专业技术人员鉴定后，铁路局调度所凭机务段的回送请求电报安排回送。回送途中机务段须安排专业技术人员添乘。

2. 机车备用

1）机车备用一般要求

① 机车备用分长期备用、短期备用和应急备用 3 种。长期备用指备用时间 30 d 以上的机车；短期备用指备用时间大于 24 h 且不超过 30 d 的机车。长期备用机车的加入、解除由总公司机车调度批准，短期备用机车的加入、解除由铁路局机车调度批准。长期和短期备用机车均须符合《铁路技术管理规程》规定的出段牵引列车的标准，工具备品齐全，严禁拆除零部件。

② 应急备用机车要纳入基本机车周转图和年度机车运用计划，按路用机车统计。高温季节设置在高铁、客专综合维修工区、机务段、车站等地点的热备内燃机车，冬季设置在电气化线路的应急内燃机车，为快速救援日常设置在车站、机务段等地点的应急客运机车，应按规定保证随时出动。备用时间在 90 d 以上及由于内电转化、运输调整等原因闲置的机车，可转入封存。封存机车的加入、解除由总公司机车调度批准。封存机车的管理比照长期备用机车办理。

③ 加入长期备用的机车，自接到批准的调度命令时起，机务段应在 5 d 内完成整备、防腐、防冻工作。由驻段验收员和机务、电务、通信人员共同检查确认合格后，做出书面记录（见《长期备用机车记录单》），并电报通知铁路局，按整备完毕时刻转入备用。解除备用，自接到调度命令时起，机务、电务（通信）段应保证短期备用机车在 2 h 内，长期备用机车在 48 h（平均气温低于零下 10℃的寒冷地区为 72 h）内，达到运用状态。

2）长期备用机车的整备要求

（1）内燃机车。

① 待机车冷却水温降至 30～40℃后，将柴油机冷却水系统各阀及堵打开，排净各部件、管路内积水。

② 排净燃油箱及燃油管路内燃油。

③ 柴油机润滑油，液力传动箱、中间齿轮箱、车轴齿轮箱、牵引电动机抱轴承及齿轮箱等应保持规定的油位。

④ 打开空气制动系统，各排水阀排出积水，用压力空气吹扫送风管路、风缸、油水分离器、空气压缩机冷却器和所有电机、电器、车体及走行部，清除油垢。

⑤ 对电器部分的换向器和所有接触点涂工业凡士林。

⑥ 清除砂箱内存砂并清扫涂油。

⑦ 拆下蓄电池集中保管。

⑧ 烟筒、冷却风扇上部、车体通风孔、空气过滤器外部、牵引电动机、空调通风口等处所加盖。

⑨ 自动制动机手柄固定于中立位或取出位。

⑩ 关闭门窗及百叶窗，锁闭车门。

⑪ 每月须进行一次机车走行移动和柴油机盘车。

（2）电力机车。

① 检查、吹扫各电机、电器。封堵空调通风口。

② 清扫走行部金属摩擦部分并涂油。

③ 拆下蓄电池集中保管。

④ 打开空气系统各排水阀，用压力空气吹扫送风管路、风缸、油水分离器，排除积水和油垢。

⑤ 主变压器、油浸励磁变压器保持规定的油位。

⑥ 清除砂箱内存砂并清扫涂油。

⑦ 自动制动阀手柄固定于中立位或取出位。

⑧ 关闭门窗，锁闭车门。

⑨ 每月须进行一次机车走行移动。

 任务知识巩固

1. 机车配属原则是什么？

2. 铁路局配属机车回送方式有哪些？

3. 附挂回送机车有哪些要求？

4. 无动力托运回送机车应按哪些要求做好整备？

任务 5.5　机车乘务员管理

 任务描述

　　本任务中主要学习对机车乘务员的基本要求及人员管理的规定，对机车司机岗位等级、技术培训、安全考核的有关规定，机车乘务员休息时间和工作时间标准、工作条件要求等。

 任务学习目标

● 专业能力

（1）掌握机车乘务员的基本要求及人员管理；

（2）掌握机车司机岗位等级、技术培训、安全考核；

（3）掌握机车乘务员休息和工作时间标准及工作条件。

● 方法能力

（1）能够通过真实工作环境、云平台提供的学习环境或虚拟教室学习环境，自主学习机车乘务员管理的有关规定；

（2）能够针对具体管理规程，进行机车乘务员管理。

● 社会能力

（1）具备良好的职业道德修养，能遵守职业道德规范，有较强的工作责任感；

（2）能灵活处理机车运用中的特殊情况，具有良好的心理素质和协调能力，善于交流，

诚信、开朗；

（3）具有自主学习能力，有责任心，具有一定的分析能力，善于总结经验和创新。

 务理论知识

5.5.1 机车乘务员的基本要求及人员管理

1. 机车乘务员的基本要求

① 乘务学习满半年（或乘务公里满 3 万 km），经铁路局组织考核合格，颁发铁路岗位培训合格证后，方可担当副司机工作。

② 年龄 35 岁及以下的在职或入职副司机，应在三年内达到机车乘务员学历标准。

2. 机车乘务员的管理

① 铁路局要建立健全机车乘务员管理制度，加强管理和培训，保持和提高机车乘务员的基本素质和业务水平，对符合撤销、注销驾驶证情况的，按规定向所在地区铁路监督管理局报告。

② 铁路局应依据运输生产实际和发展需要，科学核定机车乘务员定员，合理设置预备率，原则上按 12% 安排，可根据实际需要适当提高，但不超过 16%。铁路局年度新增人员计划，对机车乘务员人数实行计划单列。开展机车乘务员百趟安全竞赛活动，充分调动机车乘务员严格执行作业标准的积极性。

③ 机车司机要做到遵章守纪、爱护机车、平稳操纵、安全正点；认真执行一次乘务作业标准，做到"彻底瞭望、确认信号、准确呼唤、手比眼看"；努力学习技术业务知识，不断提高操纵技术和应急处置能力，质量良好地完成运输任务。机车副司机主要职责是在司机的领导下，认真执行一次乘务作业标准。

④ 达到一定的较大年龄的副司机，参加国家司机晋升考试不合格或无故不参加本单位安排的国家司机晋升考试者，原则上调整出机车运用岗位。

⑤ 铁路局要加强机车乘务员管理，严格控制从事非机车乘务工作，原则上机车乘务员从事非乘务工作及非在岗人数不超过机车乘务员总数的 2%。机车乘务员转岗的，应结合岗位变化及时做好改职工作。机务段每月将机车乘务员动态情况（见《机车乘务员动态表》）报铁路局，铁路局每季汇总报总公司。

5.5.2 机车司机岗位等级、技术培训、安全考核

1. 机车司机岗位等级

机车司机岗位等级分为一、二级。

① 一级司机：担任司机职务不少于五年，在审定前连续三年以上无责任铁路交通事故，技术业务考试达到铁路局制定的一级机车司机的标准。

② 二级司机：未达到一级司机标准的为二级司机。

获得省部（总公司）级及以上劳动模范、先进生产者、技术能手荣誉称号或火车头奖章，或取得技师、高级技师职业资格的司机，可由机务段提出申请，经铁路局批准，直接晋升为一级机车司机。机车司机等级晋升，应结合年度作业标准化鉴定进行，原则上每年一次，由

机务段报请铁路局审定。

铁路局级单位提名的劳动模范、先进生产者、技术能手，由所在机务段提出申请，经铁路局批准，可提前参加司机岗位等级的审定。获技术能手称号的，可免予所获称号项目的实作考试。

2. 机车司机技术培训

机务段职工教育科应配齐职工教育专职人员，建立健全培训教学制度。职工教育专职人员要经常深入运输生产一线，调查研究，掌握情况，有针对性地开展技术业务教育工作。机务段负责制定机车乘务员培训计划，并组织实施。培训内容要适应运输和安全生产的需要，结合新技术、新规章、新装备，重点突出非正常情况下的行车安全和应急故障处理。机务段应根据使用的机型，配备相应的机车模拟教学设备及实训设施进行培训。

机务段要经常组织岗位练功活动，举行各种形式的技术竞赛，定期选拔技术能手，做到学用结合，力求实效，不断提高职工的技术业务素质。机务段应加强对机车乘务员的安全教育，重点突出安全生产中存在的问题及典型事故案例，强化机车乘务员规章教育，增强安全意识，提高执行规章制度的自觉性。机车乘务员使用机车类型发生变化时，机务段须对机车乘务员进行理论和实作的专门培训。

3. 机车司机安全考核

机务段应加强机车乘务员日常管理，定期组织运用安全管理人员对机车乘务员进行动态分析，根据分析结果落实责任制，采取预防、帮教、提高等措施，实行机车乘务员队伍动态控制，实现行车、人身安全有序可控。机务段每半年组织一次机车乘务员规章考试，成绩突出的，应给予表彰奖励，不合格的进行补考，对经补考仍不合格的人员进行脱产培训，经考试合格后，方准上岗。

实行机车乘务员违章违纪年度"12 分"管理制度。铁路局机务处负责制定实施办法，并监督机务段组织实施；机务段建立机车乘务员违章违纪管理档案，当机车乘务员年内扣分累计达到 12 分时，停止其担当乘务工作，经培训考试合格后，方准上岗。铁路局机务处组织，每年对机车乘务员进行作业标准化鉴定。

5.5.3 休息和工作时间标准及工作条件

1. 机车乘务员休息和工作时间标准

1）一次乘务作业工作时间标准（从出勤到退勤全部工作时间，下同）

① 机车司机、副司机配班值乘：客运列车不超过 8 h，货运列车不超过 10 h。

② 机车单班单司机值乘时间标准由铁路局制定。

③ 机车双班单司机值乘：客运列车按旅行时间不超过 15 h 加出、退勤工作时间；货运列车旅行时间不超过 16 h 加出、退勤工作时间。

2）机车乘务员休息时间标准

① 在外公寓调休时间不得少于 5 h（其时间的计算为到达公寓签到休息至叫班时止，以下同）；在外公寓驻班休息时间不得少于 10 h；轮乘制外公寓换班继乘休息时间不得少于 6 h。具体休息时间标准由铁路局在编制列车运行图时公布，不得随意变更。

② 在本段（或本车间）休息时间应根据月工作时间定额均衡安排，每次时间不得少于 16 h。

③ 实行轮乘制的机车乘务员每月应安排 1～2 次不少于 48～72 h 的休息时间。

注意：机车乘务员随货物列车或无卧铺客运列车便乘时间计算为工作时间，但不计算为一次乘务作业工作时间；乘卧铺的便乘时间不计算工作时间。

2. 机车乘务员工作条件

编制列车运行图须依据机车乘务员一次乘务作业工作时间标准；运输有关部门要提高日（班）计划编制质量，各工种调度之间要加强联系，严格落实"一派一核一叫"制度，实现精确叫班，不得以日（班）计划作为叫班计划，叫班前应认真了解机车、列车位置和编组情况；列车调度员要按图组织行车，不得随意更改乘务交路、中途折返，并优先放行机车乘务员接近超劳的列车，防止机车乘务员超劳。

机车乘务员超劳情况及分析要纳入铁路局安委会和月度安全例会。机务段要建立超劳预警制度，均衡机班月劳时；铁路局根据各机务段任务量、乘务员结构和运输变化规律，均衡安排和合理调整各机务段的工作量。铁路局对发生超劳 4 h 以上的列车要重点分析，并加强考核和追责。

加强机车乘务员队伍建设，建立和完善激励约束机制，关心爱护机车乘务员，积极创造条件，改善工作环境，减轻劳动强度，严格控制超劳。统筹安排机车乘务员出乘就餐，按规定发放劳动保护用品。

实行单司机值乘，要保证司机必要的工作和休息条件，两端司机室空调和相互通信设备良好，机车质量稳定，安全装备齐全。实行单班单司机值乘，应保证沿线防护栅栏齐全，铁路局制定相应规章制度、作业办法后方准执行，须明确单司机任用条件，并将单班单司机运行途中应急处置的有关要求纳入铁路局《行规》。运输调度部门对单班单司机值乘的列车要重点掌握。

机车乘务员凭便乘证（中途站换班凭调度命令）可便乘除国际列车以外的旅客列车（含动车组）。旅客列车应按规定提供便乘铺位和乘务餐。行车公寓应按就近的原则设置和接待机车乘务员。出、退勤地点距机车整备或交接班地点超过 3 km 时应安排汽车接送，不足 3 km 但走行线路路况较差、地处偏僻的也应安排汽车接送。行车公寓要昼夜保证机车乘务员（包括回送机车乘务员）、机务添乘人员和机务段驻公寓指导室人员住宿、餐饮、洗浴和开水供应，提高服务质量和水平；按规定登记入寓时间，按时叫班；配备空调、暖气、浴室、洗衣、烘干、待乘休息管理系统（含自动叫班系统）等设备，提供机车乘务员业务学习场地及文化设施。单司机单班入寓休息需安排一人一间。

机车乘务员要遵守公寓的管理制度，尊重公寓工作人员的劳动，爱护公寓设备设施，做好共管共建文明公寓工作。机车乘务员每年进行一次全面的身体检查，健康状况不宜担任乘务工作的人员，应及时调整。

 **务知识巩固**

1. 机车乘务员的基本要求是什么？
2. 机车乘务员休息和工作时间有哪些要求？
3. 机车司机岗位等级划分有哪些要求？

任务 5.6　机车调度管理

**务描述**

本任务中主要学习机车调度管理基本任务，机车调度员人员配备及职责范围，机车调度室、机务派班室设备设施及解除调度命令等有关规定。

务学习目标

● 专业能力

（1）了解机车调度管理的基本任务；

（2）掌握机车调度员的人员配备及职责范围；

（3）了解机车调度室、机务派班室设备设施的配备；

（4）掌握发布调度命令的时机。

● 方法能力

（1）能够通过真实工作环境、云平台提供的学习环境或虚拟教室学习环境，自主学习机车调度管理；

（2）能够针对具体管理规程，进行机车调度。

● 社会能力

（1）具备良好的职业道德修养，能遵守职业道德规范，有较强的工作责任感；

（2）能灵活处理机车运用中的特殊情况，具有良好的心理素质和协调能力，善于交流、诚信、开朗；

（3）具有自主学习能力，有责任心，具有一定的分析能力，善于总结经验和创新。

务理论知识

5.6.1　机车调度管理的基本任务

机车调度工作必须坚持集中统一指挥，实行总公司、铁路局、机务段分级管理，逐级负责。各级机车调度实行逐级负责制，下级调度必须服从上级调度的指挥，机车乘务员及机务行车工作人员必须服从机车调度的指挥。

机车调度工作的基本任务：

① 执行运输组织和安全管理的有关规定，严格遵循列车运行图、基本机车周转图确定的各项技术标准，正确编制和执行日（班）计划机车周转图，提高机车运用效率。

② 坚持集中统一指挥，加强与行车有关调度的密切配合，按图组织均衡开车；合理安排和掌握机车乘务员的工作时间，防止机车乘务员超劳。

③ 对直达特快、直供电、双管供风旅客列车重点掌握；及时协调、处理日常运输生产中的有关问题，准确掌握机务行车安全信息。

④ 协调跨局、机务段机车运用，确保运输畅通。

⑤ 掌握救援列车动态，发布救援列车跨局出动的调度命令。掌握回送机车动态，办理备用机车的加入和解除。

⑥ 分析机车运用效率指标、运输生产任务完成和机车乘务员超劳情况，提出整改建议和措施。

⑦ 深入现场、添乘机车、熟悉情况，不断提高工作能力和指挥水平。

5.6.2　机车调度人员配备及职责范围

机务段机车调度员应从现职优秀司机中选拔产生，铁路局机车调度员应从机务段机车调度员、机车运用工作人员或现职优秀司机中选拔产生。初任机车调度员年龄一般不超过 45 周岁，应具有大专及以上学历，必须经过专业培训；铁路局机车调度员的任免和调离，必须征得机务处的同意。各级机车调度员须定期培训，且每年进行一次综合考评。

1. 总公司机车调度员

① 指导铁路局机车调度工作，积极采用网络信息技术，提高机车调度工作质量和水平，加快机车周转。

② 掌握总公司机车动态，重点掌握跨局机车交路的机车使用情况，协调、处理铁路局分界口机车运用及回送等相关事宜，督促分界口机车供应和运输畅通。

③ 掌握铁路交通事故、设备故障概况并及时报告；发布跨局使用救援列车的调度命令；掌握各铁路局实际运用机车超、欠供应台数，提出考核建议。

④ 认真分析总公司机车运用指标和运输生产任务完成情况，按月进行通报；负责长期备用、封存机车的加入和解除。

2. 铁路局机车调度员

① 正确编制、组织实施日（班）计划机车周转图，与行车有关调度密切配合，安排好机车与列车的衔接，组织均衡开车，分阶段绘制实际机车周转图，提高机车周转图兑现率。

② 随时了解掌握列车运行情况，遇有问题及时协调、处理、汇报。机车发生故障、事故等情况时，应及时按规定报告并通知相关铁路局。

③ 掌握和交换机车乘务员工作时间和驻外公寓休息时间，防止机车乘务员超劳。每月统计、分析、上报机车乘务员超劳情况并提出改进建议。

④ 根据机车检修计划，组织检修机车按时入厂、段检修；掌握机车检修进度，及时投入运用；掌握铁路局管内机车、救援列车动态，处理机车工作种别的变更、短期备用机车的加入和解除；及时安排机车回送，掌握回送机车进度并及时上报。

⑤ 认真分析全局机车运用指标完成情况，提供机车运用分析材料；建立机车配属、供应、使用考核等相关报表。参加机务处日常交班会，汇报机车运用情况。完成机车运用效率分析。

3. 机务段机车调度员

① 负责全段机车运用集中统一指挥；负责接收铁路局的日、班、阶段计划，及时下达到相关派班室，合理安排机车供应，并组织兑现，编制实际机车周转图。掌握机车乘务员工

作和休息时间，防止机车乘务员超劳。

② 负责运行揭示调度命令的接收和复核，以及 LKJ 临时数据文件编辑、核对、模拟和审核等工作，并按规定下达到各派班室。

③ 保持与铁路局调度及有关站、段的密切联系，随时了解列车运行和机车使用情况，指导机车乘务员正确处理行车中发生的问题，确保列车安全正点；及时处置运输生产中突发性问题，遇发生铁路交通事故、设备故障和重点列车运行晚点等情况，要及时查明原因，并迅速上报。

④ 掌握机车运用、整备、检修动态，及时变更机车工作种别，按检修计划及时扣车；掌握行车安全装备软件升级、数据换装动态；掌握出入厂（段）回送机车动态；掌握救援列车动态，按救援命令及时组织救援列车出动。

⑤ 准确填记各种报表、台账。

4. 机务派班室调度员

① 根据日、班、阶段计划，制定机车乘务员出乘计划，负责机车乘务员派班；接收有关文电、通报，办理机车乘务员请、销假手续。

② 审核机车乘务员出乘条件，传达注意事项，指导出勤机班制定安全措施，提出指导意见。发放、核对运行揭示调度命令，办理交付机车乘务员携带 IC 卡 LKJ 临时数据的录入、收、发司机手册、添乘指导簿、司机报单、司机携带列车时刻表、运行揭示、施工行车安全明示图等行车资料。

③ 了解退勤机班途中运行情况，分析退勤机车乘务员 LKJ 运行记录数据，对查出的问题做好记录并及时报告；指导退勤机车乘务员认真填写有关报告。收集、记录有关行车信息，及时按规定程序汇报。对机车迟拨、列车晚点、超劳及机车故障等情况分类做好记录。

④ 准确填记各种报表、台账。

5.6.3 机车调度室、机务派班室的设备设施及机车调度命令发布时机

1. 机车调度室、机务派班室必备的设备设施

各级机车调度室、机务派班室应建立完善机车调度、运用及安全综合管理、监控信息分析数据处理系统及网络化办公系统。机车调度系统须接通列车调度系统，局间机车调度系统按机车担当交路区段开放机车周转图信息，满足总公司、铁路局、机务段间机车调度互联互通的功能需求，按权限实现信息共享。

铁路局调度所、机务段机车调度室、合署办公点、机务派班室须实现计算机联网，日（班）计划及调度命令的下达、运行揭示的传递采用网络传输。计划和实际机车周转图采用计算机编制、绘制。

总公司、铁路局、机务段机车调度室须设置独立的办公网络邮箱；机务段机车调度室、机务派班室应配备计算机、具备录音功能的电话、传真机、打印机、复印机和照明、取暖、降温等设备；派班室还应配备测酒仪、LKJ 临时数据模拟操作和检验设备、运行揭示栏及机车运用计划、乘务计划、机车动态、机车乘务员动态、技术资料、天气预报查询、显示等相关设备，逐步推广使用机车运行动态信息系统，实现调度指挥信息化。

2. 机车调度室、机务派班室配备的资料

机车调度室、机务派班室应配备下列资料：

①《技规》《铁路机车运用管理规则》《机务行车安全管理规则》《铁路机车操作规则》《铁路运输调度规则》《铁路机车调度规则》《铁路交通事故调查处理规则》《铁路交通事故应急救援规则》《机车统计规则》《铁路救援列车管理办法》《行车组织规则》《LKJ 操作使用手册》及与行车有关的规章、命令、文件、电报等；

② 机车周转图有关技术资料；

③《机务段管理细则》、列车操纵示意图，救援列车编组和停放位置等；

④ 根据需要设置相关台账。

3. 机车调度命令发布时机

总公司、铁路局机车调度遇下列情况之一时，应发布调度命令：

① 机车及救援起重机配属、调拨、回送、助勤、出租、报废；

② 过段及变更机车工作种别；

③ 备用机车的加入与解除；

④ 动用救援列车或救援起重机做非救援工作；

⑤ 布置日（班）计划机车周转图；

⑥ 发布事故通报；

⑦ 根据上级要求，布置其他有关机车运用等工作。

机车调度员应充分了解现场实际情况，准确判断后下达调度命令。各级机车调度之间的命令传递必须执行签认（复诵）制度。

务知识巩固

1. 机务段机车调度员的选拔有何要求？
2. 机车调度工作的基本任务是什么？

项目 **6**

铁路交通事故调查处理规则
及机务安全细则

本项目中，重点学习铁路交通事故等级，铁路交通事故报告及事故调查，铁路交通事故责任判定、损失认定及罚则，铁路交通事故名词解释、铁路交通事故案例分析、铁路机务安全细则等内容。

目实施环境

1. 硬件
铁道概论实习教室或虚拟仿真教学系统。
2. 软件
（1）配套云平台学习系统；
（2）《铁路行车规章》数字媒体资源。

目实施知识技能准备

1. 铁道概论知识；
2. 铁路交通事故调查处理规则常识；
3. 安全规章标准。

任务 6.1　铁路交通事故的定义与等级划分

务描述

本任务中主要学习铁路事故等级划分，以及事故发生种类、构成条件、评定依据等。

务学习目标

● 专业能力

（1）掌握事故等级的划分；

（2）掌握特别重大事故的评定依据；

（3）掌握重大事故的评定依据；

（4）掌握较大事故的评定依据；

（5）理解一般事故的分类及评定依据。

● 方法能力

（1）能够通过真实工作环境、云平台提供的学习环境或虚拟教室学习环境，自主学习铁路事故等级划分及评定依据；

（2）能够针对具体事故，对事故进行等级评定。

● 社会能力

（1）具备良好的职业道德修养，能遵守职业道德规范，有较强的工作责任感；

（2）能灵活处理机车运用中的特殊情况，具有良好的心理素质和协调能力，善于交流，诚信、开朗；

（3）具有自主学习能力，有责任心，具有一定的分析能力，善于总结经验和创新。

务理论知识

6.1.1 铁路交通事故的定义

铁路机车车辆在运行过程中发生冲突、脱轨、火灾、爆炸等影响铁路正常行车的事故，包括影响铁路正常行车的相关作业过程中发生的事故；或者铁路机车车辆在运行过程中与行人、机动车、非机动车、牲畜及其他障碍物相撞的事故，均为铁路交通事故。

6.1.2 铁路交通事故等级划分

依据《铁路交通事故调查处理规则》，铁路交通事故分为特别重大事故、重大事故、较大事故和一般事故四个等级。

1. 特别重大事故的评定依据

有下列情形之一的，为特别重大事故：

① 造成 30 人以上死亡；

② 造成 100 人以上重伤（包括急性工业中毒，下同）；

③ 造成 1 亿元以上直接经济损失；

④ 繁忙干线客运列车脱轨 18 辆以上并中断铁路行车 48 h 以上；

⑤ 繁忙干线货运列车脱轨 60 辆以上并中断铁路行车 48 h 以上。

2. 重大事故的评定依据

有下列情形之一的，为重大事故：

① 造成 10 人以上 30 人以下死亡；

② 造成 50 人以上 100 人以下重伤；

③ 造成 5 000 万元以上 1 亿元以下直接经济损失；

④ 客运列车脱轨 18 辆以上；

⑤ 货运列车脱轨 60 辆以上；

⑥ 客运列车脱轨 2 辆以上 18 辆以下，并中断繁忙干线铁路行车 24 h 以上或者中断其他线路铁路行车 48 h 以上；

⑦ 货运列车脱轨 6 辆以上 60 辆以下，并中断繁忙干线铁路行车 24 h 以上或者中断其他线路铁路行车 48 h 以上。

3. 较大事故的评定依据

有下列情形之一的，为较大事故：

① 造成 3 人以上 10 人以下死亡；

② 造成 10 人以上 50 人以下重伤；

③ 造成 1 000 万元以上 5 000 万元以下直接经济损失；

④ 客运列车脱轨 2 辆以上 18 辆以下；

⑤ 货运列车脱轨 6 辆以上 60 辆以下；

⑥ 中断繁忙干线铁路行车 6 h 以上；

⑦ 中断其他线路铁路行车 10 h 以上。

4. 一般事故的分类及评定依据

造成 3 人以下死亡，或者 10 人以下重伤，或者 1 000 万元以下直接经济损失的，为一般事故。一般事故分为一般 A 类事故、一般 B 类事故、一般 C 类事故、一般 D 类事故。

1）一般 A 类事故

有下列情形之一，未构成较大以上事故的，为一般 A 类事故：

A1. 造成 2 人死亡；

A2. 造成 5 人以上 10 人以下重伤；

A3. 造成 500 万元以上 1 000 万元以下直接经济损失；

A4. 列车及调车作业中发生冲突、脱轨、火灾、爆炸、相撞，造成下列后果之一的：

A4.1 繁忙干线双线之一线或单线行车中断 3 h 以上 6 h 以下，双线行车中断 2 h 以上 6 h 以下；

A4.2 其他线路双线之一线或单线行车中断 6 h 以上 10 h 以下，双线行车中断 3 h 以上 10 h 以下；

A4.3 客运列车耽误本列 4 h 以上；

A4.4 客运列车脱轨 1 辆；

A4.5 客运列车中途摘车 2 辆以上；

A4.6 客车报废 1 辆或大破 2 辆以上；

A4.7 机车大破 1 台以上；

A4.8 动车组中破 1 辆以上；

A4.9 货运列车脱轨 4 辆以上 6 辆以下。

2）一般 B 类事故

有下列情形之一，未构成一般 A 类以上事故的，为一般 B 类事故：

B1. 造成 1 人死亡；

B2. 造成 5 人以下重伤；

B3. 造成 100 万元以上 500 万元以下直接经济损失；

B4. 列车及调车作业中发生冲突、脱轨、火灾、爆炸、相撞，造成下列后果之一的：

B4.1 繁忙干线行车中断 1 h 以上；

B4.2 其他线路行车中断 2 h 以上；

B4.3 客运列车耽误本列 1 h 以上；

B4.4 客运列车中途摘车 1 辆；

B4.5 客车大破 1 辆；

B4.6 机车中破 1 台；

B4.7 货运列车脱轨 2 辆以上 4 辆以下。

3）一般 C 类事故

有下列情形之一，未构成一般 B 类以上事故的，为一般 C 类事故：

C1. 列车冲突；

C2. 货运列车脱轨；

C3. 列车火灾；

C4. 列车爆炸；

C5. 列车相撞；

C6. 向占用区间发出列车；

C7. 向占用线接入列车；

C8. 未准备好进路接、发列车；

C9. 未办或错办闭塞发出列车；

C10. 列车冒进信号或越过警冲标；

C11. 机车车辆溜入区间或站内；

C12. 列车中机车车辆断轴，车轮崩裂，制动梁、下拉杆、交叉杆等部件脱落；

C13. 列车运行中碰撞轻型车辆、小车、施工机械、机具、防护栅栏等设备设施或路料、坍体、落石；

C14. 接触网接触线断线、倒杆或塌网；

C15. 关闭折角塞门发出列车或运行中关闭折角塞门；

C16. 列车运行中刮坏行车设备设施；

C17. 列车运行中设备设施、装载货物（包括行包、邮件）、装载加固材料（或装置）超限（含按超限货物办理超过电报批准尺寸的）或坠落；

C18. 装载超限货物的车辆按装载普通货物的车辆编入列车；

C19. 电力机车、动车组带电进入停电区；

C20. 错误向停电区段的接触网供电；

C21. 电化区段攀爬车顶耽误列车；

C22. 客运列车分离；

C23. 发生冲突、脱轨的机车车辆未按规定检查鉴定编入列车；

C24. 无调度命令施工，超范围施工，超范围维修作业；

C25. 漏发、错发、漏传、错传调度命令导致列车超速运行。

4）一般 D 类事故

有下列情形之一，未构成一般 C 类以上事故的，为一般 D 类事故：

D1. 调车冲突；

D2. 调车脱轨；

D3. 挤道岔；

D4. 调车相撞；

D5. 错办或未及时办理信号致使列车停车；

D6. 错办行车凭证发车或耽误列车；

D7. 调车作业碰轧脱轨器、防护信号，或未撤防护信号动车；

D8. 货运列车分离；

D9. 施工、检修、清扫设备耽误列车；

D10. 作业人员违反劳动纪律、作业纪律耽误列车；

D11. 滥用紧急制动阀耽误列车；

D12. 擅自发车、开车、停车、错办通过或在区间乘降所错误通过；

D13. 列车拉铁鞋开车；

D14. 漏发、错发、漏传、错传调度命令耽误列车；

D15. 错误操纵、使用行车设备耽误列车；

D16. 使用轻型车辆、小车及施工机械耽误列车；

D17. 应安装列尾装置而未安装发出列车；

D18. 行包、邮件装卸作业耽误列车；

D19. 电力机车、动车组错误进入无接触网线路；

D20. 列车上工作人员往外抛掷物体造成人员伤害或设备损坏；

D21. 行车设备故障耽误本列客运列车 1 h 以上，或耽误本列货运列车 2 h 以上；固定设备故障延时影响正常行车 2 h 以上（仅指正线）。

注意：① 总公司可对影响行车安全的其他情形，列入一般事故；

② 因事故死亡、重伤人数 7 日内发生变化，导致事故等级变化的，相应改变事故等级。

 务知识巩固

1. 铁路交通事故划分为几个等级？

2. 特别重大事故的构成条件有哪些？

3. 重大事故的构成条件有哪些？

4. 较大事故的构成条件有哪些？

5. 一般 A 类事故构成条件有哪些？

6. 一般 B 类事故构成条件有哪些？

7. 一般 C 类事故构成条件有哪些?

8. 一般 D 类事故构成条件有哪些?

任务 6.2　铁路交通事故报告及事故调查

本任务中主要学习铁路事故发生后报告制度的规定、事故报告的主要内容、事故调查处理程序等。

● 专业能力

（1）了解铁路交通事故发生之后的报告制度；

（2）掌握事故报告的主要内容及事故调查组的组织规定；

（3）熟悉事故调查组履行的职责及与事故调查报告内容、期限有关的规定；

（4）了解铁路交通事故认定书的内容。

● 方法能力

（1）能够通过真实工作环境、云平台提供的学习环境或虚拟教室学习环境，自主学习铁路事故报告及事故调查的有关规定；

（2）能够根据相关规定，对事故进行调查，并写出事故调查报告。

● 社会能力

（1）具备良好的职业道德修养，能遵守职业道德规范，有较强的工作责任感；

（2）能灵活处理机车运用中的特殊情况，具有良好的心理素质和协调能力，善于交流，诚信、开朗；

（3）具有自主学习能力，有责任心，具有一定的分析能力，善于总结经验和创新。

6.2.1　事故发生后的报告制度规定

事故发生后，事故现场的铁路运输企业工作人员或者其他人员应当立即向邻近铁路车站、列车调度员、公安机关或者相关单位负责人报告。有关单位和人员接到报告后，应立即将事故情况向企业负责人和事故发生地安全监管办安全监察值班人员报告，安全监管办安全监察值班人员按规定向安全监管办负责人报告。

铁路运输企业列车调度员要认真填写《铁路交通事故（设备故障）概况表》（安监报1），分别向事故发生地安全监管办安全监察值班人员、总公司列车调度员报告。

事故发生地安全监管办安全监察值班人员接到"安监报 1"或现场事故报告后，要立即填写《铁路交通事故基本情况表》（安监报 3），并向总公司安全监察司值班人员报告。报告后要进一步了解事故情况，及时补报"安监报 3"。

涉及其他安全监管办辖区的事故，发生地安全监管办安全监察值班人员应及时将"安监报 3"传送至相关安全监管办的安全监察部门。

总公司列车调度员接到事故报告后，应及时收取或填写"安监报 1"，并立即向值班处长和安全监察司值班人员报告；值班处长、安全监察司值班人员按规定分别向本部门负责人、总公司办公厅部长办公室报告，由部门负责人向总公司领导报告。事故涉及其他部门时，由办公厅部长办公室通知相关部门负责人。

发生特别重大事故、重大事故，由总公司办公厅负责向国务院办公厅报告，并通报国家安全生产监督管理总局等有关部门。发生特别重大事故、重大事故、较大事故或者有人员伤亡的一般事故，安全监管办应向事故发生地县级以上地方人民政府及其安全生产监督管理部门通报。

6.2.2　事故报告的主要内容及事故调查组织

1. 事故报告的主要内容
事故报告的主要内容：
① 事故发生的时间、地点、区间（线名、公里、米）、线路条件、事故相关单位和人员；
② 发生事故的列车种类、车次、机车型号、部位、牵引辆数、吨数、计长及运行速度；
③ 旅客人数，伤亡人数、性别、年龄及救助情况，是否涉及境外人员伤亡；
④ 货物品名、装载情况，易燃、易爆等危险货物情况；
⑤ 机车车辆脱轨辆数、线路设备损坏程度等情况；
⑥ 对铁路行车的影响情况；
⑦ 事故原因的初步判断、事故发生后采取的措施及事故控制情况；
⑧ 应当立即报告的其他情况。
注意：事故报告后，人员伤亡、脱轨辆数、设备损坏等情况发生变化时，应及时补报。

2. 事故调查组织
特别重大事故按《条例》规定由国务院或国务院授权的部门组织事故调查组进行调查。
重大事故由总公司组织事故调查组进行调查。调查组组长由总公司负责人或指定人员担任，安全监察司、运输局、公安局等部门和总公司派出机构、相关安全监管办等部门（单位）派员参加。较大事故和一般事故由事故发生地安全监管办组织事故调查组进行调查。调查组组长由安全监管办负责人或指定人员担任，安全监管办安全监察部门、有关业务处室、公安机关等部门派员参加。总公司认为必要时，可以参与或直接组织对较大事故和一般事故进行调查。

根据事故的具体情况，事故调查组还可由工会、监察机关有关人员及有关地方人民政府、公安机关、安全生产监督管理部门等单位派人组成，并应当邀请人民检察院派人参加。事故调查组认为必要时，可以聘请有关专家参与事故调查。发生一般 B 类以上、重大以下事故（不含相撞的事故），涉及其他安全监管办辖区时，事故发生地安全监管办应当在事故发生后 12 h 内发出电报通知相关安全监管办。相关安全监管办接到电报后，应当立即派员参加事故调查组。自事故发生之日起 7 日内，因事故伤亡人数变化导致事故等级发生变化，依照《条例》规定由上级机关调查的，原事故调查组应当及时报告上级机关。

事故调查组在事故发生后应当及时通知相关单位和人员；一般 B 类以上、重大以下的事故（不含相撞的事故）发生后，应当在 12 h 内通知相关单位，接受调查。事故调查组到达现场前，组织事故调查组的机关可指定临时调查组组长，组成临时调查组，勘察现场，掌握人员伤亡、机车车辆脱轨、设备损坏等情况，保存痕迹和物证，查找事故线索及原因，做好调查记录，及时向事故调查组报告。事故调查组到达后，发生事故的有关单位必须主动汇报事故现场真实情况，并为事故调查提供便利条件。事故发生单位的负责人和有关人员在事故调查期间应当随时接受事故调查组的询问，如实提供有关资料和物证。事故调查组有权向有关单位和个人了解与事故有关的情况，并要求其提供相关文件、资料，有关单位和个人不得拒绝。

事故调查中需要对相关的铁路设备、设施进行技术鉴定或者对财产损失状况及中断铁路行车造成的直接经济损失进行评估的，事故调查组应当委托具有国家规定资质的机构进行技术鉴定或者评估。技术鉴定或者评估所需时间不计入事故调查期限。各专业小组应按调查组组长的要求，及时提交专业小组调查报告。调查组组长应组织审议专业小组调查报告，并研究形成《铁路交通事故调查报告》，由调查组所有成员签认。调查组成员意见不一致时，应在事故报告中分别进行表述，由报组织调查的机关审议、裁定。事故调查中发现涉嫌犯罪的，事故调查组应当及时将有关证据、材料移交司法机关。

6.2.3 事故调查组的职责、事故调查报告内容及期限规定

1. 事故调查组的职责

事故调查组履行下列职责：

① 查明事故发生的经过、原因、人员伤亡情况及直接经济损失；

② 认定事故的性质和事故责任；

③ 提出对事故责任者的处理建议；

④ 总结事故教训，提出防范和整改措施建议；

⑤ 提交事故调查报告。

2. 事故调查报告的内容

铁路交通事故调查报告应包括下列内容：

① 事故概况；

② 事故造成的人员伤亡和直接经济损失；

③ 事故发生的原因和事故性质；

④ 事故责任的认定及对事故责任者的处理建议；

⑤ 事故防范和整改措施建议；

⑥ 与事故有关的证明材料。

3. 事故调查报告的期限规定

事故调查期限自事故发生之日起计算。

事故调查组应在下列期限内向组织事故调查组的机关提交铁路交通事故调查报告：

① 特别重大事故的调查期限为 60 日；

② 重大事故的调查期限为 30 日；

③ 较大事故的调查期限为 20 日；

④ 一般事故的调查期限为 10 日。

6.2.4 铁路交通事故认定

铁路交通事故认定书是事故赔偿、事故处理及事故责任追究的依据。应按照总公司规定的统一格式制作，内容包括：

① 事故发生的原因和事故性质；

② 事故造成的人员伤亡和直接经济损失；

③ 事故责任的认定；

④ 对有关责任单位及人员的处理决定或建议。

 务知识巩固

1. 事故报告的主要内容有哪些？

2. 事故调查组应履行什么职责？

任务 6.3　铁路交通事故责任判定、损失认定及罚则

 务描述

本任务中主要学习铁路交通事故责任判定原则、铁路交通事故损失认定方法、铁路交通事故的统计、分析相关规定及罚则。

 务学习目标

● 专业能力

（1）掌握铁路交通事故责任的判定；

（2）了解铁路交通事故损失的认定；

（3）掌握铁路交通事故罚则的规定。

● 方法能力

（1）能够通过真实工作环境、云平台提供的学习环境或虚拟教室学习环境，自主学习铁路交通事故责任判定、损失认定及罚则；

（2）能够依据罚则对事故责任方进行处罚。

● 社会能力

（1）具备良好的职业道德修养，能遵守职业道德规范，有较强的工作责任感；

（2）具有良好的心理素质和协调能力，善于交流，诚信、开朗；

（3）具有自主学习能力，有责任心，具有一定的分析能力，善于总结经验和创新。

6.3.1　铁路交通事故责任判定

事故分为责任事故和非责任事故。事故责任分为全部责任、主要责任、重要责任、次要责任和同等责任。

铁路交通事故责任判定规定如下：

① 铁路运输企业或相关单位发布的文电，违反法律法规、总公司规章或铁路相关技术标准和作业标准等，直接导致事故发生的，定发文电单位责任。

② 因设备管理不善造成的事故，定设备管理单位责任。

③ 因产品质量不良造成事故，属设计、制造、采购、检修等单位责任的，定相关单位责任；应采用经行政许可或强制认证的产品而采用其他产品的，追究采用单位责任；采购不合格或不达标产品的，追究采购单位责任。

④ 自然灾害原因导致的事故，因防范措施不到位，定责任事故。确属不可抗力原因导致的事故，定非责任事故。

⑤ 营业线施工中发生责任事故，属工程建设、设计、监理、施工等原因造成的，定上述相关单位责任；同时追究设备管理单位责任。

已经竣工验收的设备，因质量问题发生责任事故，确属工程建设、设计、施工、监理等单位责任的，定上述相关单位责任；属设备管理不善的，定设备管理单位责任。

⑥ 涉嫌人为破坏造成的事故，在公安机关确认前，定发生单位责任事故；经公安机关确认属人为破坏原因造成的，定发生单位非责任事故。

⑦ 机车车辆断轴造成事故，由于探测、监测工作人员违章违纪或设备不良、管理不善等原因造成漏报、误报或预报后未及时拦停列车的，定相关单位责任。由于货物超载、偏载造成车辆断轴事故，定装车站或作业站责任。

⑧ 因列车折角塞门关闭造成事故，无法判明责任的定发生地铁路运输企业责任事故。

⑨ 错误办理行车凭证发车或耽误列车事故的责任划分：司机起动列车，定车务、机务单位责任；司机发现未动车，定车务单位责任；通过列车司机未及时发现，定车务、机务单位责任；司机发现及时停车，定车务单位责任。

⑩ 应停车的客运列车错办通过，定车站责任；在区间乘降所错误通过，定机务单位责任。

⑪ 因断钩导致列车分离事故，断口为新痕时定机务单位责任（司机未违反操作规程的除外），断口旧痕时定机车车辆配属或定检单位责任；机车车辆车钩出现超标的砂眼、夹渣或气孔等铸造缺陷定制造单位责任。未断钩造成的列车分离事故根据具体情况进行分析定责。

⑫ 因货物装载加固不良造成事故，定货物承运单位责任；属托运人自装货物的，定托运人责任，货物承运单位监督检查失职的，追究货物承运单位同等责任。因调车作业超速连挂和"禁溜车"溜放等造成货物装载加固状态破坏而引发的事故，定违章作业站责任；因押

运人员在运输途中随意搬动货物和降低货物装载加固质量而引发的事故，定押运人员所在单位责任，货物承运单位管理失职的，追究同等责任；货检人员未认真履行职责的，追究货检人员所在单位同等责任。因卸车质量不良造成事故，定卸车单位责任，同时追究负责检查的单位责任。

⑬ 自轮运转设备编入列车因质量不良发生事故时，定设备配属单位责任；过轨检查失职的，定检查单位责任；违规挂运的，定编入或同意放行的单位责任。

⑭ 因临时租（借）用其他单位的设备设施、人员，发生事故，定使用单位责任。

产权单位委托其他单位维修设备设施，因维修质量不良造成事故，定维修单位责任；产权单位管理不善的，追究其同等责任。

⑮ 凡经总公司批准或铁路运输企业批准并报总公司核备后的技术革新项目、科研项目在运营线上试验时，在限定的试验期限内确因试验项目本身原因发生事故，不定责任事故；但由于违反操作规程及其他人为因素造成的事故，定责任事故。

⑯ 事故发生后，因发生单位未如实提供情况，导致不能查明事故原因和判定责任的，定发生单位责任。

⑰ 事故涉及两个以上单位管理的相关设备，设备质量均未超过临修或技术限度时，按事故因果关系进行推断，确定责任单位。

⑱ 事故调查组未及时通知有关单位接受事故调查，不得定有关单位责任。有关单位接到通知后，应派员而未派员接受事故调查的，事故调查组可以直接定责。

⑲ 铁路作业人员在从事与行车相关的作业过程中，不论作业人员是否在其本职岗位，由于违反操作规程、作业纪律，或铁路运输生产设备设施、劳动条件、作业环境不良，或安全管理不善等造成伤亡，定责任事故。具体情形按以下规定办理：

a）乘务人员及其他作业人员在企业内候班室、外地公寓、客车宿营车等处候班、间休期间，因违章违纪、设备设施不良等造成伤亡，定有关单位责任；

b）作业人员在疏导道口、引导或帮助旅客上下车、维持站车秩序过程中被列车撞轧而伤亡的，定作业人员所在单位责任；

c）事故发生过程中，作业人员在避险或进行事故抢险时因违章作业再次发生伤亡，应按同一件事故定责；事故过程已终止，在事故救援、抢修、复旧及处理中又发生事故导致伤亡的，按另一件事故定责；

d）铁路运输企业所属临管铁路发生的责任伤亡事故，定该企业责任事故；

e）作业人员在工作或间歇时间擅自动用铁路运输设备设施、工具等导致伤亡的，定该作业人员所在单位责任事故，同时追究设备设施配属（或管理）单位的责任；

f）作业人员因患有职业禁忌症而导致行为失控，造成伤亡的，定该作业人员所在单位责任；

g）两个及以上铁路运输企业在交叉作业中发生伤亡，定主要责任单位事故；若各方责任均等，定伤亡人员所在单位责任，同时追究其他相关单位责任；若各方责任均等且均有人员伤亡，分别定责任事故。

⑳ 作业人员发生伤亡，经二级以上医院、急救中心诊断或经法医检验、解剖，证明系因脑溢血、心肌梗死、猝死等突发性疾病所致，并按事故处理权限得到事故调查组确认的，不定责任事故。医院等级不够的，须经法医进行尸表检验或尸体解剖鉴定。法医尸检或解剖

鉴定报告结论不确定的，定责任事故。

㉑ 作业人员伤亡事故原因不清，或公安机关已立案但尚无明确结论的，定责任事故。暂时不能确定事故性质、责任的，按待定办理。若跨年度仍不能确定或处理时间超过法定期限的，定伤亡人员所在单位责任。在年度统计截止前，该事故已查清并做出与原处理决定相反结论的，可向原处理部门申请更正。

㉒ 铁路机车车辆与行人、机动车、非机动车、牲畜及其他障碍物相撞造成事故，按以下规定判定责任：

a）事故当事人违章通过平交道口或者人行过道，或者在铁路线路上行走、坐卧造成人身伤亡，定事故当事人责任；

b）事故当事人逃逸或者有证据证明当事人故意破坏、伪造现场、毁坏证据，定事故当事人责任；

c）事故当事人违反国家法律法规，有明显过失的，按过错的严重程度，分别承担责任。

㉓ 铁路管理部门、安全监管办有关部门及其人员未能依法履行职责，发生下列情形之一的，应当追究其行政责任：

a）违反国家公布的技术标准或铁路管理部门颁布的规章、技术管理规程和作业标准，擅自公布部门技术标准，导致事故发生的，追究相关部门及其人员的责任；

b）在实施行政许可、强制认证、技术审查或鉴定，以及产品设备验收等监督管理职责的过程中，违反法定权限、法定程序和有关规定，或对相关产品设备等监督检查不力，造成不合格、不达标产品设备等投入运用，导致事故发生的，追究相关部门及其人员的责任。

涉嫌犯罪的，移送司法机关处理。

6.3.2　铁路交通事故损失认定

事故相关单位要如实统计、申报事故直接经济损失，制作明细表，经事故调查组确认后，在铁路交通事故认定书中认定。

1. 经济损失的确定

下列费用列入事故直接经济损失：

① 铁路机车车辆、线路、桥隧、通信、信号、供电、信息、安全、给水等设备设施的损失费用；报废设备按报废设备账面净值计算，或按照市场重置价计算；破损设备设施按修复费用计算；

② 铁路运输企业承运的行包、货物的损失费用；

③ 事故中死亡和受伤人员的处理、处置、医治等费用（不含人身保险赔偿费用）；

④ 被撞机动车、非机动车、牲畜等财产物资，造成的报废或修复费用；

⑤ 行车中断的损失费用；

⑥ 事故应急处置和救援费用；

⑦ 其他与事故直接有关的费用。

有作业人员伤亡的，直接经济损失统计范围、计算方法等按《企业职工伤亡事故经济损失统计标准》（GB 6721—1986）执行。

2. 经济损失费用的承担

① 负有事故全部责任的，承担事故直接经济损失费用的100%；负有主要责任的，承担

损失费用的 50%以上；负有重要责任的，承担损失费用的 30%以上、50%以下；负有次要责任的，承担损失费用的 30%以下；

② 有同等责任、涉及多家责任单位承担损失费用时，由事故调查组根据责任程度依次确定损失承担比例；

③ 负同等责任的单位，承担相同比例的损失费用。

6.3.3 铁路交通事故的统计、分析

① 总公司、安全监管办、铁路运输企业及基层单位应按照本规则规定，建立事故统计分析制度，健全统计分析资料，并按规定及时报送。各级安全监察部门负责事故统计分析报告的日常工作，并负责监督指导有关部门（单位）做好事故统计分析报告工作。

② 事故的统计报告应当坚持及时、准确、真实、完整的原则。

③ 事故的统计应按照事故类别、等级、性质、原因、部门、责任等项目分别进行统计。

④ 每日事故的统计时间，由上一日 18 时至当日 18 时止。但填报事故发生时间时，应以实际时间为准，即以零点改变日期。

⑤ 责任事故件数统计在负全部责任、主要责任的单位，非责任事故和待定责事故件数统计在发生单位，相撞事故统计在发生单位。负同等责任或追究同等责任的，在总数中不重复统计件数。

⑥ 一起事故同时符合两个以上事故等级的，以最高事故等级进行统计。

⑦ 发生人员伤亡的事故应按以下规定统计：

a）人员在事故中失踪，至事故结案时仍未找到的，按死亡统计；

b）事故受伤人员因正常手术治疗而加重伤害程度的，按手术后的伤害程度统计；

c）事故受伤人员经救治无效，在 7 日内死亡，按死亡统计；经医疗事故鉴定委员会确认为医疗事故的，或 7 日后死亡的，按原伤害程度统计；

d）事故受伤人员在 7 日内由轻伤发展成重伤的，按重伤统计；

e）未经医疗事故鉴定委员会确认为医疗事故的伤亡，按责任事故统计；

f）相撞事故发生后，经调查确认为自杀、他杀的，不在伤亡人数中统计。

⑧ 铁路各级安全监察部门应建立《铁路交通事故登记簿》（安监统 1）、《铁路交通事故统计簿》（安监统 2）、《铁路运输企业安全天数登记簿》（安监统 3）、《铁路作业人员伤亡登记簿》（安监统 4）和《铁路交通事故分析会记录簿》。

铁路运输企业专业部门、各基层站段应分别填记《铁路交通事故登记簿》（安监统 1），并建立《铁路交通事故分析会记录簿》。

以上台账长期保存。

⑨ 有关部门、单位应按以下规定填写、传送、管理各种事故报表：

a）各级安全监察部门须建立《铁路交通事故（设备故障）概况表》（安监报 1）和《铁路交通事故基本情况表》（安监报 3）的管理制度，规范统计、分析、总结、报送及保管工作。要及时补充填记"安监报 3"各项内容，事故结案后，必须准确填写。

铁路运输企业调度部门应当及时、如实填写《铁路交通事故（设备故障）概况表》（安监报 1），建立登记簿，进行统计分析，并制定管理制度。

铁路运输企业的专业部门应当建立"安监报 1"登记簿，认真统计分析。

b）安全监管办须建立《铁路交通事故处理报告表》（安监报 2）管理制度。基层单位按要求做好填记上报。"安监报 2"保管 3 年。

c）安全监管办于月、半年、年度后次月 5 日前填写《铁路交通事故报告表》（安监报 4），报总公司。"安监报 4"长期保存。

d）安全监管办于月、半年、年度后次月 5 日前填写《铁路交通事故路外伤亡统计分析表》（安监报 5），报总公司。"安监报 5"长期保存。

e）有从业人员伤亡的事故，事故发生单位填写《铁路作业人员伤亡概况表》（安监报 6-1），上报安全监管办；一般 B 类以上事故，安全监管办填写《铁路作业人员伤亡概况表》（安监报 6-1），上报总公司。

安全监管办于次月 5 日前（次年 1 月 10 日前），填写《铁路作业人员伤亡统计报表》（安监报 6-2），报总公司。

⑩ 总公司所属铁路运输企业每月 27 日前将本月安全分析总结报总公司安全监察司。企业内部各业务部门须按月、半年、年度，对本系统事故进行分析总结，向上级主管部门报告，并抄送安全监管办安全监察部门。

合资铁路、地方铁路、专用铁路须按月、半年、年度，对本单位事故进行分析，并报安全监管办。

6.3.4 铁路交通事故罚则

① 铁路运输企业及其职工违反法律、行政法规的规定，造成事故的，由总公司或者安全监管办依法追究行政责任。构成犯罪的，依法追究刑事责任。

② 铁路运输企业及其职工迟报、漏报、瞒报、谎报事故的，对单位，由总公司或安全监管办处 10 万元以上 50 万元以下的罚款；对个人，由总公司或安全监管办处 4 000 元以上 2 万元以下的罚款；属于国家工作人员的，依法给予处分；构成犯罪的，依法追究刑事责任。

③ 安全监管办迟报、漏报、瞒报、谎报事故的，由总公司对直接负责的主管人员和其他直接责任人员依法给予处分；构成犯罪的，依法追究刑事责任。

④ 干扰、阻碍事故调查处理的，对单位，由总公司或安全监管办处 4 万元以上 20 万元以下的罚款；对个人，由总公司或安全监管办处 2 000 元以上 1 万元以下的罚款；情节严重的，对单位，由总公司或安全监管办处 20 万元以上 100 万元以下的罚款；对个人，由总公司或安全监管办处 1 万元以上 5 万元以下的罚款；属于国家工作人员的，依法给予处分；构成违反治安管理行为的，由公安机关依法给予治安管理处罚；构成犯罪的，依法追究刑事责任。

⑤ 在事故调查中，调查人员索贿受贿、借机打击报复或不负责任，致使调查工作有重大疏漏的，由组成事故调查组的机关给予处分；构成犯罪的，依法追究刑事责任。

任 务知识巩固

1. 铁路交通事故责任如何划分？

2. 铁路作业人员在从事与行车相关的作业过程中造成人身伤亡，如何定责任事故？具体有哪些规定？

3. 铁路机车车辆与行人、机动车、非机动车、牲畜及其他障碍物相撞造成事故，按哪些规定判定责任？

4. 铁路交通事故哪些费用列入事故直接经济损失？

5. 发生人员伤亡的事故应按哪些规定进行统计？

任务 6.4 铁路交通事故名词解释

本任务中主要学习铁路专用名词解释，了解事故名词的含义。

● **专业能力**

掌握铁路交通事故调查处理规则中的名词解释。

● **方法能力**

（1）能够通过真实工作环境、云平台提供的学习环境或虚拟教室学习环境，自主学习铁路交通事故名词；

（2）能够依据铁路交通事故名词的概念，分析其内涵。

● **社会能力**

（1）具备良好的职业道德修养，能遵守职业道德规范，有较强的工作责任感；

（2）具有良好的心理素质和协调能力，善于交流，诚信、开朗；

（3）具有自主学习能力，有责任心，具有一定的分析能力，善于总结经验和创新。

（1）机车车辆：包括铁路机车、客车、货车、动车、动车组及各类自轮运转特种设备等。

自轮运转特种设备：指在铁路营业线上运行的轨道车及铁路施工、维修专用车辆（包括轨道起重机、架桥机、铺轨机、接触网架线车、放线车、检修车、大型养路机械等）。

（2）列车：指编成的车列并挂有机车及规定的列车标志。单机、自轮运转特种设备，虽未完全具备列车条件，亦应按列车办理。

① 客运列车：指旅客列车（含动车组）、按客车办理的回送空客车车底及其他列车。

② 货运列车：指客运列车以外的其他列车。

③ 军用列车除有特殊通知外，均视为货运列车。

④ 列车与其他调车作业的机车车辆等互相冲撞而发生的事故，定列车事故。列车在站内以调车方式进行摘挂或转线而发生事故，定调车事故。

⑤ 客运列车或客运列车摘下本务机车后的车列，被货运列车、机车车辆冲撞造成的事

故，以及客运列车在中途站进行摘挂（包括摘挂本务机车）或转线作业发生的事故，均定客运列车事故。

⑥ 区间调车作业、机车车辆溜入区间，发生冲突、脱轨事故时，定列车事故。在封锁区间内调车作业发生事故，定调车事故。

（3）运行过程中：指铁路机车车辆运行的全过程，也包括在其运行中的停车状态。

（4）行人：指在铁路线路上行走、停留的自然人（包括有关铁路作业人员）。

（5）其他障碍物：指侵入铁路限界及线路，并影响铁路行车的动态及静态物体。

（6）相撞：指铁路机车车辆在运行过程中与行人、机动车、非机动车、牲畜及其他障碍物相互碰、撞、轧，造成人员伤亡、设备设施损坏。

（7）冲突：指列车、机车车辆互相间或与轻型车辆、设备设施（如车库、站台、车挡等）发生冲撞，致使机车车辆、轻型车辆、设备设施等破损。

① 在列车运行中由于人为失职或设备不良等原因，将车辆挤坏或拉坏构成中破及其以上程度，或在调车作业中由于人为失职或设备不良等原因，将车辆挤坏或拉坏构成大破以上程度时，亦按冲突论。

② 由于机车车辆冲撞造成货物窜动将车辆撞坏、挤坏时，定冲突事故，并根据所造成的后果，确定事故等级。

（8）脱轨：指机车车辆的车轮落下轨面（包括脱轨后又自行复轨），或车轮轮缘顶部高于轨面（因作业需要的除外）。

每辆（台）只要脱轨 1 轮，即按 1 辆（台）计算。

（9）列车发生火灾：指列车起火造成机车车辆破损影响行车设备设施正常使用，或发生人员伤亡，货物、行包烧毁等。

（10）列车发生爆炸：指机车车辆在运行过程中发生爆炸，造成其设备损坏，墙板、车体变形或出现孔洞，影响正常行车。

（11）正线：指连接车站并贯穿或直股伸入车站的线路。

（12）繁忙干线：指京哈（不含沈山线）、京沪、京广、京九（含广州至深圳段）、陇海、沪昆（不含株洲至昆明段）线及客运专线。

繁忙干线单线：指连接繁忙干线的联络线。

（13）其他线路：指繁忙干线以外的线路。

① 新交付使用的线路等级分类，在交付时公布。

② 在连接不同等级线路的车站发生事故时，按繁忙干线算。

（14）中断铁路行车：指不论事故发生在区间或站内，造成铁路单线、双线区间或双线区间之一线不能行车。中断行车的时间，由事故发生时间起（列车火灾或爆炸由停车时间算起）至恢复客货列车原牵引方式连续通行时止。

如列车能在站内其他线通行，又回到原正线上进入区间的，不按中断行车算。

施工封锁区间发生冲突或脱轨的行车中断时间，从事故发生前原计划开通的时间起计算。

（15）耽误列车：指列车在区间内停车；通过列车在站内停车；列车在始发站或停车站晚开、在运行过程中超过图定的时间（局管内）或调度员指定的时间；列车停运、合并、保留。

（16）客运列车中途摘车：指编挂在客运列车中的车辆发生冲突、脱轨、火灾、爆炸、相撞未达到中破及以上程度，不能运行，必须在途中摘下（不包括始发站和终到站）。

（17）占用区间：指① 区间内已进入列车；② 区间已被列车取得占用的许可（包括准许时间内未收回的出站、跟踪调车凭证）；③ 封锁的区间（属于《铁路技术管理规程》第265、第302、第310条的情况下除外）；④ 区间内有停留或溜入的机车车辆、施工作业车辆，列车发出后溜入的亦算；⑤ 发出进入正线的列车而区间内道岔向岔线开通；⑥ 邻线已进入禁止在区间交会的列车。

注意：列车前端越过出站信号机或警冲标即算。

办理越出站界调车后，没有取消手续，也没有办理列车闭塞手续，就用该调车手续将列车开出，亦按本项论。

（18）占用线：指车站内已办理进路的线路或停有机车车辆的线路或已封锁的线路。

列车前端越过进站（进路）信号机或站界标即构成"向占用线接入列车"。按《铁路技术管理规程》第283条规定办理的列车除外。

（19）进路：指① 接入停车列车时，由进站信号机起至接车线末端计算该线有效长度的警冲标或出站信号机止的一段线路；② 发出列车时，由列车前端起至相对进站信号机或站界标为止的一段线路；③ 通过列车时，为该列车通过线两端进站信号机或站界标间的一段线路。

未准备好进路：指① 进路上的道岔未扳、错扳、临时扳动或错误转动；② 进路上有轻型车辆（包括拖车）、小车及其他能造成脱轨的障碍物（不包括其他交通车辆）；③ 邻线的机车车辆越过警冲标；④ 违反《铁路技术管理规程》第279条禁止办理相对方向同时接车和同方向同时发接列车的规定而办理同时接车或发接列车；⑤ 超限列车（包括挂有超限货物车辆的列车）、客运列车由于错误办理造成进入非固定股道。

接入停车或通过的列车，列车前端进入进站（进路）信号机或站界标以及发出的列车起动均算。

设有进路信号机的车站，分段接发列车时，按分段算。如果每段都发生，每段各定1件事故；如果一次准备的全通路为一个进路，定1件事故。

凡由于信号联锁条件错误或有关人员违章作业，致使信号错误升级显示进行信号或强行开放进行信号，造成耽误列车或列车已按错误显示的进行信号运行，虽未造成后果，均定事故。

（20）未办或错办闭塞发出列车：指未和邻站、线路所、车场办理闭塞手续，或办理闭塞的区间与列车运行的区间不一致而发出的列车。列车前端越过出站信号机（包括线路所通过信号机）或警冲标即构成。客运列车，错办闭塞的区间虽与列车的运行区间一致，亦按本项论。

没有调度命令，擅自改变或错办列车运行径路，亦按本项论。

未按规定办理手续而越出站界调车时，亦按本项论。

（21）列车冒进信号或越过警冲标：指列车前端任何一部分越过地面固定信号显示的停车信号；停车列车越过到达线末端计算该线有效长度的警冲标或轧上线路脱轨器（指用于接发列车起隔开作用的脱轨器）时亦算。双线区间反方向运行，列车冒进站界标，亦按本项论。

在制动距离内，由于误碰、错办或维修设备，致使临时变更信号显示、信号关闭或临时灭灯，造成列车冒进信号时，不论联锁条件是否解锁，亦按本项论。

在制动距离内信号自动关闭或临时灭灯，在进路联锁条件不解锁的情况下，列车冒进信号时，不按本项论。

（22）机车车辆溜入区间或站内：指以进站信号机或站界标为界，机车车辆由站内溜入区间或由区间、专用线溜入站内，在区间岔线内停留的机车车辆溜往正线越过警冲标，亦按本项论。

（23）断轴：机车车辆出段、出厂或由固定停放地点开出后，发生即算。列车中的车辆在运行、停留或始发、到达检查时发现即算。

（24）关闭折角塞门发出列车或运行中关闭折角塞门：列车前端越过出站信号机或警冲标即算。

采用双管供风的列车因错接风管发出列车，按本项论。

（25）电力机车、动车组带电进入停电区：指电力机车、动车组未降弓断电进入已经停电的接触网区。

（26）发生冲突、脱轨的机车车辆，未经检查鉴定编入列车运行：未按规定通知检查或未按规定检查，擅自编入列车，按本项论。

（27）自轮运转设备：无须铁路货车装运，能依靠自有轮对在铁路上运行，但须按货物向铁路办理托运手续的机械和设备。包括编入列车的自轮运转特种设备、无火回送机车等。

（28）无调度命令施工，超范围施工，超范围维修作业：包括未按规定在车站登记要点进行施工、维修作业的，施工点前超范围准备的，未按规定施工维修作业内容进行作业的，均按本项论。

（29）漏发、错发、漏传、错传调度命令导致列车超速运行：列车运行监控装置未输或错输限速指令、机车出库后司机未接到线路限速命令，致使列车超过规定限速运行，按本项论。

（30）挤道岔：指车轮挤过或挤坏道岔。

（31）错办或未及时办理信号导致列车停车：指① 因办理不及时或忘办、错办信号使列车在站外或站内停车；② 禁止同时接车的车站或不准同时接入站内的列车，误使两列车均在站外停车；③ 接发列车人员未及时或错误显示手信号，使列车停车。

（32）错误办理行车凭证发车或耽误列车：指与邻站已办妥闭塞手续，但由于未交、错交、未拿、错拿、漏填、错填行车凭证；自动闭塞、自动站间闭塞、半自动闭塞区间未开放出站（进路）信号机发车或耽误列车。

行车凭证交与司机或运转车长显示发车手信号后（车站直接发车时为发车人员显示手信号后），发现行车凭证错误，亦为错误办理行车凭证发车。

填写的行车凭证，错填、漏填电话记录号码、车次、区间、地点时，按本项论。

自动闭塞、自动站间闭塞、半自动闭塞区间未开放出站（进路）信号机，列车起动停车未越过信号机或警冲标时，视同一般 D 类事故情形。越过关闭的停车信号或警冲标时，视同一般 C 类事故情形。

（33）调车作业碰轧脱轨器、防护信号或未撤防护信号动车：

① 脱轨器：指固定脱轨器及移动脱轨器。

② 防护信号：指防护施工、装卸及机车车辆检修整备作业的固定信号或移动信号。

机车车辆碰上、轧上脱轨器或防护信号即算。对插有停车信号的车辆，碰上车钩及未撤防护信号动车，按本项论。

（34）施工、检修、清扫设备耽误列车：如因特殊情况需要延长施工时间时，须提前通知车站值班员、列车调度员，经列车调度员承认后（发布调度命令）耽误列车时，不定事故。

施工、检修、清扫设备人员躲避不及时，造成列车停车，按本项论。

（35）滥用紧急制动阀耽误列车：指违反《铁路技术管理规程》第 271 条第 4 款的规定使用紧急制动阀。

（36）擅自发车、开车、停车、错办通过或在区间乘降所错误通过：

① 擅自发车：指车站发车人员未确认出站信号，运转车长未得到发车人员的发车指示信号，车站发车人员未确认运转车长发车手信号直接发车。

② 擅自开车：指司机未得到车站发车人员或运转车长的发车信号而开车。

③ 擅自停车：指在正常情况下，不应停车而停车。

④ 错办通过：指应停车的客运列车而错办通过（不包括列车调度员按照列车运行情况临时调整变更通过的列车）。

（37）错误操纵、使用行车设备耽误列车：指作业人员违反操作规程耽误列车或使用方法不当造成机车车辆等行车设备损坏耽误列车。

（38）列车运行中碰撞轻型车辆、小车、施工机械、机具、防护栅栏等设备设施或路料、坍体、落石：刮上、碰上或轧上即算。

① 小车：指人工推行的作业车、检测车、梯车等。

② 路料：指钢轨、道砟、轨枕、道口铺面板等。

③ 施工机械：指起道机、捣固机、螺栓紧固机、弯轨器、撞轨器、切轨机、轨缝调整器、拨道器等。

④ 机具：指施工、维修作业中使用的动力扳手、撬杠等。

列车运行中碰撞道砟未造成机车车辆损坏或人员伤亡，不按本项论。

（39）应安装列尾装置而未安装发出列车：有规定或调度命令的不按本项论。

（40）行包、邮件装卸作业耽误列车：指在装卸作业过程中因组织不当耽误列车，包括超载偏载、侵限或机动车（包括平板车）侵限、掉进股道、抢越平过道耽误列车。

（41）作业人员伤亡：指在铁路行车相关作业过程中发生的，与企业管理、工作环境、劳动条件、生产设备等有关的，违反劳动者意愿的人身伤害，含急性工业中毒导致的伤害。

（42）作业过程：指作业人员在本职工作岗位上或领导临时指派的工作岗位上，在工作时间内，从事铁路企业生产经营活动的全过程。作业人员请假离开、返回工作岗位、下班离岗、退勤、退乘等，尚未离开其作业场所的，均视为作业过程。

工作时间：原则上以现行各种班制、乘务交路规定的工作时间和铁路综合计算工时、工作制为依据。若不在规定的工作时间内，但属于因生产经营、工作需要而临时占用的时间，也视为工作时间。

（43）事故伤害损失工作日：指作业人员在事故中导致伤残、死亡，造成劳动能力损失的程度，以工作日为度量单位。"事故伤害损失工作日"与实际歇工天数不同。确定某种伤害的事故伤害损失工作日数的具体数值，应以《事故伤害损失工作日标准》GB/T 15499—1995）为依据查定。

（44）作业人员重伤：指造成作业人员肢体残缺或某些器官受到严重损伤，致使人体长期存在功能障碍或劳动能力有重大损失的伤害。按照《事故伤害损失工作日标准》（GB/T 15499—1995）查定，其伤害部位及受伤害程度对应的事故伤害损失工作日或多处负伤其损失工作日合并计算等于或超过 300 个工作日的，属于重伤。该标准未作规定的，按实际歇工天数确定，实际歇工天数超过 299 天的，按 299 天统计；各伤害部位计算数值超过 6 000 天的，按 6 000 天统计。作业人员死亡，其事故伤害损失工作日按 6 000 个工作日统计。

（45）急性工业中毒事故：指生产性毒物一次或短期内，通过人的呼吸道、消化道或皮肤大量进入体内，使人体在短时间内发生病变，导致中断工作，须进行急救处理，甚至死亡的事故。中毒程度通常分为轻度、中度和重度中毒。按照有关规定，凡是住院治疗的急性工业中毒，均按重伤报告、统计和处理。

（46）伤亡人数发生变化：指轻伤发展成重伤，重伤发展成死亡，以及伤亡人数发生变化等情况。

（47）作业人员：指参加铁路行车相关作业的所有从业人员，含已参加铁路企业生产经营活动，与铁路用人单位形成事实劳动关系的人员。

（48）职业禁忌症：指某个工作岗位因其特殊性而对从业人员患有的可能造成事故的疾病做出限制的范围。如视力减退对于机车乘务员；恐高症、高血压对于电力工、架子工；高血压、心脏病对于巡道工、调车人员等均属职业禁忌症。

（49）事故责任待定：指事故原因、责任尚未查清，需待认定的情况。事故件数暂时统计在发生月，若最后认定为非责任事故，则予以变更。

（50）人员失踪：指发生事故后找不到尸体，如在河流、湖泊中沉溺、泥石流中掩埋等，与出走不归等情况不同，无须经法院认定。

（51）交叉作业：指分别属于两个或两个以上企业的作业区域相互重叠，从业人员在同一作业场所各自作业，包括铁路作业人员在专用线内取送车等作业。

（52）因正常手术治疗而加重伤害程度：指从业人员在事故中受伤后，为避免伤势恶化而必须实施截肢、器官摘除等手术措施，致使伤害程度加重的情况。

 务知识巩固

1. 何为机车车辆？
2. 何为列车冲突？
3. 何为列车脱轨？
4. 何为繁忙干线？
5. 何为挤道岔？
6. 何为交叉作业？

任务 6.5　铁路事故案例分析

务描述

本任务中主要介绍铁路 4·28 交通事故和铁路 7·23 交通事故的概况、原因、调查、处理及吸取的教训、今后的防范措施等。

务学习目标

● 专业能力
能够对铁路交通事故案例进行分析。

● 方法能力
（1）能够通过真实工作环境、云平台提供的学习环境或虚拟教室学习环境，自主学习机务安全常识；
（2）能够依据铁路机务的特点，分析机务安全的含义。

● 社会能力
（1）具备良好的职业道德修养，能遵守职业道德规范，有较强的工作责任感；
（2）具有良好的心理素质和协调能力，善于交流，诚信、开朗；
（3）具有自主学习能力，有责任心，具有一定的分析能力，善于总结经验和创新。

务理论知识

6.5.1　铁路 4·28 交通事故

1. 事故概况

2008 年 4 月 28 日 4 时 41 分，北京开往青岛的 T195 次旅客列车运行至山东境内胶济铁路周村至王村间脱线，第 9～17 节车厢在铁路弯道处脱轨，冲向上行线路基外侧。此时，正常运行的烟台至徐州的 5034 次旅客列车刹车不及，最终以 70 km/h 的速度与脱轨车辆发生撞击，机车（内燃机车编号 DF₁₁-0400）和第 1～5 节车厢脱轨。事故现场如图 6-1 所示。这起胶济铁路列车相撞事故造成 72 人死亡，416 人受伤，已经认定是一起人为责任事故。

2. 事故的主要原因

国务院"4·28"胶济铁路特大交通安全事故调查组，2008 年 4 月 29 日上午在山东淄博成立，国家安监总局局长王君任调查组组长。事故调查组认为，胶济铁路特大交通事故是一起典型的责任事故，济南铁路局在这次事故中暴露出两点突出问题：一是用文件代替限速调度指令，二是漏发临时限速指令，从而造成事发列车（北京开往青岛的 T195 次旅客列车）在限速 80 km/h 的路段上实际速度居然达到了 131 km/h，超速 60%，这充分暴露了一些铁路

图6-1

运营企业安全生产认识不到位、领导不到位、责任不到位、隐患排查治理不到位和监督管理不到位的严重问题；反映出基层安全意识薄弱、现场管理存在严重漏洞等问题。

3. 调度命令传递混乱

济南铁路局2008年4月23日印发了《关于实行胶济线施工调整列车运行图的通知》，其中含对该路段限速80 km/h这一重要文件距离实施时间28日零时仅有4天，却在局网上发布。对外局及相关单位以普通信件的方式传递，而且把北京机务段作为了抄送单位。

这一文件发布后，在没有确认有关单位是否收到的情况下，2008年4月26日济南局又发布了一个调度命令，取消了多处限速命令，其中包括事故发生段。

济南局列车调度员在接到有关列车司机反映现场临时限速与运行监控器数据不符时，2008年4月28日4时02分济南局补发了该段限速80 km/h的调度命令，但该命令没有发给T195次机车乘务员，漏发了调度命令。而王村站值班员对最新临时限速命令未与T195次司机进行确认，也未认真执行车机联控。机车乘务员没有认真瞭望，失去了防止事故的最后时机。

4. 铁路4·28交通事故处理结果

事故发生后，中国国家主席胡锦涛、国务院总理温家宝分别做出批示，并派张德江赶赴现场处理。国家安监总局局长王君担任事故调查组组长。

根据《铁路交通事故应急救援和调查处理条例》第三十三条的规定，事故造成铁路旅客人身伤亡和自带行李损失的，铁路运输企业对每名铁路旅客人身伤亡的赔偿责任限额为人民币15万元，对每名铁路旅客自带行李损失的赔偿责任限额为人民币2 000元。火车票亦含有最高赔偿额度2万元的保险，所以每名身亡旅客可获得的赔偿共计人民币17.2万元。

2009年5月26日，国务院对此次安全事故的调查处理报告做出批复，共37名事故责任人受到追究。济南铁路局常务副局长、局党委常委郭吉光等6名事故责任人（2名调度员、1名车站值班员、1名车站助理值班员和1名司机）被依法追究刑事责任，另外31名相关责任人受到处分，给予时任济南铁路局局长陈功行政撤职、撤销党内职务处分，给予时任济南铁路局党委书记柴铁民撤销党内职务处分，给予铁道部副部长胡亚东记大过处分，给予铁道部部长刘志军记过处分。

2009 年 12 月 3 日，法院做出宣判：原北京机务段机车司机李振江、原王村站助理值班员崔和光、原王村站值班员张法胜、原济南铁路局调度所列车调度员蒲晓军、原济南铁路局调度所施工调度员郑日成、原济南铁路局副局长郭吉光身为铁路职工，违反铁路规章制度，导致发生特别重大交通事故，后果特别严重，均构成铁路运营安全事故罪。法院根据各被告人在事故中的责任，判处李振江有期徒刑 4 年 6 个月；判处崔和光有期徒刑 4 年；判处张法胜有期徒刑 3 年 6 个月；判处蒲晓军有期徒刑 3 年，缓刑 5 年；判处郑日成有期徒刑 3 年；判处郭吉光有期徒刑 3 年，缓刑 3 年。

6.5.2　铁路 7·23 交通事故

1. 事故概况

2011 年 7 月 23 日 19 时 30 分左右，雷击温州南站沿线铁路牵引供电接触网或附近大地，通过大地的阻性耦合或空间感性耦合在信号电缆上产生浪涌电压，在多次雷击浪涌电压和直流电流共同作用下，LKD2–T1 型列控中心设备采集驱动单元采集电路电源回路中的保险管 F2（以下简称列控中心保险管 F2，额定值 250 V/5 A）熔断。熔断前温州南站列控中心管辖区间的轨道无车占用，因温州南站列控中心设备的严重缺陷，导致后续时段实际有车占用时，列控中心设备仍按照熔断前无车占用状态进行控制输出，致使温州南站列控中心设备控制的区间信号机错误地保持绿灯状态。

雷击还造成轨道电路与列控中心信号传输的 CAN 总线阻抗下降，使 5829AG 轨道电路与列控中心的通信出现故障，造成 5829AG 轨道电路发码异常，在无码、检测码、绿黄码间无规律变化，在温州南站计算机联锁终端显示永嘉站至温州南站下行线三接近（即 5829AG 区段）"红光带"。

19 时 39 分，温州南站车站值班员臧凯看到"红光带"故障后，立即通过电话向上海铁路局调度所列车调度员张华汇报了"红光带"故障情况，并通知电务、工务人员检查维修。瓯海信号工区温州南站电务应急值守人员滕安赐接到故障通知后，于 19 时 40 分赶到行车室，确认设备故障属实后，在《行车设备检查登记簿》（运统–46）上登记，并立即向杭州电务段安全生产指挥中心进行了汇报。

19 时 45 分左右，滕安赐进入机械室，发现 6 号移频柜有数个轨道电路出现报警红灯。

19 时 55 分左右，接到通知的温州电务车间工程师陈旭军、车间党支部书记王晓、预备工班长丁良余 3 人到达温州南站机械室，陈旭军问滕安赐："登记好了没有？"滕安赐说："好了。"陈旭军要求滕安赐担任驻站联络，随即与王晓、丁良余进入机械室检查，发现移频柜内轨道电路大面积出现报警红灯（经调查，共 15 个轨道电路发送器、3 个接收器及 1 个衰耗器指示灯出现报警红灯），陈旭军即用 1 个备用发送器及 1 个无故障的主备发送器中的备用发送器替代 S1LQG 及 5829AG 两个主备发送器均亮红灯的轨道电路的备用发送器，采用单套设备先行恢复。

20 时 15 分左右，陈旭军通过询问在行车室内的滕安赐得知"红光带"已消除，即叫滕安赐准备销记。滕安赐正准备销记，此时 5829AG "红光带"再次出现，王晓立即通知滕安赐不要销记。陈旭军将 5829AG 发送器取下重新安装，工作灯点绿灯。随后，杭州电务段调度沈华庚来电话让陈旭军检查一下其他设备。陈旭军来到微机房，发现列控中心轨道电路接口单元右侧最后两块通信板工作指示灯亮红灯，便取下这两块板，同时取下右侧第三块的备用板插在第二块板位置，此时其工作指示灯仍亮红灯。陈旭军立即（20 时 34 分左右）向DMIS（调度指挥管理信息系统）工区询问了可能的原因后，便回到机械室取下三个工作灯亮红灯的接收器。此时列控中心轨道电路接口单元右侧第二块通信板工作指示灯亮绿灯，陈旭军随即将拆下来的两块通信板恢复到两个空位置上，然后通信板工作指示灯亮绿灯。陈旭军在微机室继续观察。至事故发生时，杭州电务段瓯海工区电务人员未对温州南站至瓯海站上行线和永嘉站至温州南站下行线故障处理情况进行销记。

20 时 03 分，温州南站线路工区工长袁建军在接到关于下行线三接近"红光带"的通知后，带领 6 名职工打开杭深线下行 584 km 300 m 处的护网通道门并上道检查。20 时 30 分，经工务检查人员检查确认工务设备正常后，温州南工务工区驻站联络员孔繁荣在《行车设备检查登记簿》（运统－46）上进行了销记："温州南—瓯海间上行线，永嘉—温州南下行线经工务人员徒步检查，工务设备良好，交付使用。"

19 时 51 分，D3115 次列车进永嘉站 3 道停车（正点应当为 19 时 47 分到，晚点 4 分），正常办理客运业务。

19 时 54 分，张华发现调度所调度集中终端（CTC）显示与现场实际状态不一致（温州南站下行三接近在温州南站计算机联锁终端显示"红光带"，但调度所 CTC 没有显示"红光带"），即按规定布置永嘉站、温州南站、瓯海站将分散自律控制模式转为非常站控模式。

20 时 09 分，上海铁路局调度所助理调度员杨向明通知 D3115 次列车司机何栎："温州南站下行三接近有"红光带"，通过信号没办法开放，有可能机车信号接收白灯，停车后转目视行车模式继续行车。"司机又向张华进行了确认。

20 时 12 分，D301 次列车永嘉站 1 道停车等信号（正点应当 19 时 36 分通过，晚点 36 分）。

永嘉站至温州南站共 15.563 km，其中永嘉站至 5829AG 长 11.9 km，5829AG 长 750 km，5829AG 至温州南站长 2.913 km。

20 时 14 分 58 秒，D3115 次列车从永嘉站开车。

20 时 17 分 01 秒，张华通知 D3115 次列车司机："在区间遇红灯即转为目视行车模式后以低于 20 km/h 速度前进。"

20 时 21 分 22 秒，D3115 次列车运行到 583 km 834 m 处（车头所在位置，下同）。因5829AG 轨道电路故障，触发列车超速防护系统自动制动功能，列车制动滑行，于 20 时 21分 46 秒停于 584 km 115 m 处。

20 时 21 分 46 秒至 20 时 28 分 49 秒，因轨道电路发码异常，D3115 次列车司机三次转目视行车模式起车，均没有成功。

20 时 22 分 22 秒至 20 时 27 分 57 秒，D3115 次列车司机 6 次呼叫列车调度员，温州南站值班员 3 次呼叫 D3115 次列车司机，均未成功（经调查，20 时 17 分至 20 时 24 分，张华在 D3115 次列车发出之后至 D301 次列车发出之前，确认了沿线其他车站设备情况，再次确认了温州南站设备情况，了解了上行 D3212 次列车运行情况，接发了 8 趟列车）。

20 时 24 分 25 秒，在永嘉站到温州南站间自动闭塞行车方式未改变、永嘉站信号正常、符合自动闭塞区间列车追踪放行条件的情况下，张华按规定命令 D301 次列车从永嘉站出发，驶向温州南站。

20 时 26 分 12 秒，张华问臧凯 D3115 次列车运行情况，臧凯回答说："D3115 次列车走到三接近区段了，但联系不上 D3115 次列车司机，在继续联系。"

20 时 27 分 57 秒，臧凯呼叫 D3115 次列车司机并通话，司机报告："已行至距温州南站两个闭塞分区前面的区段，因机车综合无线通信设备没有信号，跟列车调度员一直联系不上，加之轨道电路信号异常跳变，转目视行车模式不成功，将再次向列车调度员联系报告。"臧凯回答："知道了。"20 时 28 分 42 秒通话结束。

20 时 28 分 43 秒至 28 分 51 秒、28 分 54 秒至 29 分 02 秒，D3115 次列车司机两次呼叫列车调度员不成功。

20 时 29 分 26 秒，在停留 7 分 40 秒后，D3115 次列车成功转为目视行车模式启动运行。

20 时 29 分 32 秒，D301 次列车运行到 582 km 497 m 处，温州南站技教员幺晓强呼叫 D301 次列车司机并通话："动车 301，你注意运行，区间有车啊，区间有 3115 啊，你现在注意运行啊，好不好啊？现在设备（通话未完即中断）。"

此时，D301 次列车进入轨道电路发生故障的 5829AG 轨道区段（经调查确认，司机采取了紧急制动措施）。20 时 30 分 05 秒，D301 次列车在 583 km 831 m 处以 99 km/h 的速度与以 16 km/h 速度前行的 D3115 次列车发生追尾。事故造成 D3115 次列车第 15、16 位车辆脱轨，D301 次列车第 1~5 位车辆脱轨（其中第 2、3 位车辆坠落瓯江特大桥下，第 4 位车辆悬空，第 1 位车辆除走行部之外车头及车体散落桥下；第 1 位车辆走行部压在 D3115 次列车第 16 位车辆前半部，第 5 位车辆部分压在 D3115 次列车第 16 位车辆后半部），动车组车辆报废 7 辆、大破 2 辆、中破 5 辆、轻微小破 15 辆，事故路段接触网塌网损坏、中断上下行线行车 32 h 35 min，造成 40 人死亡、172 人受伤。事故现场如图 6-2 所示。

图 6-2

2. 事故原因

经调查认定，导致事故发生的原因是：通号集团所属通号设计院在 LKD2-T1 型列控中心设备研发中管理混乱，通号集团作为甬温线通信信号集成总承包商履行职责不力，致使为甬温线温州南站提供的 LKD2-T1 型列控中心设备存在严重设计缺陷和重大安全隐患。铁道部在 LKD2-T1 型列控中心设备招投标、技术审查、上道使用等方面违规操作、把关不严，致使其在温州南站上道使用。当温州南站列控中心采集驱动单元采集电路电源回路中保险管 F2 遭雷击熔断后，采集数据不再更新，错误地控制轨道电路发码及信号显示，使行车处于不安全状态。

雷击也造成 5829AG 轨道电路发送器与列控中心通信故障。使从永嘉站出发驶向温州南站的 D3115 次列车超速防护系统自动制动，在 5829AG 区段内停车。由于轨道电路发码异常，导致其三次转目视行车模式起车受阻，7 分 40 秒后才转为目视行车模式，以低于 20 km/h 的速度向温州南站缓慢行驶，未能及时驶出 5829AG 闭塞分区。因温州南站列控中心未能采集到前行 D3115 次列车在 5829AG 区段的占用状态信息，使温州南站列控中心管辖的 5829AG 闭塞分区及后续两个闭塞分区防护信号错误地显示绿灯，向 D301 次列车发送无车占用码，导致 D301 次列车驶向 D3115 次列车并发生追尾。

上海铁路局有关作业人员安全意识不强，在设备故障发生后，未认真、正确地履行职责，故障处置工作不得力，未能起到尽可能避免事故发生或减轻事故损失的作用。

经调查认定，"7·23"甬温线特别重大铁路交通事故是一起因列控中心设备存在严重设计缺陷、上道使用审查把关不严、雷击导致设备故障后应急处置不力等因素造成的责任事故。

3. 事故处理结果

2011 年 12 月 28 日上午，国务院常务会议做出了对"7·23"甬温线特别重大铁路交通事故的处理决定（下文中提及的人名及职务，指的是事故发生时的任职）：

时任铁道部部长刘志军、副部长陆东福、总工程师何华武、副总工程师兼运输局局长张曙光、运输局副局长兼客运专线技术部主任季学胜、运输局副局长兼基础部主任徐啸明、科技司司长耿志修，中国铁路通信信号集团公司（以下简称通号集团）副总经理、党委常委缪伟忠，通号设计院董事长、党委副书记张海丰，上海铁路局局长龙京、党委书记李嘉等 54 名事故责任人员受到严肃处理。通号集团公司总经理、通号股份公司董事长马骋，鉴于已因病去世，不再追究责任。对于相关责任人员是否涉嫌犯罪问题，司法机关正在依法独立开展调查。

会议同意事故调查组给予铁道部、通信信号集团公司、通信信号研究设计院、上海铁路局等单位 54 名责任人员党纪政纪处分的处理意见。其中，铁道部部长刘志军、副总工程师兼运输局局长张曙光对事故发生负有主要领导责任，因涉嫌严重违纪违法问题，另案一并处理；通信信号集团公司总经理、通信信号股份有限公司董事长马骋对事故发生负有主要领导责任，鉴于已因病去世，不再追究责任。

铁道部副部长陆东福对事故发生负有重要领导责任，给予记过处分；给予铁道部总工程师何华武记过处分；给予铁道部运输局副局长兼客运专线技术部主任季学胜撤职、撤销党内职务处分；给予铁道部运输局副局长兼基础部主任徐啸明撤职、撤销党内职务处分；给予铁道部科技司长耿志修降级、党内严重警告处分；给予通信信号集团公司副总经理、党委常委缪伟忠撤职、撤销党内职务处分；给予通信信号研究设计院董事长、党委副书记张海丰撤职、撤销党内职务处分；给予上海铁路局局长、党委副书记龙京撤职、撤销党内职务处分；给予上海铁路局党委书记李嘉撤销党内职务处分。对其他责任人员，根据其应承担的责任给予相应党纪政纪处分。

务知识巩固

1. 铁路 4·28 交通事故应吸取哪些经验教训？
2. 铁路 7·23 交通事故给我们哪些启示？

任务 6.6　铁路机务安全细则

务描述

本任务中主要学习机务安全生产相关规定，机务系统各部门、各岗位安全要求及职责，机务部门职工应具备的一般安全常识，机车乘务员安全作业一般要求，机车检修的安全规定。

务学习目标

● 专业能力
（1）掌握机务安全细则知识；
（2）了解安全生产各级责任制；
（3）掌握机务职工一般安全常识；
（4）掌握机车乘务员安全作业一般要求；
（5）掌握机车检修安全作业一般要求；
（6）掌握机车整备作业要求；
（7）了解铁路机务各专业工种作业安全标准。

● 方法能力
（1）能够通过真实工作环境、云平台提供的学习环境或虚拟教室学习环境，自主学习机务安全常识；
（2）能够依据铁路机务的特点，约束自己在机务工作中的行为，确保机务安全。

● 社会能力
（1）具备良好的职业道德修养，能遵守职业道德规范，有较强的工作责任感；
（2）能灵活处理机车运用中的特殊情况，具有良好的心理素质和协调能力，善于交流，诚信、开朗。
（3）具有自主学习能力，有责任心，具有一定的分析能力，善于总结经验和创新。

务理论知识

6.6.1 总则及安全生产责任制

1. 总则

加强劳动保护工作，搞好安全生产，保护职工的安全与健康，是党和国家的一贯方针，是建设社会主义和谐社会，全面贯彻"以人为本、关爱生命、安全发展"的基本要求，也是保证生产顺利进行的重要条件。

为了进一步贯彻国家安全生产方针，加强机务部门安全生产的领导，确保各岗位、各工种作业中的人身安全，防止发生伤亡事故，特制定《机务行车安全管理细则》（下文简称《细则》）。

各单位、各部门广大职工应牢固树立安全第一的思想，在认真贯彻总公司、铁路局颁发的有关规程、规定、措施的同时，对本《细则》的有关规定必须认真学习，严格执行。对模范遵守本《细则》和防止事故有功人员，根据具体情况给予表扬或奖励，对违反本《细则》规定者应分情况给予批评教育和纪律处分。对玩忽职守、违章指挥、给国家和人民生命财产造成严重损失的要严肃处理，依法惩处，并追究领导责任。

《细则》是广大职工长期生产实践的总结，任何单位、部门和个人，均不得违反本《细则》的规定。各单位可根据《细则》规定的原则和要求，结合实际情况，制定实施办法，并报局备案。

2. 安全生产责任制

1）段长、副段长

① 根据管生产必须管安全的原则，在计划、布置、检查、总结、评比生产的同时，计划、布置、检查、总结、评比劳动保护工作，对本单位职工在生产中的安全、健康负全面责任。

② 认真贯彻执行国家颁发的劳动保护法令和安全卫生规程，以及上级部门制定的安全技术细则。组织制订本单位的安全实施细则，正确指挥生产。

③ 组织编制和贯彻劳动保护技术组织措施计划，不断改善职工劳动条件，正确安排和使用劳动保护经费。

④ 积极改善尘毒作业环境与条件，使之符合国家规定标准，并定期组织对有关职工进行健康检查。

⑤ 根据季节特点和专业性问题，每季组织开展以四查（查领导、查管理、查作业、查设备）为主要内容的安全大检查活动，对查出的问题要组织力量，积极整改，做到责任到人，件件落实。保证各种生产、生活、技术设备、设施、工具符合安全卫生要求。

⑥ 定期召开安全会议，总结推广安全生产的先进经验。要不断地调查研究安全生产情况，分析伤亡事故、职业病及职业中毒的发生原因，组织制定防范措施。在发生作业人员伤亡事故时，亲自组织调查处理，做到"三不放过"（找不出原因不放过，事故责任者和群众受不到教育不放过，没有防止措施不放过）。

⑦ 要经常对职工进行安全生产和遵章守纪的宣传教育，定期进行安全考试。对安全生

产有显著成绩和突出贡献者给予表扬、奖励；对事故责任者，要进行批评教育，必要时给予行政处分或经济处罚。

⑧ 支持和领导劳动保护专职人员和小组安全员的工作。应保持劳动保护专职人员队伍的相对稳定。

2）总工程师

① 总工程师要对劳动保护的技术工作负责，经常向职工进行安全技术教育，领导编制安全技术措施，保证安全生产。

② 在审查、批准技术文件和处理技术问题时，必须贯彻安全、技术、工业卫生的规程和标准，保证职工在生产中的安全与健康。

③ 审查批准本单位各部门制定的有关安全技术方面的制度和操作细则，并监督贯彻执行。

④ 经常研究改善职工的劳动条件，了解职工的健康状况，对不符合健康标准的应停止其担当的工作。

3）车间领导

① 对所管辖车间的安全生产及职工健康负直接领导责任。

② 认真贯彻执行有关劳动保护的规章制度，合理组织生产，严格控制加班加点，注意劳逸结合。

③ 在计划、布置、检查、总结、评比生产的各项活动中必须包括安全生产的内容。

④ 不断组织检查各种生产建筑物、技术设备、工具和辅助设施，组织整顿工作场所，保证符合安全卫生规程的要求。

⑤ 经常向职工进行安全思想、安全技术知识、安全规章制度和劳动纪律的教育。对新工人和调换工作岗位的工人要经人身安全、劳动安全、规章制度等有关安全技术教育考试合格后才能上岗。督促检查职工正确使用防护用品、防护设备和尘毒治理设施，并负责提出本车间改善劳动条件的技术、组织措施和计划。

⑥ 定期分析作业人员伤亡事故和事故苗头的发生原因，负责提出改进措施。发生作业人员伤亡事故时应立即上报。每月召开一次车间安全会议，布置安全生产工作，组织学习安全文件，交流安全生产经验。

4）班组长（指导司机）

① 对班组的安全生产工作负直接领导责任。

② 负责组织本班组职工学习和贯彻执行有关安全技术规章制度，教育职工遵守劳动纪律，按章作业。对新工人和调换工作岗位的工人进行安全思想教育、安全技术教育，并指定专人负责指导。

③ 经常检查整修工具设备、安全卫生设施，整顿工作场所，使之经常保持作用良好，并督促职工正确使用防护用品。

④ 充分发挥小组安全员的作用，组织全班人员开展安全预想活动，学习推广安全生产先进经验。

⑤ 及时研究分析伤亡事故、事故苗头、职业病和职业中毒等原因，提出并实现安全措施。

⑥ 发生作业人员伤亡事故要详细记录。组织全班人员认真分析，吸取教训。发生死亡、

重伤事故要保护好现场，立即上报。轻伤事故要按规定上报。

5）职工

① 认真学习安全生产知识和安全技术规章制度，自觉遵守规章制度和劳动纪律，在生产中互相监督、互相帮助，保证安全生产。

② 积极参加各项安全生产活动，主动提出安全生产的改进措施，爱护和正确使用机械设备、防护设备、工具、防护用品与尘毒治理设施。

③ 发生伤亡事故及事故苗头时，本人或在场职工应立即采取措施，及时汇报。

④ 新职人员、新换岗位人员、实习人员和参加劳动的其他人员，必须经过安全教育。在学习、实习期间禁止在没有熟练操作工人的监护指导下单独进行作业。

⑤ 设备的使用实行"两定"（定人、定设备）、"三包"（包使用、包保管、包养修）制。操作设备要凭操作证，设备使用人应认真做到"三好"（管理好、使用好、养修好）、"四会"（会使用、会保养、会检查、会排除故障）。

6）安全员

① 安全员要模范遵章守纪，熟知本班组各岗位的安全要求，坚持原则，敢于负责。安全员在班组长的直接领导下，在劳动保护专职干部的指导下，协助班组长开展安全工作。

② 经常宣传安全生产方针，督促协助班组长召开本组安全分析会议，不断改进班组安全生产工作。

③ 发现违章作业及不安全因素时有权立即提出批评并指正，对严重违章而导致危急情况时，有权指令先停止操作，然后汇报有关领导处理。如仍有阻力，有权越级向上级领导报告，以确保安全生产的方针落实到班组和个人。

④ 协助班组长组织本班组落实各项安全生产措施，提醒各项安全注意要点，组织班组职工轮流安全值日。

⑤ 随时注意并掌握本班组安全生产的好坏典型，向安全技术部门汇报，并协助做好安全生产评比工作。

7）劳动保护工作机构或人员

① 协助领导组织推动生产中的安全工作，贯彻执行劳动保护法令和规章制度。对忽视工人生命安全、健康的错误倾向，要坚持原则。

② 汇总和审查安全技术措施、计划，并且督促有关部门切实按期执行。

③ 组织协助有关部门制定或修订安全生产制度和安全技术操作规程，并对这些制度、规程的贯彻执行进行监督检查。

④ 经常进行现场检查，协助解决问题，遇有特别紧急的不安全情况时，有权指令先行停止生产，并且立即报告领导调查处理。

⑤ 总结推广安全生产的先进经验，对干部职工进行安全生产的宣传教育。

⑥ 指导生产班组安全员的工作。

⑦ 督促有关部门按规定发放及合理使用各种防护用品、保健食品和清凉饮料。

⑧ 参加审查新建、改建、大修工程的设计计划，并且参加工程验收和试运转工作。

⑨ 参加伤亡事故的调查处理，进行伤亡事故统计、分析和报告工作，协助有关部门提出防止事故的措施，并且督促按期执行。

⑩ 督促有关部门做好劳逸结合和女职工的保护工作。

⑪ 组织有关部门研究执行防止职业中毒和职业病的措施。

8）技术、业务部门

① 在下达新的生产任务或使用新技术、新工艺、新材料、新设备前，要制定相应的安全技术操作细则。

② 在设计新建工程项目时，应符合"工业企业设计卫生标准"的要求。有关安全防护项目要与主体工程同时施工，同时验收，同时投产。

③ 每年在年度计划中要提出本单位改善劳动条件的技术措施、计划。对已批准的改善项目，负责设计、施工和竣工验收。

④ 对现有生产设施和各种技术设备的安全防护装置和通风、降温、防毒防尘、照明等设施，应负责提出日常管理和养护维修计划。

9）人事、劳资部门

① 对新招工人、调入和转换工种的工人，进行三级安全教育或新工种安全技术教育。

② 对定职、定级和改职工人，均必须经安全技术考试，鉴定合格后才能任职。

③ 负责组织行车有关主要工种、高温作业工种和接触尘毒作业工人进行调入前的身体检查和定期的体检。体检表应存入档案备查。对身体状况不适合该工种工作的应及时负责调离。

④ 在制定劳动定额、查定定员、确定工作时间和班次时，应符合劳动保护的要求。在审查制定职责范围及推行经济责任制时，必须列入安全生产责任内容。在制定奖惩办法时，要把安全生产列为主要条件之一。

10）教育部门

① 在编制职工技术业务教育计划和组织技术业务学习时，要有安全技术教育内容，并负责安全考试工作，颁发安全合格证。

② 对新招工人、调入和转换工种的工人，以及培训特殊工种工人时，要组织安全技术学习和考试鉴定工作。负责签订师徒合同。

11）材料部门

按照防护用品的发放范围和标准，对防护用品、改善劳动条件用料及设备等，负责计划、申请、采购、保管、发放及回收等工作，并保证质量。

12）计划部门

① 在编制计划时，根据上级颁发的有关规定，对防护用品、防暑、防寒、改善劳动条件、安全宣传教育等所需费用同时编列上报。

② 对安全技术、劳动保护、工业卫生等有关费用，按季度、款源、科目、项目、款额列表并监督执行，纳入季度、年度的经济活动分析。

13）财务部门

① 根据计划和上级规定，掌握和监督安全技术、劳动保护、工业卫生等费用的及时正确使用。

② 按季度分析劳动保护费用的使用情况，及时提出劳动保护经费的预算和决算。

③ 审核防护用品请领单。

14）总务部门

① 负责清凉饮料、卫生备品、饮水等的采购和供应工作。

② 负责防暑防寒用具、饮具的计划、采购、供应、保管、修理、安装工作。

③ 负责防护用品的洗涤、修补和消毒工作。

15）各级调度

① 负责及时正确地统计作业人员伤亡事故和事故苗头。发生事故要及时向段和路局汇报，并与安全技术专职人员取得联系。

② 在指挥生产的同时，布置下达安全注意事项，了解、掌握安全生产情况，及时报告和通报有关部门应吸取的教训，防止事故。

6.6.2　机务部门职工应具备的一般安全常识

① 各工种、各岗位的职工和工作人员必须学习、掌握有关安全作业制度和安全常识，并经安全考试合格后方准上岗作业（一年定期考一次，80分以上为合格）。

② 工作时，必须按规定穿戴好防护用品，并注意整洁。冬季不得把防护耳孔盖严；夏季禁止赤足裸臂，禁止穿凉鞋、高跟鞋、塑料底鞋、钉子鞋上岗作业。双层及以上作业必须戴好安全帽。工作前，要充分休息，不准饮酒；工作中，要精力充沛，精神集中，坚守岗位，不准做与本职工作无关的事。

③ 作业场所保持整洁，通道畅通，产品、配件、原材料堆放整齐；下班前，要关闭风、汽、水、电等开关，工具、材料要收拾整齐，打扫周围环境，关好门窗，做到工完、料净、场地清洁。

④ 在任何情况下，均不得在机车、车辆、机械设备等下面或有倒塌危险、有毒气体和过分潮湿的地点附近休息、乘凉或避风雨。不准在铁路钢轨、枕木上坐卧、逗留，禁止在吊起重物下停留或行走。

⑤ 禁止在道心或枕木头上行走；横越线路或道口时，要"一站、二看、三通过"，严禁抢行、钻车；不得脚踏尖轨和道岔转动部分，严禁从集中联动的道岔处通过。

⑥ 在夜间通过沟渠或有碍通行的处所时，应携带照明用具。在地沟、水井、水池等附近通行时，防止滑落摔伤，严禁从地沟上跳越。

⑦ 一切机械设备都必须建立检修、保养、使用专人负责制。其他人员没有本机械操作合格证严禁操纵。

⑧ 各种机械设备转动部分及有危险的外露部分，均应设置防护装置。检修或临时排除故障、擦拭等工作必须切断动力来源。修理带有压力的部件时，应首先截断压力来源，放出余压后，方准进行工作。严禁带压紧固或修理。

⑨ 各种电动机具要安装漏电保护器，除按规定日期检查绝缘电阻外，每次使用前也必须对绝缘进行检查。

⑩ 严禁私自拉线、接火或安装用电设备，更不得用铁丝等导电的物体接触或拴拉电线。临时拉设电线或增设灯头等用电设备，须通知电工按正当手续办理。

⑪ 各种机械设备、工具及检查测量用具等质量状态，必须严格按照规定期限进行检查、修理和校验。工作前还应对机械设备、工具等严格检查和试车。

⑫ 对有爆炸、燃烧危险的物品等要按规定妥善存放管理，严禁在其附近吸烟和明火作业。特殊情况必须动火时要严格按规定报有关部门批准。

⑬ 进入各种容器内（如锅炉、金属槽等）工作时，进口处应设"里面有人工作"的警

示牌，同时设专人监护。冬季严禁用炭等燃料在内部取暖，以防窒息；工作完了关盖时，应检查确认无人后，方可进行。

⑭ 在机车上部和高处作业时，要站稳抓牢，做好安全防护措施，佩戴好安全带（绳），禁止搬上搬下重物或从高处抛掷工具、工件等。天气不良危及人身安全时禁止上高处作业。

⑮ 登高作业使用的梯子、作业平台，必须符合国家标准要求。配备活动木梯、高凳、升降台等，必须经过应力计算和技术性能试验，方准投入使用。使用前，应检查确认其完整良好、安全可靠；作业时要思想集中，不得用力过猛或探身过远或高空跨越。升降移动时，须确认安全无误，方可开动。梯子与地面要有一定安全角度（55°～60°为宜），并要有防滑装置。不得两人在同一梯子上作业。在无安全防护时，不得双手离开梯子工作，使用人字梯时应挂好安全链钩。由高处下来时，不得面向外方。

⑯ 二人扛抬时，应同肩同步、同起同落，所用绳索抬具扎系牢固，防止滑落。二人以上搬运笨重物件时，必须统一行动、专人指挥、相互配合、呼唤应答。

⑰ 在电化区段，为保证人身安全，除牵引供电专业人员按规定作业外，任何人员及所携带的物件、作业工器具等须与牵引供电设备高压带电部分保持 2 m 以上的距离，与回流线、架空地线、保护线保持 1 m 以上距离。电气化区段保洁、施工等作业，不得将水管向供电线路方向喷射，机车保洁不得采用向车体上部喷水方式洗刷车体。

⑱ 在电化区段，通过铁路平交道口的车辆限界及货物装载高度（从地面算起）不得超过 4.5 m，车辆上部或其货物装载高度（从地面算起）超过 2 m 通过平交道口时，车辆上部及装载货物上严禁坐人。机车、动车及各种车辆上方的接触网设备未停电并办理安全防护措施前，禁止任何人员攀登到车顶或车辆装载的货物上。

⑲ 电力机车在段内进行整备作业，需要操纵隔离开关时，要严格执行登记、监护、呼唤应答等各种制度，办理隔离开关使用手续，不得简化程序。司机升弓前，必须亲自检查确认高压室内、地沟内或机车下无人作业，履行呼唤应答、鸣笛后，方可进行。

⑳ 发现牵引供电设备断线及其部件损坏，或发现牵引供电设备上挂有线头、绳索、塑料布或脱落搭接等异物，均不得与之接触，应立即通知附近车站，在牵引供电设备检修人员到达采取措施以前，任何人员均应距已断线索或异物处所 10 m 以外。

㉑ 各岗位职工除应严格遵守安全用电规定外，必须懂得触电急救知识。

6.6.3 机车乘务员安全作业要求

1. 一般要求

① 机车乘务员（含动车组司机，以下同）上岗前必须在有资质的铁路机车司机培训基地进行培训，考试合格并取得职业资格证书后，方能担当乘务工作。

② 出、退勤时，一班人要同行，应走固定的走行线路。严禁以车代步、走道心或枕木头。

③ 在机车（动车，以下同）上或靠近机车工作时，须处于安全牢固的地点。禁止站在可能变动位置的物体上进行工作。

④ 在参加定期修及入厂时应按工厂有关安全技术细则进行工作。

⑤ 在停车从事检查或处理走行部故障时不得侵入邻线，要随时注意机车车辆运行状态；在中间站等会有通过列车、动车组的相邻线路时，禁止在相邻线路（有站台时除外）一侧进

行作业。

在车底下作业时要做好呼唤应答，禁止用身体各部挎、挤、靠制动系统和其他部件；更换闸瓦时须在手柄或闸把上挂好禁动牌，关闭闸缸塞门，以防机车移动造成伤亡。在坡道上进行上述工作时应打好铁鞋。

⑥ 动车前应加强联系，确认司机、学习司机及有关人员处于安全位置后方可鸣笛动车。做到人不齐全不动车、车不停稳不上下。

⑦ 机车在段内、站内运行时，不得向外探身过远，要注意瞭望，防止信号机、接触网杆、三层作业平台、擦车架及检修库大门等设施挂伤、碰伤。

⑧ 机车出入检修库时，车库大门应开好。机车走板、梯子、脚蹬、车顶等处不得有人，头部不得探出窗外。

⑨ 禁止在机车车辆走行中进入钩挡内作业。摘钩时应"一关前、二关后、三摘风管、四提钩"；连挂时要"一停、二引、三检、四挂"。

⑩ 机车部件保有压力时，严禁进行维修，更不得用敲打、紧固、捻、钻等方式施修。

⑪ 区间停车进行下部作业时，夜间应将停车地点照明；必须实行全列车制动；禁止从无渡板和无栏杆的桥梁上乘降；在较高的路堤时，应注意防止跌落。

⑫ 机车在运行中不得在司机室外部从事任何检查或修理工作；中门、非操纵端门窗必须锁闭。途中会车时，严禁将头探出窗外，并须注意邻线列车运行情况，接近车尾前忘鸣笛。

⑬ 检查、修理电力、内燃机车时，禁止使用明火照明。机械间、电器间内严禁吸烟；检查蓄电池时戴好防护手套，严禁将金属工具放在跨线上，并注意防止电解液溅出灼伤。

⑭ 在电气化区段运行的机车、动车、车辆可以攀登到车顶的梯子、天窗等处所，均应有"电气化区段严禁攀登"的警告标志。

⑮ 凡运行途经电气化区段的机车都必须严格执行电气化区段作业制度。整备完后出库前，对通往车顶或车体走行板的门、梯子，必须加锁或加装自动报警装置。严禁到车顶上作业或用水冲洗机车上部。

2. 内燃机车乘务员安全要求

① 检查机车电器部分时，禁止手触各电器，更不得带负荷检查、处理故障或接触高压带电部件；检查各电机时不得掉入异物，碳刷的刷辫不得接触外壳；检查牵引电机时，启动手柄须挂禁动牌。

② 在进行机械间检查时必须呼唤，司机同意后方可进行，检查时禁止接触机械间各旋转、运动的部件。

③ 启动柴油机前需盘车时，必须检查盘车工具是否有油，如有油污须擦拭干净，启动时应检查各转动部分有无障碍物，所有人员站在安全位置，认真执行呼唤应答，统一指挥，发现异状及时停机。

3. 电力机车乘务员安全要求

① 禁止在带电的情况下接触高压导线和各种用电设备的导电部分。

当机车受电弓升起时，禁止进入高压室和变压器室，禁止开启防护高压用的护板、外罩及电机整流子孔盖；动车时禁止修理机车车体下面的电气设备、机械装置和通风装置。

② 接受机车时应确认电器仪表和器具的外罩、机车轴承接地装置状态良好、受电弓是否降落，电压表即使在零位也要确认。

③ 必须保持机车必备的绝缘防护用品（如绝缘手套、绝缘垫、接地线等）状态良好，并放置于固定的地点。其安全用具均应按规定进行检验，禁止超期使用。

④ 当用摇表测量机车电路、用电设备的绝缘时，禁止接触电器部件，除机械和制动部分可以工作外，其他各项工作均应停止。

⑤ 司机确认本班人员都处于安全位置后，再做高、低压试验。升弓前要确认机车所有装置良好，高压室、变压器室无人，呼唤应答并鸣笛后方可升弓。

⑥ 换乘司机、学习司机进行走廊巡视前要呼唤，操纵司机同意后方可进行。

⑦ 机车停于整备线后，断开主断路器，降下受电弓，取下控制电源钥匙，办理隔离开关使用手续，隔离开关打开后并挂好接地线，方准上车顶作业。此时进入该线的其他机车禁止超越规定的停车地点。

⑧ 机车停在接触网下，在未接到停电的调度命令和挂好接地线前，绝对禁止登上机车顶部。电力机车在区间或站内未设隔离开关的线路上，发生弓网故障须上车顶处理时，必须经列车调度员准许，发布调度命令，命令中须注明"接触网已停电，准许作业人员在设好防护、接好地线后靠近接触网处理故障（作业）"的内容。升弓验电、挂好接地线后，方可上车顶作业。

6.6.4　机车检修安全作业的规定

1. 一般要求

① 钳工工作台应稳固在坚固的地基上，工作台的前面应设防护网。工作台相对两边安装虎钳应错开，工作台的中央应设防护网。

② 虎钳安装的高度，钳口上平面应与钳工肘部为同一水平，钳口必须互相吻合，钳口上须有良好齿纹。铜钳口嵌入部分不可过浅，防止夹小件工作物时挤出。

③ 使用虎钳进行工作时应注意以下事项：

a）拆卸工作物时两脚要躲开工作物的下面；

b）锤击工作物时，不得与钳口平行，不得用大锤敲打；

c）虎钳不得当砧子用；

夹紧虎钳时，不得使用套管或用手锤打击钳子把。

④ 使用锤类应注意以下事项：

a）使用大锤、手锤时禁止戴手套或使用垫布；

b）挥锤前应注意周围情况，避免正面对人；

c）不得以手锤当垫铁使用；

d）锤头松动时须用木楔或铁楔加固，禁止临时蹾紧勉强使用；

e）姿势要正确，脚要站稳；地面不得有油垢，以防跌滑；锤把不得有油，手上有汗时应及时擦干。

⑤ 铲锉切割金属时，应站在工作物的侧旁，在临切断前应轻轻敲打，不得对淬火的工作物进行铲剁。在临时工作地点铲剁硬质、易碎金属有危害他人安全时，应设置临时防护围屏。

⑥ 各种扳手及专用工具必须与工作物吻合，操作时不可用力过猛，以防滑脱。拆下的部件，必须放在牢固的处所。

⑦ 使用扳手松紧螺母时，应先将螺母和扳手的油垢擦净，不得用扳手向反方向扳动，禁止扳手接扳手或将扳手当锤子使用。

⑧ 拆装大螺母时，必须脚下站稳，不得用力过猛，不得在有压力的情况下拆卸或紧固，更不得震动或敲击。

⑨ 使用锉刀类应注意以下事项：

a）必须装有结实的木质握柄，握柄前端须镶嵌金属箍，不准用无柄或破柄的锉刀进行锉削；

b）不得以光板锉刀当通针、起子或撬棍使用，不得放入衣服口袋里；

c）锉纹当中的锉屑，要用专用刷子清除，不准用嘴吹，以防铁屑飞进眼里；不得用手摸锉刀及加工物的表面，以防锉刀在工作物表面打滑；

d）锉刀严禁接触油类，粘着油质的锉刀要用煤油清洗干净，涂上白粉。

⑩ 刮研工作物时禁止用手擦刀口上的屑末，刮研较小的工作物时应使用可变换角度的夹具，不得手持零件进行刮研。

⑪ 用手锯割材料和工件，临锯断时要放慢速度，并用手拿住快要割断的工件或用支架撑住，不要强行纠正歪斜的锯路。

⑫ 使用风动、电动工具作业时应注意：

a）使用风锤、风铲时不准对人，风锤头要用铁链拴好，停止工作后应将风铲或风锤头取下；

b）电钻、风钻在没有完全停止转动前，不得手摸钻头；操作风钻时禁止戴手套；停电、休息、离开工作场所时，应切断电源和风源，严禁用手清除钻头上的金属屑；

c）用木棒或其他工具压紧电钻、风钻时，应与钻体垂直，两侧用力必须一致。

⑬ 拆卸车钩、排障器、缓冲装置，以及组装、拆卸、刮研轴瓦时，均应使用足以保证安全的专用工具；拆装车钩时，应搭设安全渡板，禁止双足蹬踩地沟边缘；检查、试验缓冲装置时，应防止弹簧崩出伤人。

⑭ 检修机车高温部件时，注意防止烫伤。

⑮ 电动机械及其附属装置或电线路发生故障时，应立即停止工作，通知电工修理，严禁擅自触动。开关电动机刀闸时，要绝缘良好，身体不得接触导线任何部分。

⑯ 推入、推出轮对时，须注意以下几点：

a）携带长把止轮器，确认线路、道岔开通状态及线路两旁有无障碍物；在转线时，线路两端应设专人防护；

b）确认电动落轮机的活动节轨是否对正装好；

c）配备足够的人力并指定专人指挥；

d）推动轮对时速度不得超过 5 km/h，在一条线路上同时推动多个轮对时，两轮对间距离不得小于 15 m；

e）推轮对时必须站在轮对后方，禁止自动溜滚及手扶轮缘；推轮对至指定地点后，须打好止轮器。

⑰ 使用千斤顶时应注意事项：

a）千斤顶须有保安装置，且作用必须良好，使用千斤顶前必须进行机能试验，不得超过规定的负荷；

b）禁止以管钳子或扳手代替压机柄，不准手握压机柄端部，以防触地挤手；

c）千斤顶应安放在坚固平坦的地基上，顶面须垫入防滑垫板，严禁以铁垫代替木垫；

d）千斤顶应保持垂直，其支柱升起高度不得超过最大扬程的 3/4，禁止在千斤顶上面叠置千斤顶进行起高作业；

e）使用两个以上千斤顶时，须有专人指挥，起升时须缓慢、平衡、一致；往一端架车时，须在架起的反方向上加上止轮器，在有坡度的线路上更须注意，以防滑动。

⑱ 煮洗配件用的火碱锅、池，其高度应高于地面 0.5 m 以上，地下式的煮洗锅、池，应设安全防护，以防工作人员失足滑入锅内。向锅内放置配件或投入火碱时，应轻轻放入，禁止投掷。

⑲ 禁止用能产生有害气体的化学药品进行清洗和浸洗机车配件。

⑳ 除司机、地勤司机外，检修人员严禁操纵机车或启动柴油机。

㉑ 机车行驶中，不得在外部站立或从事修理工作。

2. 内燃机车检修作业安全要求

① 内燃机车入库检修时，机车两端应挂禁动红旗（牌），拧紧手闸，打好止轮器。

② 检修柴油机时，一定要拉下蓄电池刀闸，并挂禁动牌。

③ 检修柴油机、曲拐、活塞、变扭器、主发电机等大型配件时，必须放在安全可靠的架子上进行。

④ 机车在有负荷情况下任何人不得进入高压室处理故障，并禁止拉临时线和裸露线修理电器故障。

⑤ 柴油机启动后，检查员应避开转动部分，要耳听、眼看各部运转状态，发现不良情况应及时停机检查。

⑥ 盘车时一定要做好呼唤应答，确认周围无障碍时方可进行，给束时要恢复好盘车装置。

⑦ 牵引电机做空载试验时，应装设防护栏杆，电机接线要做好绝缘。

⑧ 进行焊接工作时，应用专用的工具送料，焊接电机端子时，不得面对端子，焊接前应烤干，以防溅爆伤人。

⑨ 柴油机启动时，冷却间及冷却器夹角内禁止从事任何作业。

柴油机检修完毕后，确认无妨碍时方可取下禁动牌，合上蓄电池刀闸。起机复检，须由地勤司机负责，检修人员要随时做好停机准备，以防飞车伤人。

⑩ 不可用湿手操纵电器，处理机车故障、拆装和移动车上电器时，禁止带电作业。必须带电作业或打耐压试验时，一定要做好防护。

⑪ 内燃机车检修、处理故障时，应与有关人员联系，并做好安全防护后方可进行。

⑫ 检修后、启动前，应将机车打好止轮器，各有关人员处于安全位置后，方可启动，以防车动伤人。

⑬ 水阻试验时，应注意以下事项：

a）水阻台磨合试验前，工长必须对机车停留位置、连接导线、各部压力表、切断牵引电机等情况进行检查，检查合格后方可进行；

b）试验时严禁手触检查，注意导线温度变化，发现异常应立即停车检查，严禁任何人在水阻箱附近停留，以防高压触电；

c）遇下雨天气应停止试验；

d）机车在水阻台试验，所有参加试验人员应一律听从组长的统一指挥。

3. 电力机车检修作业安全要求

① 使用引车机应注意以下事项：

a）使用引车机牵引机车出入检修库，必须有专人操纵引车机，并确认线路无障碍物、有关人员处于安全地点，彻底联系后方可动车，严禁降弓滑行入库；

b）前端司机室内应设专人注视线路、人员等状况，随时做好停车准备；

c）机车引车至停车地点后，应做好防溜措施；

d）给电后，若机车不能移动，应立即停止引车作业。

② 检修库检修的机车需辅助回路接 380 V 电源时，必须有两人以上参加。一人在机车上，通知在高压室内作业人员停止作业，并离开机车到安全地点后，再通知地面监护人员合闸给电，并挂禁动牌。地面监护人员不得擅离职守。如有人呼唤或有异状时，要立即切断电源。

③ 使用摇表测定机车电路、电气设备的绝缘时，禁止接触电器部件。除机械、制动系统允许作业外，其他作业应停止。

④ 电器、电机进行高压、耐压试验时，应在指定场所内进行，周围应设保护栏杆，并应挂有醒目的"高压危险""禁止入内"的警告牌。

⑤ 使用干燥箱时，工作人员应坚守岗位，随时观察温度、电流变化，并做好登记。

⑥ 打磨牵引电机整流子时，机车的引动速度应在 3 km/h 以下，并应使用带绝缘手柄的打磨工具。

⑦ 主断路器、转换开关试验时，操作人员须站在转动部件的背面，并应安设防护网。

6.6.5 机车整备作业

1. 扳道员作业

① 引导机车或调车作业时，应严格执行停上、停下制度。

② 在机车上引导作业时应站稳、抓牢，并注意建筑物、接触网支柱、标志及其他设施。

③ 扳动弹簧道岔时，放置铁砣不得用力过猛，以防砸脚或跌倒。

④ 清扫道岔须用专用工具，清扫电气集中操纵的道岔时，必须与外勤调度员联系好后方准作业，并应夹道岔木楔，严禁将脚伸到道岔活动部位，必要时应设防护。

⑤ 转盘作业前，应确认转盘与地面轨道衔接良好，插好定位销。上下转盘时应防止踏入转盘缝隙内。

2. 烤砂、上砂作业

① 筛砂、烤砂、上砂作业，应采用密闭式或自动化装置，以消除粉尘；粉尘浓度应定期检测，须达到或接近国家规定标准，防止粉尘危害。

② 给机车上砂时，必须与机车司机联系好，待机车停稳后方可作业。在开、关砂箱盖时须站稳、抓牢，不得用力过猛。

③ 用车推砂上砂时应注意线路来往机车和周围环境，传递砂桶时禁止抛掷。

3. 内燃机车整备作业

① 内燃机车上油整备作业，装卸上油软管时应站稳，不得用力过猛，注油时防止油管

蹦出打伤。

② 值班人员应加强防火巡视，上油线附近不准堆放易燃物。

③ 油罐车到达卸油地点后，拧紧手闸或打好止轮器，安装好禁动牌后方可进行作业。

④ 上、下卸油台梯子时，要面向内侧，转动油鹤臂，放、吊活动渡板时脚要站稳，轻拉、轻放绳链。开启油罐车车盖时，应挂好安全带。

⑤ 冷却水作业时，树脂罐冲洗后、还原作业前，首先检查确认各塞门通路开关位置是否良好正确，而后进行作业。防止树脂罐爆裂。

⑥ 油脂、棉丝存放处所，严禁烟火。照明应使用防爆灯，并应有良好的通风设施。

⑦ 开启油桶盖时，必须使用专用工具；避免碰、撞发出火星引起火灾或爆炸。

⑧ 装卸、搬运油桶时，运输工具与油桶接触处应装有缓冲垫。作业人员应处于安全位置，以防碰伤、挤伤。

⑨ 接触酸、碱等物质时，应穿戴好专用防护用品，使用专用工具，以防酸液烧伤。

4. 电力机车整备作业

1）接触网隔离开关操作规定

① 隔离开关操作人员须经过培训并取得由供电设备管理单位颁发的安全操作证后，才能胜任此工作。

② 隔离开关的钥匙和安全用具（绝缘手套、绝缘靴、绝缘垫板、绝缘棒及连接杆、接地线），均应由安全监护员负责保管，并应经常保持良好状态。

③ 使用隔离开关时需向安全监护员提出申请，并认真填写登记。

④ 隔离开关操作前，操作人必须按规定穿戴好绝缘靴和绝缘手套，确认开关及其操作机构正常，接地线良好，方准按程序操作。

⑤ 隔离开关、开闭作业时，必须执行"一人操作，一人监护"制度。

⑥ 遇雷雨天气时，禁止操作隔离开关，严禁带负荷操作隔离开关。

⑦ 绝缘靴、绝缘手套等安全用品，应半年进行一次绝缘耐压试验，并存放在阴凉、干燥、防尘处所，使用前用干布擦拭，并进行外观检查，发现有漏气、裂损等现象禁止使用。

⑧ 使用电动隔离开关时，"CJ 系列电动操动机构"箱钥匙、接地杆锁钥匙、远程控制柜钥匙、安全钥匙、门禁卡及门禁机械锁钥匙必须分股道放置在专用钥匙箱内，由隔离开关监护员负责保管。

⑨ 操作隔离开关时，隔离开关监护员、隔离开关操纵员、车顶作业人员必须本人在"隔离开关使用登记簿"上进行逐项登记，必须做到一人一卡。

⑩ 使用隔离开关地面控制柜远程操作隔离开关的分合闸及自动接地杆的摘挂时，隔离开关操作员、监护员可不穿戴绝缘防护用品。遇隔离开关故障等特殊情况，隔离开关操作员、监护员须按规定穿戴检测合格的防护用品，使用绝缘工具。

2）分闸

① 司机（地勤司机）按规定办理好隔离开关申请登记手续后，穿戴好绝缘防护用品。安全监护员确认机车停留位置，受电弓降下后，方能将与机车停留位置相对应的隔离开关转换装置的锁打开。

② 司机（地勤司机）按规定将隔离开关断开后，挂好接地线，安全监护员将转换装置锁闭后，把车顶门钥匙交给作业人员。

3）合闸

① 司机（地勤司机）在车顶作业完毕后，确认无其他人员作业，且无工具、杂物时，锁闭车顶门。向安全监护员申请办理合闸登记，并将车顶门钥匙交给安全监护员。

② 安全监护员确认车顶无人后，监督司机撤除接地线，安全监护员打开隔离开关锁，司机高声呼唤"合闸啦"，安全监护员复诵"合闸"后，司机（地勤司机）按规定闭合隔离开关，安全监护员确认隔离开关状态良好后，锁闭隔离开关转换装置。

6.6.6 各专业工种安全作业要求

1. 电工

① 厂内配线一般使用绝缘线。灯头线应使用软线。潮湿及危险场所（锅炉房、地沟、乙炔间、燃料库、浸化干燥间等），应使用防潮或防爆的电器和配线。

② 因工作需要接引临时电线时，应遵守下列规定：

a）禁止从地面上拉线或将穿线管露出地面，架空敷设时应有足够的高度；

b）使用绝缘层完好的绝缘线，两个以上的接头处应错开，接续点应焊牢，并用绝缘胶布包好；

c）电源容量允许，并有开关和过负荷保护装置；

d）临时线一般不超过三个月，用毕及时撤除。

③ 配电盘（箱）、分电盘及电气开关应尽量采用密闭式，如为非密闭式结构时，应有能加锁的保护装置，配电盘（箱）、分电盘应设红色信号标示灯，附近禁止堆放物品。

④ 自动开关的保护装置应按规定进行整定，刀闸开关的熔丝应合乎标准，当厂内配线使用两种以上的不同电压时，所有插座均应标明电压。

⑤ 所有电力机械的外壳均应按规定接地或接零。手持电器的电压，应符合下列要求：

a）在一般场所不超过 220 V；

b）在较危险及危险场所不得超过 36 V，在特别危险的场所不得超过 12 V。

⑥ 禁止用自耦变压器及辅助电阻的办法取得安全电压。禁止将行灯变压器、变频器带入锅炉或其他金属容器内。胶皮绝缘线禁止与高温、潮湿及涂油的物体接触。

⑦ 电力工进行高处作业时，须使用合格的登高工具及安全带。

⑧ 开、合总开关及分电盘，应指定专人负责，其他人不得擅自开、合，开、合高压开关时须戴绝缘手套。

⑨ 修理或清扫电力机械时，须切断电源并将开关箱加锁。在开关箱门悬挂"禁止合闸，有人工作"的标志牌；工作前还须用验电笔检验，确无电压后方准开始工作。禁止带电作业。

感电、漏电着火时须立即停电进行修理。

⑩ 电力机械、电灯等设备，如有暴露在外部的导电部分，必须加装绝缘或用绝缘胶布包紧，以防发生触电事故。

⑪ 所有电力机械设备应严格按规定进行检查、测试，禁止非专业人员擅自修理。

进行高压电力检修工作时，应申请电力部门采取停电、检电、接地封线等技术措施，此后方可进行。

⑫ 凡临时停止使用的电力设备，应及时将可熔保险器拆除，所留线头应用绝缘胶布包好。

2. 起重机械及其附属装置和起重工具的安全作业要求

① 起重机（包括轨道起重机、桥式起重机、天车、龙门起重机、臂式起重机、电动葫芦起重机）司机、副司机，须由经过训练并考试合格持有证件的熟练人员担当。

② 起重机的操纵室，除值班的司机和副司机外，其他人员不准进入。操纵室内应备有专用的灭火器。司机、副司机应熟知灭火器的性能及使用方法。机动的起重机和绞车必须有音响警告装置。

③ 起重机的卷扬、移动、旋转或变幅机构必须按构造、技术要求安装制动器。

④ 各种起重机的梯子、平台、走台和桥式起重机的梁边都应设不低于 1 m 的防护栏杆，栏杆下部应有不少于 100 mm 高的挡板，梯子、平台、走台设计应符合 GB 4053.1—2009 国家标准。起重机传动装置的危险部位应设有防护罩或防护栏杆。直梯和倾斜角大于 75°的梯子，其高度超过 2 m 的应设置弧形防护笼。

⑤ 电动的起重机必须有卷扬限制器和行程限制器。卷扬限制器应使滑轮在提升到距离卷扬极限 300 mm 以前能自动停止；条件许可的，这种距离还可延长。行程限制器设置应能保证在工作范围内安全使用。

⑥ 电动的起重机上的金属构架、轨道、电气设备的金属外壳或其他不带电的金属部分，均须有保护性接地或接零。

⑦ 桥式起重机和龙门起重机在由司机室或房架走台进入桥架的门上，应有自动联锁装置，以保证有人进入桥架时能自动断电。

⑧ 桥式起重机的供电滑线应当有鲜明的颜色，以便区别。起重机的上、下平台靠近供电滑线侧应设置防护挡板。

⑨ 随着起重臂倾斜角度的大小而变更其重量的臂式起重机，应设有起重量指示器。

⑩ 露天工作的起重机，司机室应设有防雨、防晒的设施。绞车、千斤顶和滑车，应有自动制动性能，使重物可以停留在任何高度。

⑪ 起重机的工作地点要有足够照明设备和畅通的吊运通道，并且应当与附近的设备、建筑物保持一定的安全距离，使其在运行时不致发生碰撞。

⑫ 可移动的起重机不得在架空输电线路下面工作，在通过架空输电线路时应将起重臂落下，以免碰撞。在架空输电线路一侧工作时，不论在任何情况下，起重臂、钢丝绳或重物等与架空输电线路的最小距离不小于表 6−1 中的规定值。

表 6−1　起重臂、钢丝绳或重物等与架空输电线路的最小距离

输电线路电压	1 kV 以下	1～20 kV	35～110 kV	154 kV	220 kV
最小距离/m	1.5	2	4	5	6

3. 起重作业的安全要求

① 必须按规定做好班前检查及试车，工作完成后，所有操纵把手均应置于中央（零）位上。关闭操纵室内的总开关。

② 桥式起重机司机必须遵守以下规定：

a）上、下起重机时应由指定的地点乘降，传递物品及工具时应使用布袋或用绳索捆扎，严禁由起重机上向下投掷任何物件；

b）当桥面走板上有人进行检修作业时，禁止移动起重机桥架；

c）起重机司机往桥面板上携带工具时，应将工具置于布袋内，不得将工具放置于台车上及桥面走板上。

③ 轨道起重机司机必须遵守以下规定：

a）起吊接近负荷限度的物体或向曲线内侧回转时，应该用夹轨钳将起重机夹装到轨道上；

b）吊悬物体走行时，必须先将起重臂回转至与线路中心线一致的位置；

c）向曲线内侧回转起重臂或在曲线上吊悬物体行走时，其起重能力应按规定负荷量减少 20%；

d）在有坡度的线路上进行起重工作时，除起重机应施行制动外，还应打好止轮器，以防移动。

④ 各种起重机在开始工作前，均应试验制动器的作用，必须在发出规定的信号后方准进行工作。

⑤ 超重机吊钩应垂直地挂在被吊起物体的上方，不得用起重机的吊钩斜拖物体。在任何情况下，起重物的重量，均不得超过限制的起重量。严禁用起重机起吊冻结或埋藏地下的物体。

⑥ 使用起重机起升重大物体时，应先将物体起升离地少许后一度停止，确认无异状后，方可继续升起或旋转。

⑦ 起重机及卷扬机横向移动物体时，须在高出其移动途中一切物体 0.5 m 以上的高度进行。

⑧ 起重机吊起重物移动起重臂时，勿使被吊物体或抓头、吊斗摇摆，起落时不得用力过猛。严禁人员处于吊悬物体、抓头、吊斗下面，若发现有人，应立即停车，并发出警告信号。

⑨ 起重机工作时，禁止对机械进行修理、给油等工作。对滑线桥式起重机的台车进行检查给油时，必在断开总电源后进行。

⑩ 禁止站立在被吊起的物体上或下面用手校正被吊起的物体。起重工作中，遇有紧急危险情况时，无论任何人发出停车信号，司机均需立即停车。

⑪ 用绳索捆扎物体时，不得有结扣及拧绕处所，司机在起升前必须确认是否牢固。为保护钢丝绳被物体上的锐角折断及擦伤，应放置垫物。

⑫ 禁止起重机在吊悬物体的状态中停止工作或休息；禁止轨道起重机在不良线路上或尚未验收接管的新线上进行起重工作。

⑬ 使用两台起重机或卷扬机起吊物体时，领导干部应到场指导，并使用均衡梁，要在专人统一指挥下方准进行作业。

⑭ 起重机作业应做到"十不吊"：

a）起重或埋藏地下物不吊；

b）非信号人员指挥或信号不明不吊；

c）重量不明不吊；

d）吊钩没对准货物重心（歪拉斜拽）不吊；

e）未试吊不吊；

f）简化挂索，捆绑不牢不吊；

g）6 m 以上长大物体无牵引绳不吊；

h）物体上有人、有浮摆物或勾连其他物体不吊；

i）吊索夹角过大不吊（不宜超过 90°）；

j）金属尖锐楞角物体吊索无衬垫不吊。

⑮ 起重机在非工作状态时，应将起重臂放在托架车或托架上。如无托架者，应将起重臂扬至旋转半径最小位置（移动时不得超过限界）。

4. 起重机械附属装置及起重工具的安全作业要求

① 起重用的钢丝绳、链条、吊钩和吊环，应当有制造单位的技术说明作为使用的依据。如没有则须经过试验，查明其规格、性能后，方可使用。

② 使用钢丝绳和链条，应不超过其最大的允许拉力。每根钢丝绳和链条的最大容许拉力应当按下列公式计算：

$$最大容许拉力=实际破断拉力/安全系数$$

③ 钢丝绳的安全系数不得低于 6，捆缚用的钢丝绳的安全系数为 8～10，链条的安全系数不用链轮的不得低于 6，用链轮的不得低于 8。手动起重机链条的安全系数，不用链轮的不得低于 3，用链轮的不得低于 4.5。

④ 使用钢丝绳时必须注意：

a）钢丝绳末端应牢固地绑好或插好，其尾端缠扎长度不得少于该钢丝绳直径的 5 倍；钢丝绳固定于起重机的部件时，应当用压板、楔子、锥套等可靠的办法连接；

b）起重机械上使用的钢丝绳禁止打结；

c）钢丝绳的绳套，应装有铁套环；用编结法结成绳套时，编结部分的长度不得小于钢丝绳直径的 15 倍，并且不得短于 300 mm；用卡子连接成绳套时，卡子数目不得少于 3 个，间距不应小于绳径的 6 倍，最后一个卡子距绳头不应小于 140～150 mm，上卡子时要一反一正，并且要把卡子拧紧到把钢丝绳压扁三分之二左右；

d）连接起重钢丝绳时，应当用绳套互相连接，连接处不能与套绕钢丝绳的卷筒或滑轮接触。

⑤ 钢丝绳出现下列情况之一应报废：

a）钢丝绳断一股时；

b）表面钢丝磨蚀达钢丝直径的 40%以上时，以及钢丝绳直径减少 7%以上时；

c）钢丝绳发生扭结变形；

d）钢丝绳在一个捻距内的断丝根数达到表 6-2 所列数值时，应报废。

表6-2　一个捻距内的钢丝绳断丝根数

钢丝绳结构	6×19+1	6×37+1	6×61+1	18×19+1
根数	12	22	36	36

在同一钢丝绳中钢丝直径不一时，粗丝一根折断按细丝 1.7 根计算，若钢丝绳有断丝又有磨损、锈蚀时，其断丝标准由表 6-2 查出的根数再乘以表 6-3 中的系数后作为断丝标准。

表 6-3　钢丝绳磨损、锈蚀时的断丝系数

表层钢丝磨损或锈蚀量	10%	15%	20%	25%	30%	40%以上
折标系数/%	85	75	70	60	50	报废

⑥ 起重机的卷筒两端边缘高度，至少应比最外层钢丝绳的表面高出该钢丝绳一个直径的高度。钢丝绳的长度，应为吊钩放置最低位置时尚须保有缠绕卷筒 2 圈以上的长度。

⑦ 使用链条时必须注意：

a）链条在链轮上要注意给油；

b）链条及其附属品在使用前必须检查有无裂纹、焊口张裂、磨损等情况；

c）连接链条时应使用螺栓或链环；

d）链条的个别环节发生弯曲、裂断时，应立即割去，并以新环补充；

e）用链条起重时不得有扣结或拧绕；

f）用链条捆绑尖锐边缘的物体时，应在棱角处所用布垫或木垫垫好；

g）链条在寒冷地方搁置后，使用时先加温预热；

h）用人力起重者，其卷轮与链条直径之比应在 20 倍以上；用机动起重者，这个比例应在 30 倍以上。链条只可用于尺寸及形状相吻合的链轮上；

i）每一链条应具有载重限度标记，每年应以链条负荷两倍的重量检验二次。

⑧ 链条有下列之一时禁止使用：

a）因起重及使用不正确或热处理不当，致使不能保证安全时；

b）伸长度超过原有长度 5%时；

c）链径磨损程度超过原有直径四分之一以上时。

⑨ 链条、钢丝绳在工作前均应施行严格检查，不得捆绑超过负荷力的重物。捆绑时应由索具工或富有经验的工人担当。起吊物体时，应注意捆绑链条或钢丝绳在吊钩上的吊挂位置，勿使全部负荷集中在吊钩的尖端。

⑩ 吊钩和吊环应当用锻造、冲压或钢板迭合的方法制造，并经试验取得安全可靠数据，经有关部门批准后方可使用。根据工作条件，在吊钩上应设置保险卡子或防护挡板，以防脱钩。吊钩过重不易转动的，应当装在滚动轴承上。吊钩和吊环如有永久变形或裂纹，应当报废更换。吊钩断面高度磨损达 10%时，应当重新验算，以确定更换或降低负荷使用。吊钩、吊环应当定期进行检查、探伤。

5. 运搬及装卸作业的安全要求

① 担任装卸作业时，应熟悉装卸机械、设备及工具的使用性能，定期和经常地检查机械、设备状态，保证满足技术条件和安全条件的要求。对新设和新修好的装卸机械、设备及工具，应经过严格检查与试验。

② 根据现场的工作条件，应配备足够的装卸用具和人力，并根据工人的体力强弱、熟练程度，适当地分配工作。装卸特殊长大、笨重物件时，领导人员应亲临现场指挥，并派专人事先对装卸现场加以整顿。作业时，禁止无关人员在场逗留。

③ 装卸物件使用的跳板，应保持一定的宽度及厚度，长达 3 m 以上者，其中间底部应设蹬架。

④ 捆、抬用的绳子质量良好，并应标有荷重限度，禁止超负荷使用。

⑤ 装卸轮对时必须注意以下各点：

a）装卸前除应检查机具良好外，并应准备足够的止轮器；

b）装卸时必须有专人负责，统一指挥作业；

c）吊起前，应检查绳索、吊钩是否挂牢，吊起 50 mm 时再检查吊挂是否平衡，否则立即落地校正；

d）起、落时须缓缓进行，特别是落于车辆底板或钢轨上时更要缓慢，防止冲击；

e）在吊起的轮对下面及周围的地面上，禁止站人或存放物品；

f）装卸中需移动车辆时，必须由持有驾驶证的人员开动机车，在调车员指挥下确认无障碍物时才准缓缓移动；

g）装卸时，必须及时打好止轮器，轮对在装车后应用铁丝捆绑牢固。

⑥ 搬运和捆扎时，应事先检查，以防被露出的钉尖或铁丝等刺伤。

⑦ 装卸、运搬酸类，须使用坚固的运搬器具。禁止用背、抱、扛等方式移动酸类及苛性物质。运搬飞散性的苛性物质时，须戴防毒面具。

⑧ 运搬作业应尽量使用运搬车，车上应带有侧板。对容易滑落的重物不要堆积过高，堆置铸铁块时，其高度不得超过 1.5 m，铁堆附近应留有大于 1 m 宽的通行路。

⑨ 两人以上抬运重物时，必须同起、同落，由一人负责喊口令，缓步踏稳前进。运搬长大物件时，在拐角及前方瞭望困难处所，应慢行并进行呼唤，以防撞人。

⑩ 运扳氧气瓶时应注意：

a）不可投掷、震荡及相互碰撞，不得与油类接触或置于靠近火焰与露天暴晒的场所；

b）氧气瓶两端应有良好胶皮套环，没有安全帽的氧气瓶不得运搬；

c）不得使氧气瓶的风门朝下，禁止把减压阀当作把手握持；

d）应使用专用小车，禁止肩扛氧气瓶，以防跌落。

⑪ 运搬机械零件时，禁止投掷；放下较大零件时，应先使一头落地，然后轻轻放下，不得突然撒手，以防砸伤。

⑫ 运搬各种类型连杆时，必须使用小车，禁止扛抬。使用小车运搬时，应安放平稳，防止机件滑落伤人。

⑬ 撬移重物时，应有专人负责指挥，并须由熟练工人掌握撬棍，禁止骑撬棍和两脚悬空压撬棍。

⑭ 装载、运搬化学药品、易燃品及油类时，严禁在附近吸烟。

6. 叉车的安全作业要求

① 叉车应有作用良好的手制动器和良好照明、音响信号等装置。

② 叉车起动前必须确认通路畅通。进出库门、转弯时应减速、鸣喇叭。

③ 在坑、沟边上行驶应保持距边沿 0.3 m 以上。叉车行驶中车上不准载人，货叉高度应升到距地面 0.2～0.3 m。

④ 叉车停放时，应将货叉落在地面。禁止在坡道上停放。遇有故障不能行走时，应拉紧手制动器及关闭起动装置，以三角木掩住车轮后才可排除故障。

⑤ 禁止超负荷作业，禁止用叉车顶撞、拖拉物品。

⑥ 起重超过 70%额定能力时，禁止同时进行两种及以上操作动作。

⑦ 电瓶叉车禁止同时接通 2 个动作电路。

238

⑧ 叉车不得叉取堆放高度超过门架的物体行走。一件物体超过门架高度时，应采取捆绑措施，保持物体的稳定。行走时要设专人引导。

⑨ 叉车作业要做到四不叉：

a）物体重心超过货叉的载荷中心，使纵向稳动性降低时不叉；

b）单叉偏载不叉；

c）物件堆码不稳不叉；

d）超重或重量不明不叉。

⑩ 普通叉车不得进行有危险的易燃、易爆物品作业。

⑪ 在 10%以上坡道上行驶时不得转向，负重上坡正向行驶，下坡倒向行驶。在平整路面走行转向时速度不得超过 5 km/h。不得在 5%以上坡地上堆码作业。

7. 锅炉的安全作业要求

1）固定锅炉司炉一般要求

① 固定锅炉司炉必须经过培训并取得劳动部门颁发的锅炉安全操作证后，方准单独作业。

② 锅炉各仪表处的光线，不得被障碍物体遮蔽，必要时需在各仪表上单独装设照明灯。

③ 锅炉运行时，值班司炉不得擅离工作岗位或兼作其他工作。

④ 锅炉的水表、玻璃管须设防护罩。更换新管时，应徐徐开放水汽伐，预热后再全部开放；使用中的锅炉和各管路，应加隔热材料隔离。

⑤ 锅炉房内应备有值班日志，应详细记录运行情况，交接班时应签字。

2）锅炉点火

① 锅炉点火前，直接工作人员应做到：

a）在关闭锅炉入孔、烟道门以前，确认锅炉、火室内无任何人员或物件；

b）检查火室、安全阀、烟道，应完整；

c）检查注水装置等附属设备，应完整、作用良好；

d）检查直接与锅炉相连的蒸汽、给水、放水管上的关开设备是否灵活和置于规定位置；

e）锅炉水位必须在最低容许水位以上。

② 在点火过程中，应注意气压表、水表的指示压力及水位，并注意锅炉附件是否良好。投煤时应注意煤中有无爆炸物，运煤、清灰时应洒水。点火后，发生滴泄时严禁带汽进行修理。

③ 多数锅炉并连使用时，其中之一因检修或停止使用时，除将与其他锅炉相连通的蒸汽止阀严密关闭外，还须于法兰盘处加铁垫堵塞。

3）锅炉运用

① 锅炉在运用中水位不得低于安全水位，水位变动应轻微。锅炉蒸汽压力表的指针，不得超过安保红线。

② 安全阀应加铅封，杠杆式安全阀应加锁链。严禁用楔铁塞紧各安全阀或在锤上悬挂其他重物，更不得移动阀杆上现有荷重的位置。

③ 锅炉放水时应注意周围情况并谨慎缓慢进行，如发生水冲击、震动或放水部件发生故障时，应立即停止放水并查明原因；禁止用手锤或杠杆等工具开放放水阀。

4）锅炉熄火及故障处理

① 禁止向火室内以浇水的方法实行熄火。

② 对运行的锅炉，遇有下列情况之一，应该立即熄火：

a）锅炉水位降低到锅炉运行规程所规定的水位下限以下时；

b）不断加大向锅炉给水及采取其他措施，但水位仍继续下降；

c）锅炉水位已升到运行规程所规定的水位上限以上时；

d）给水机械全部失效时；

e）水位表或安全阀全部失效时；

f）锅炉元件损坏，危及运行人员安全时；

g）燃烧设备损坏，炉墙倒塌或锅炉构架被烧红等严重威胁锅炉安全运行时；

h）其他异常运行情况，且超过安全运行允许范围。

③ 遇有火灾及发生其他紧急事件时，须采取以下措施：

a）在锅炉房外发生火灾或其他紧急事件时，锅炉房值班人员应坚守岗位；

b）如果火势或其他事件威胁到锅炉房，应立即熄火，向锅炉内加强注水，并将蒸汽排出室外。

④ 水质检验或投药时，防止烧伤或中毒。

8. 机床及机床工安全作业要求

① 操作者必须熟知"应知、应会"内容，经考试合格取得设备操作证后，方准操作。

② 冲床、电刨等机械，必须有防止冲手、刨手的安全装置，并保持灵敏、可靠，否则禁止使用。

③ 各种机械设备均须有安全操作注意事项，并挂于机械设备附近明显处所。

④ 各种设备的改造及非标准设备的制作，必须有安全防护装置，并经审批后方可制作。使用前必须经过有关部门验收，并对使用人员培训，考试合格后方能投入使用。

⑤ 各种机械设备，均应安设在妥善的位置及坚固的地基上，相互间的距离不得少于 1 m，并注意机床运动部分的最大外探距离，工作地点应经常保持整洁，不得有杂乱物品及障碍物。机床照明应采用 36 V 以下电压。

⑥ 机床及其周围应设防护装置，或加设活动栏杆，并应经常保持其完整和有效状态，主要包括：

a）皮带轮及各传动装置；

b）外露齿轮必须加防护罩；

c）运动中有危险的加工物；

d）不在机体内的均重装置；

e）有金属屑飞溅处所应安装挡板；

f）运动中一切突出部分，可能引起危险时，应安装平滑的防护盖。

⑦ 工作人员必须着用规定的防护用品，不得穿宽大衣服，袖口须扎紧，女工必须将头发挽束帽内，严禁工作中戴手套。

⑧ 遇下列情况，应停车退刀：

a）机床工离开机床时；

b）进行修理、调整、更换刀具、齿轮和装卸工作物时；

c）检查、测量工作物时；

d）扫除金属屑时；

e）停电或转动部分发生故障时。

⑨ 在机床上装卸、加工笨重物件时，应使用超重设备及辅助工具。

⑩ 工作物及刀具应牢固，正确地卡置于机床上，禁止在机床面上放置工作物或工具。装卸工作物及夹具时，应事先清除上面的毛刺、铁屑及油垢。

⑪ 金属屑及擦拭机床用的破布、线头等，应由专人于规定时间进行清洗。

⑫ 工作完成后，应将机床和工作场所收拾整洁，加工部件应放置于适当处所，并将工作过程中所发生的不正常情况报告工长和接班人。

9. 车工安全作业要求

① 镟削中的带状金属屑，应该用专用工具断削，不得用手。在链床上拆装、校正工作物或调换卡盘时，应先把刀架退出，并上好卡盘保险铁。

② 在链床上锉光或打磨工作物时须注意：

a）不得将手或衣服与工作物接触；

b）工作物有凹槽时，应该用木质材料填平，如有突出部分不得打磨；

c）不需要用顶针时，应将尾座移至安全位置；

d）不得用手直接把持砂布打磨；

e）使用锉刀时姿势要正确，锉刀须有木柄。如工作物很短时，应注意防止锉刀与卡盘相碰。

③ 禁止使用破裂的卡盘、镶箍，不得用手制止、扶、摸运转中的工作物或卡盘。

10. 钻工安全工作要求

① 安装钻头时，应使用适当的钻头，并使其坚牢。

② 禁止用手直接把持加工（重大部件除外），并应紧固牢靠。

③ 钻出的屑条不得用嘴吹、手动，应该用工具清除。

④ 工作中调整转速或转变工作物位置时，必须停车后进行。

11. 铣工安全作业要求

① 铣刀上部应以盖掩蔽，当批量加工机、部件时，必须加盖。装卸工作物时必须停车。

② 工作时，禁止在靠近铣刀处所做下列工作：

a）用手抚摸加工物表面；

b）用手抚摸刀刃；

c）测量工作物尺寸；

d）清除铣刀下的屑末。

③ 装卸铣刀时应注意：

a）安装铣刀前应检查铣刀是否良好、刀片装卡是否牢固；

b）装卸铣刀时，必须戴手套或在铣刀外边削刃部包以破布，不得锤击铣刀。

④ 安装好铣刀后必须试车，检查铣刀是否牢固、有无跳动。

12. 刨工安全作业要求

① 刨床的最大行程内，不准堆置任何物品，并安装防护装置。工作物要用合适的压板卡紧、压牢，以防移动。

② 刨床运转中不得变速，也不得用手调整工作物或触摸其表面。检查工作物时，不要把头部放在刨床行程内，不得用手抚在刀头上，必要时须停车检查。不得用手清除刨出的屑条。

③ 利用龙门刨床刀架安装砂轮时，砂轮应加防护罩，并设防止砂屑飞出的挡板。

13. 磨床的安全作业要求

① 砂轮防护罩和砂轮要装卡牢固，位置正确。工作台导轨挡尘毡垫应接触严密。

② 工作前应空转试车，发现异状立即停车处理。

③ 装、卡砂轮时，砂轮内径与托盘之间必须留有 0.1～0.5 mm 的间隙，防止胀裂砂轮。

④ 砂轮接近工件时，不准用机动进给，工作物与砂轮未离开时，不得中途停车。

⑤ 磨床发生事故后，应保持现场，切断电源，报告工长迅速妥善处理。

⑥ 使用砂轮机时应注意：

a）佩戴防护眼镜；

b）不得使用砂轮机侧面研磨；

c）禁止二人同时使用一个砂轮；

d）砂轮磨耗至与夹盘同样大小时禁止使用；

e）不得用砂轮磨大型工作物，过小的工作物不得手持研磨；

f）开车后待砂轮速度稳定，将身体站在侧面，头部闪开后再进行工作，不得用力过猛或过力紧压砂轮；

g）应使砂轮磨出的火星喷向下方；

h）砂轮的固定承台应保持在 3 mm 以内；

i）使用完后应立即停止转动。

14. 焊接的安全作业要求

1）焊接一般要求

① 焊接室应装设通风设备。

② 焊接室的地面应经常保持干燥整洁，严禁放置易燃物品。室外焊接时，应与易燃品存放处距离 10 m 以上，并禁止雨、雪天气在露天焊接。

③ 焊工必须经考试合格，尤其是焊接锅炉及受压容器的焊工，须特殊考试合格。

④ 焊接时应做好防护，不得把焊接物压在电线上或瓦斯管上，禁止把焊接用的带电电线与气焊软管设在一起。

⑤ 禁止在内部、外部尚有压力的容器及盛有危险性液体、气体及爆炸物品的容器上实行焊接。焊接装过油类的容器，应该用蒸汽或火碱水喷洗，擦干后确认无可燃气体时方准进行工作。

⑥ 在水柜中工作时，须开启上水口及水柜阀。

⑦ 在内火箱中工作时，应开启风户、炉门、灰箱门。在锅胴内工作时应开启汽包盖、洗炉堵等，必要时应设通风换气装置。

⑧ 焊接室内禁止使用露出式的刀闸及保险丝，禁止非焊接工作人员私动施焊设备进行焊接作业。

2）电焊作业安全要求

① 焊卡把手须用耐火材料及绝缘材料制成。

② 出入锅炉内或其他金属槽内时，应先切断电源，焊接时做好绝缘防护措施，身体不要同焊接物接触，在容易接触的部分，应铺设木板或胶皮。

③ 在容器内进行焊接工作时，外部应设监护人员，全部工作时间不得离开入口附近，以监视电焊工的动作。此种作业应尽量使用自然照明，必须使用照明时，其电压应在 24 V 以下。

④ 拉设临时电焊用的过轨架空线时，高度应高过轨面 7.5 m；从地面拉线时，须从钢轨下面枕木中间通过。

3）气焊作业安全要求

① 氧气瓶应放置于干燥及空气流通的地点，不得靠近火焰或受阳光暴晒，距明火至少应在 10 m 以上，冬季与暖气片的距离不得少于 1 m。禁止靠近易燃品及带电的电线附近，不得与油脂接触。

② 氧气瓶必须有防震胶圈和安全帽等装置。使用时应放于固定地点卡固并防止碰击。总气阀作用不良时，不得擅自拆卸修理。总气阀冻结时，严禁用火烘烤。

③ 乙炔焊接装置及仪表与工具均不得有油，试验表的压力不足时不许用油压。

④ 点燃火嘴时，应使用专用工具。在任何情况下，不得用手摘卸燃烧的火嘴。

⑤ 工作中发生回火现象时，须立即关闭熔接器上各阀、乙炔发生器上的塞门及氧气筒上的止阀。

⑥ 禁止使用带有伤痕或缠以绝缘带及其他材料的软管，氧气管子与乙炔管子不准互换使用。

⑦ 乙炔发生器距离明火不得少于 10 m，距暖气管或散热器不得少于 1 m，不得置于厂内通行道两旁，防止与氟、氯、溴、碘等物质接触，以防引起爆炸，发生器周围严禁吸烟并应设防护设施。

⑧ 乙炔发生器漏泄时，应以石灰溶液或肥皂水涂抹；需要修理时应停止工作，并排除房舍内的瓦斯气体。乙炔发生器及减压器冻结时，应在温暖的房舍内以热水溶解，严禁火烤。

⑨ 乙炔发生器应定期检查，每使用 1 000 h 应大修一次，防爆片应定期更换，每年至少一次。

⑩ 每日工作完成后应在指定地点彻底清扫乙炔发生器内、外各部，禁止在车间各室内拆卸、清扫与修配移动式乙炔发生器。

⑪ 乙炔发生器的新造、改造必须经过正式设计，得到领导机关批准后方得进行。禁止用钠、银、铜等金属原料制造乙炔发生器。

⑫ 与乙炔发生器室无直接关系的人员禁止入内。进入室内的工作人员，禁止吸烟及携带明火，室内应使用防爆灯。

15. 电动落轮机的作业安全要求

① 使用落轮机时，必须插好插销或上紧夹板，而后才准机车或单个轮对入、出落轮机。机车在落轮机上的运行速度不得超过 2 km/h。

② 需要落下或升起的轮对，必须停放在落轮机的中心位置，并在车轮前后安放止轮器。

③ 开动电机前，应做好联系工作，发出音响信号。落轮机开动时，操作者的精神要集中，随时注意运行状态。

④ 禁止把落轮机当千斤顶使用。禁止在落轮机上用千斤顶起重或进行焊接工作。严禁

在落轮机上进行清灰、放水操作。

16. 电动架修台作业安全要求

① 工作前应检查各部是否良好，并进行空车试运。

② 架车起落时，必须有工长参加，经检查确认无人员工作及障碍物后方可操作，并认真执行呼唤应答。

③ 运转中应随时监视升降高度是否一致，当达到需要高度时立即停车，切断电源。

④ 落车前要详细检查，确无障碍物后再进行落车。落车时要密切注意机车轴箱切口装入轮对的位置。

⑤ 起、落车时，各抬车点应同时受力，如发现横梁前后、左右不一致时，应立即停车处理。

⑥ 架车时横梁负重后，活动柱台车底座要与地面相触，如有间隙须加垫板垫实。

17. 油漆作业安全要求

① 油漆作业中应着用规定的用具，除锈和铲油皮时要戴防护眼镜。冬季在密闭的容器中进行作业时，禁止用明火取暖。

② 油漆库及进行油漆作业的场所，严禁烟火，并应于明显处所揭挂国家标准规定的"禁止烟火"字样的警告牌。

③ 油漆作业与电、气焊作业不得同时进行，未干透的油漆部件不准焊修。

④ 油漆室内须有足够的照明，照明灯应采用防爆灯，安装防爆型排风扇，电源开关禁止安放在喷漆室内。室内的易燃品、挥发性物品应放在妥善的安全地方，并应远离火源。

⑤ 油漆车轮时，应按规定挂禁动红旗（牌），打好止轮器，如需撬车（动车）油漆车轮时应注意联系。

18. 探伤作业安全要求

① 开始工作前应检查探伤设备及电气线路，探伤架应牢固，配件应放置平稳。

② 连接电源线路或插销前，应检查电闸箱或插销座所标明的电压，必须与使用的电压吻合后方得使用，手上有水时不得接、拆电源线和按、拨插销。探伤器、电线路或开关发生故障时，应切断电源后进行检查修理。

③ 工作中搬动笨重配件时，应实行呼唤应答；向地面放置配件前，应将地面杂物清扫干净，不得将配件一手掀倒地上，以防砸伤。

④ 机车轮对探伤时应打好止轮器，如需转轮时应做好呼唤应答。

19. 清洗和煮洗作业安全要求

① 工作前，应检查各塞门、管路、吊具及有关设备；洗槽周围地面应保持清洁，无积水，无杂物。

② 工作时，防止脚下滑倒跌伤。煮洗部件时，应平稳轻放，禁止投掷。取煮洗部件时，应关闭止阀。

调配煮洗液时，应戴防护眼镜。

③ 投放煮洗水或火碱时，应慢慢放入，不得过满，以防溢出。使用油类清洗时，应注意离开火源。

工作完了后应将汽水塞门及时关闭，清整场地。

20. 高频热处理作业安全要求

① 高频热处理设备须定期检查，闭联锁联动装置和安全开关应处于良好状态。

② 启动前必须对设备进行详细检查及清扫，在确认无故障时方准开机。

③ 当需要开门或取下挡板时，必须切断电源，并应揭挂"有人工作不准合闸"的警告牌，严禁带电检修和处理故障。

④ 遇有下列情况禁止启动设备：

a）在没接感应器或熔炉中无负载时；

b）全压时感应器或熔炉中无负载时；

c）电容器组没注入变压器油及没通入冷却水时。

21. 蓄电池作业安全要求

① 蓄电池室应安装通风装置，充电间应在单独的房间，不准作其他用。室内的墙壁、地面应使不受酸、碱类腐蚀的材料。

② 蓄电池及充电间应揭挂"禁止烟火"的警告牌，并备有灭火器。在使用过氧乙烯时要注意防火，组内的过氧乙烯、磁漆等易燃物应妥善保管，存放，防毒、防酸设备应经常保持良好状态。蓄电池应排放整齐，排间应留有适当距离。

③ 在使用配电盘、硅整流器、吊具及各种电气设备时，随时注意其工作状态，发现故障及时处理。

④ 在封沥青时，必须戴口罩，并站在上风头，以防中毒。蓄电池及其附近焊接时必须清除干净可燃气体。

⑤ 兑酸时应将酸徐徐倒入水中，严禁把水倒入酸内。

⑥ 工作结束或饭前必须洗手，食物不得带入工作场所，更换的废液应集中回收，严禁乱倒。

22. 挂瓦（白铁）作业安全要求

① 熔铅的工作场所应有良好的通风、排烟设备，屋顶不得漏雨，并应尽量采用密闭式熔白合金、挂瓦设备。

② 露天工作时，在熔白合金和浇注地点上方应设防雨设备。

③ 熔白合金用设备和工具，使用前及向锅内续白合金块时必须烤干，工作时必须戴口罩。在乏盐酸时，应注意勿使其溅溅。

④ 浇注白合金时，如发现白合金池漏，应以木板托泥填抹漏泄处所，不得用泥摔堵。

⑤ 在剪裁白铁皮、铜皮或进行咬口工作时，应注意边角，防止割伤手指。

23. 电镀作业安全要求

① 配制或调整电解液时，必须通风良好，非工作人员禁止进入电镀间，工作停止时应切断电源，关闭门窗。

② 严格药品保管、领用制度，禁止电解液及药品随便乱倒、乱混合。

③ 大型镀件两人以上操作时应精神集中，密切协作，起动设备时不得用手拨动皮带或跨越镀槽。严禁带酸、碱或水的物品接触配电盘、电机及电源。

24. 压力机作业安全要求

① 压力机应有准确、良好的压力表，并定期检修。压各种工作物时必须垫平，禁止使用管子或歪斜及带有油垢的物品作垫用，以防崩出。压力机应装有良好的安全阀，在压工作

物时，不得超过规定的允许压力。

② 在压力机上压带有弹性的工作物时，应设移动式防护网。作垫用的物品应保持稳固，开动压力机时应缓缓进行。

③ 压较大工作物时应使用专用吊具或足够的人力，抬上、抬下时须加强联系。

④ 压力机附近应经常保持清洁，严禁存放杂物，以防绊倒。

25. 木工作业安全要求

① 木工室内严禁烟火，木工休息室内火炉周围应设防护挡板。

② 使用木工电动机具时禁止戴手套，有钉子的木板，应将钉子拔出。

③ 使用斧头、凿子时，应先检查木柄有无裂纹，头部是否松动，凿柄应有铁箍。

④ 手锯木料时应把稳、踏牢，临锯断时要轻轻用力，锯割硬质有疤节异物的木料时更应注意。

⑤ 木平刨应有防护装置，不得用手持窄小工作物在平刨上刨削。

⑥ 不得手持工具攀登机车或登高作业，高处作业时应备有工具袋和安全带。

⑦ 使用电锯应注意：

a）锯割前注意检查有无铁钉、节疤等；

b）锯齿表面应光滑、平整，不缺齿；

c）锯料时不可用力过猛，不可用腹部推送，头部和身体应闪在工作物的侧面；

d）锯长大木料时应有人协助进行；

e）运转中发现异音和故障时应关机检修。

26. 空气压缩机作业安全要求

① 空气压缩机在管理上应严格注意以下几点：

a）防止压力超过规定限度和压缩空气温度过高；

b）防止雾化的润滑油或其分解物与压缩空气混合产生爆炸物质；

c）气缸、储气筒、输气管等壁上，不得积有油垢；

d）进行修理时，不得使擦拭物（煤油、汽油杂物等）落入输气管、储气筒与气缸内；

e）进气口过滤网要定期清洗，防止堵塞。

② 空气压缩机在使用时应严格注意：

a）在空气压缩机开动前，气缸套与冷却器套内必须预注水；在空气压缩机运转时，给水停止或不足时，须立即停止运转；

b）空气压缩机在运行中如发现缸温度超过规定时，不得向气缸套中加补大量冷却水，以防止气缸壁裂损；

c）压缩空气的最高温度单气筒式压缩机不超过 160 ℃，多级式压缩机不得超过 140 ℃。

③ 压缩机室内禁止存放易燃品，如汽油、乙炔等，并应设有灭火机或砂箱。

④ 空气压缩机应有下列防护：

a）各传动部分必须加装防护罩；

b）压缩机周围按需要设高 1 m 高的防护栏杆；

c）电力机件的绝缘必须良好，配电盘附近的地面应设橡皮地板式附有绝缘的木质地板；

d）为预防压力增大，压缩机上应装设调压器，以便在超压时转入空转状态，防止爆炸；

⑤ 在空气配管通过可燃材料的墙壁时，应以厚 10 mm 以上耐火绝缘物体与墙壁隔离。

⑥ 空气配管及其所属零件于安装前，应按规定进行水压试验；

⑦ 调整器每月最少清扫一次，以保证其作用良好。运转中如发现调整器作用不良时，应立即停止运转，通知有关人员进行检修。

⑧ 为防止静电放电，必须：

a）供给彻底清除尘灰的良好空气；

b）压缩机、空气配管及架在空中的储气筒，均应接地。

27. 储气筒

① 储气筒应安设于靠近压缩机的空敞地点（最好设在室外）。在储气筒附近有人行道或工作场所时，均应加设防护装置。设于室外时，应加装置棚，以防暴晒。

② 储气筒及压缩机间的配管上应装有止回阀。每个储气筒上应单独安装安全阀和压力表。安全阀喷放时其筒内压力不准继续上升。定期进行清扫、检修；其最低部位应安排污阀，每 4 h 排污一次。冬季应做好防寒措施，以防冻结。

③ 储气筒及有关压力容器，应在规定期间内进行严格的定期检查和试验，遇储气筒、冷却器、油水分离器或管路冻结时，只准用热水或蒸汽加热，严禁火烤。

 务知识巩固

1. 简述机务段各级安全生产责任制内容。

2. 简述机务部门职工一般安全常识。

3. 简述机车乘务员安全作业的一般要求。

4. 简述内燃机车乘务员安全作业要求。

5. 简述电力机车乘务员安全作业要求。

6. 简述内燃机车检修作业注意事项。

7. 简述电力机车检修作业注意事项。

8. 简述内燃机车整备作业内容。

9. 简述电力机车整备作业内容。

10. 简述电工安全注意事项。

11. 使用空气压缩机时应注意哪些事项？

附录A　常用凭证与报表

A.1　常用凭证

铁路行车常用凭证包括路票（见图A-1）、绿色许可证（见图A-2）、红色许可证（见图A-3）、调度命令（见图A-4）、出站/跟踪调车通知书（见图A-5）、轻型车辆使用书（见图A-6）、书面通知（见图A-7）、半自动闭塞发车进路通知书（见图A-8）、回送机车请求书（见图A-9）、回送机车技术状态书（见图A-10）、铁路救援起重机回送状态鉴定书（见图A-11）、机车添乘证（见图A-12）、登乘机车证（见图A-13）。

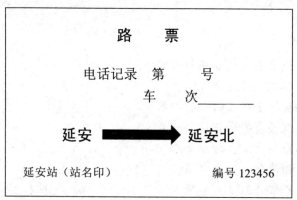

路　　票

电话记录　第　　号

车　次＿＿＿＿＿

延安　➡　延安北

延安站（站名印）　　　　　　编号 123456

注：1. 路票为预先印好区间（即站名）和编号的硬卡片；（规格 75 mm×88 mm）

　　2. 加盖㊙字戳记者，为路票副页。

图 A-1

许　可　证

第＿＿＿＿＿号

在出站（进路）信号机故障、未设出站信号机、列车头部越过出站（进路）信号机的情况下，准许第＿＿＿＿次列车由＿＿＿＿线上发车。

站（站名印）车站值班员（签名）

年　月　日填发

注：1. 绿色纸，复写一式两份，司机一份，存根一份；　　（规格 90 mm×130 mm）

　　2. 不用的字句抹消。

图 A-2

许 可 证

第_____号

现在一切电话中断，准许第_____次列车自_____站至_____站，本列车前

于_____时_____分发出的第_____次列车，邻站到达通知 已／未 收到。

通 知 书

1. 第_____次列车到达你站后，准接你站发出的列车。

2. 于_____时_____分发出第_____次列车，并于_____时_____分再发出

第_____次列车。

站（站名印）车站值班员（签名）

年　月　日填发

注：1. 红色纸，复写一式两份，司机一份，存根一份；　（规格 90 mm×130 mm）

2. 不用的字句抹消。

图 A－3

调 度 命 令

_____年___月___日___时___分　第____号

受令处所		调度员姓名	
内　容			

（规格 110 mm×160 mm）　　　　　受令车站_____　车站值班员_____

图 A－4

出站
跟踪 调车通知书

对方站承认的号码第_____号，

准许 自 时 分 起 ....机车由车站向_____区间 出站 调车。
　　 至 　 　 止 　　　　　　　　　　　　　　　 跟踪

站（站名印）车站值班（扳道）员（签名）

年　月　日填发

注：不用的字句抹消。　　　　　　　　　　　　　　　　（规格 90 mm×130 mm）

图 A-5

轻型车辆使用书

使用日期	车种	使用区间	上下行别	起讫时间	使用目的	负责人	承认号码	车站值班员承认站
月		自　　　　站 公里		自　时　分				
日		至　　　　站 公里		至　时　分				
注意事项								

（规格 88 mm×125 mm）

图 A-6

书 面 通 知

第____次司机：

监督器上不能确认第一个闭塞分区空闲，以在瞭望距离内能随时停车的速度，最高不超过 20 km/h，运行至第一架通过信号机，按其显示的要求执行。

站（站名印）车站值班员（签名）

年　月　日填发

注：白色纸，复写一式两份，司机一份，存根一份。　　（规格 90 mm×130 mm）

图 A-7

半自动闭塞发车进路通知书

第＿＿＿＿＿＿号

1. 在列车头部越过发车进路信号机的情况下，准许第＿＿＿次列车由＿＿线发车。

2. 在＿＿＿发车进路信号机故障的情况下，准许第＿＿＿次列车越过该发车进路信号机。

站（站名印）车站值班员（签名）

年　月　日填发

注：1. 白色纸，复写一式两份，司机一份，存根一份；　　　　　　（规格 90 mm×130 mm）

　　2. 不用的字句抹消。

图 A－8

回送机车请求书

＿＿＿＿＿＿＿＿站　　　　　　　　　　　　　　　　　＿＿＿＿＿＿年＿＿＿＿月＿＿＿＿日

机车型号		回送原因		
回送区间		回送到达厂段		
回送日期		回送司机	姓　名	驾驶证编号
回送种别				
拟附挂车次				
限制速度及理由				
回送注意事项				
记事				

（190 mm×260 mm）

监造项目部

或驻段验收室盖章

图 A－9

回送机车技术状态书

监造项目部
或驻段收室盖章

_____年____月___日

机车型号	所属单位	回送目的	回送方法	回送列车		回送区间		记事
				月 日	车次	发站	到站	

机车状态及注意事项	一般状态及不良处所			破损处所及需要特别注意事项		

附属物品及部分品	部分品名	数量	记事	部分品名	数量	记事	部分品名	数量	记事

190 mm × 260 mm

图 A-10

铁路救援起重机回送状态鉴定书

_____年____月___日

型号	
所属单位名称	
回送区间	自　　　　　　　　　站至　　　　　　　　　站
回送理由	
限界	高　　　　　mm　宽　　　　　mm
走行部状态	
连结部状态	
其他部状态	
回送速度	
注意事项	

140 mm × 210 mm

填发单位　　　（章）
鉴定人　　　　（章）

注：1. 本鉴定书内容，必须认真填写，如有不符，由填写单位及鉴定人负责。

2. 本鉴定书一式三份，一份交给始发站，一份交给回送人员携带，一份存查。

图 A-11

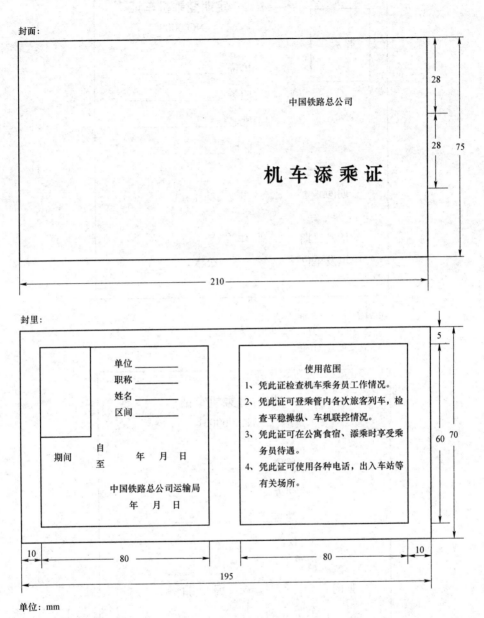

封面：

中国铁路总公司

机 车 添 乘 证

28

28

75

210

封里：

5

单位 _____
职称 _____
姓名 _____
区间 _____

期间　自　年 月 日
　　　 至

中国铁路总公司运输局
年 月 日

使用范围
1、凭此证检查机车乘务员工作情况。
2、凭此证可登乘管内各次旅客列车，检查平稳操纵、车机联控情况。
3、凭此证可在公寓食宿、添乘时享受乘务员待遇。
4、凭此证可使用各种电话，出入车站等有关场所。

60　70

10　　80　　80　　10

195

单位：mm

注：封面为塑料，棕红底金字；封里白纸黑字。

图 A–12

定期登乘机车证

NO.000001

照片

单位 - - - - - - - - - - - - -

职务 - - - - - - - - - - - - -

姓名 - - - - - - - - - - - - -

区段 - - - - - - - - - - - - -

　　　　　自

期间　　　　　年　月　日

　　　　　至

填发日期　　　年　月　日

填发单位　　　　（公章）

注：1. 90 mm×65 mm 塑封。

2. 使用三个月以上者填发定期登乘机车证。

3. 底面蓝色印花。

临时登乘机车证

NO.000001

单位 - - - - - - - - - - - - -

职务 - - - - - - - - - - - - -

姓名 - - - - - - - - - - - - -

区段 - - - - - - - - - - - - -

　　　　　自

期间　　　　　年　月　日

　　　　　至

填发日期　　　年　月　日

填发单位　　　　（公章）

注：1. 90 mm×65 mm。

2. 使用三个月以下者填发临时登乘机车证。

3. 底面蓝色印花。

图 A-13

A.2 常 用 报 表

铁路行车常用报表包括调度命令登记簿（见图 A-14），重联机车制动机手柄位置处理表（见图 A-15），铁路车辆编组隔离表（见图 A-16）、机车乘务员动态表（见图 A-17），长期备用、封存机车记录（见图 A-18）。

调度命令登记簿

月日	发出时刻	命 令			复诵人姓名	接受命令人姓名	调度员姓名	阅读时刻（签名）
		号 码	受令及抄知处所	内 容				

（规格 190 mm×265 mm）

图 A-14

重联机车制动机手柄位置处理表

位置机型	操纵端				非操纵端			
	自阀	单阀	客货车转换阀	重联塞门	自阀	单阀	客货车转换阀	重联塞门
ET-6 ET-14	运转	运转		关闭		运转		关闭
JZ-7	取出	运转	货车		取出	运转	货车	
DK-1	重联	运转	货车		重联	运转	货车	
26-L	取出	运转	切断		取出	运转	切断	
CCBⅡ	重联并锁闭	运转			重联并锁闭	运转		
法维莱	运转位（保压位）	缓解位	分配阀M/V（货/客）转换杆转至V（客车）位	司机制动阀隔离开关Z（IS）RM转换到"补机"位	运转位（保压位）	中立位	分配阀M/V（货/客）转换杆转至V（客车）位	司机制动阀隔离开关Z（IS）RM转到"正常位"

注：CCBⅡ制动机重联时应在制动显示屏或机车显示屏的空气制动菜单中将制动机设置为补机位。

图 A-15

255

铁路车辆编组隔离表

隔离标记 货物种类 （品名编号）	最少隔离车辆数	隔离对象	距牵引的内燃、电力机车，推进运行或后部补机及使用火炉的车辆	距乘坐旅客的车辆	距装载雷管及导爆索（11001，11002，11007，11008）的车辆 ⚠	距装载除雷管及导爆索以外爆炸品的车辆 ⚠	距装载易燃普通货物的敞车、平车	距装载高出车帮易窜动货物的车辆	备注
气体（含空罐车）	易燃气体 非易燃无毒气体 毒性气体	⚠	4	4	4	4	2	2	运输气体类危险货物重、空罐车时，每列编挂不得超过 3 组。每组间的隔离车不得少于 10 辆
一级易燃液体 一级易燃固体 一级易于自燃的物质 一级氧化性物质 有机过氧化物 一级毒性物质（剧毒品） 一级酸性腐蚀性物质 一级碱性腐蚀性物质 一级其他腐蚀性物质		⚠	2	3	3	4	2		运输原油时，与机车及使用火炉的车辆可不隔离。运输硝酸铵时，与机车及使用火炉的车辆隔离不少于 4 辆
放射性物质（物品）（矿石、矿砂除外）		⚠3	2	4	×	×	2	1	×标记表示不能编入同一列车
七〇七	一级	⚠4	4	4	4	4	4	2	一级与二级编入同一列车时，相互隔离 2 辆以上，停放车站时相互隔离 10 m 以上，严禁明火靠近
	二级	⚠5	4	4	4	4	4	2	
敞车、平车装载的易燃普通货物及敞车装载的散装硫磺		⚠6	2	2	2	2			装载未涂防火剂的腐朽木材的车辆，运行在规定的区段和季节须与牵引机车隔离 10 辆，如隔离有困难时，各铁路局与邻局协商规定隔离办法
爆炸品	雷管及导爆索（11001，11002，11007，11008）	⚠	4	4		4	2	2	
	除雷管及导爆索以外的爆炸品	⚠	4	4	4		2	2	

注：1. 小运转列车及调车隔离规定，由铁路局自行制定。

2. 有 ⚠ 标记的车辆与装载蜜蜂的车辆运输时按有关规定办理。

3. 空罐车可不隔离（气体类危险货物除外）。

图 A-16

机车乘务员动态表

年　　季度

机务段 铁路局	职别	图定定员 (1)	图定使用定员(不含预培) (2)	图定需配(含预培) (3)	现员 (4)	动车组司机 (5)	其中 200 km/h (6)	其中 300 km/h (7)	机车乘务员 (8)	内燃 (9)	电力 (10)	内燃电力 (11)	机车单司机 (12)	重载机车司机 (13)	担当乘务人员 (14)	轮乘 (15)	包乘 (16)	预备 (17)	其他 (18)	非乘务非支配人数 (19)	代务 内外勤 (20)	内外地勤 (21)	运转专职 (22)	助勤 (23)	其他 (24)	其他 (25)	老弱病残 (26)	短期病事 (27)	挪用 (28)	后备培养 (29)	机车队 (30)	指导司机 (31)	动车组乘务人数 (32)	本务 (33)	地勤 (34)	本务 300 km/h (35)	本务 200 300 km/h (36)	地勤 (37)	非动车组乘务人数 (38)	机车乘务人数 (39)	机车指导司机 (40)	信息台 (41)	助勤 (42)	其他 (43)	车队 (44)	指导司机 (45)
						现员情况				其中						其中						其中									机车乘务员			200 km/h		300 km/h						其中			动车组司机	
	司机																																												
	副司机																																												
	学员																																												
	合计																																												
	司机																																												
	副司机																																												
	学员																																												
	合计																																												
	司机																																												
	副司机																																												
	学员																																												
	合计																																												
局计	司机																																												
	副司机																																												
	学员																																												
	合计																																												
备注																																													

图 A-17

257

长期备用、封存机车记录

年 月 日 　　　　　　　　　　　　　局　段　型　号

最后修程后的出厂日期（大、中修）				修	年	月	日
转入长期备用、封存日期时刻			命 令 号 码				
截至　　年　　月　　日止，各种修程后走行公里							
其中	1. 大修			2. 中修			
	3. 小修						
动轮踏面的最大磨耗					mm		
柴油机状态（主变压器状态）							

140 mm × 210 mm

根据检查结果　　型　　　　号机车的状态及防腐符合长期备用
机车整备的要求，可加入长期备用，特此承认。

　　　　　　　　　　　　　　　　　　机务段长　　　　　　签字
　　　　　　　　　　　　　　　　　　驻机务段验收员　　　签字
　　　　　　　　　　　　　　　　　　司机长（轮乘为
　　　　　　　　　　　　　　　　　　机车检查员）　　　　签字
　　　　　　　　　　　　　　　　　　备用机车管理人员　　签字

转出日期　　　年　　月　　　日　　时，命令号码

图 A-18

258

附录 B 机车工具及备品

1. 内燃机车工具及备品（见表 B-1）

表 B-1 内燃机车工具及备品

顺序	名 称	数量	记 事
一、信号灯及信号用具			
1	信号旗	2	红、黄色各一个，带有容器
2	信号灯	1	能变换红、黄色者
3	手电筒	6	带电池
4	响墩	6	带有容器，复线区段数量加倍
5	火炬信号	3	带有容器
6	短路铜线	1	长 1.5 m（限于自动闭塞区段）
二、给油工具			
7	油壶	2	2 L、3～4 L 各一个
8	鼠型油壶	1	
9	手枪油壶	1	
10	软油枪	2	
11	油桶	4	10～12 L 二个，20 L 二个
12	带网油桶	1	10 L
13	滤油斗	1	
14	洗油盘	2	
15	油抽子	1	
三、自检自修用具			
16	检查锤	3	0.25 kg
17	手锤	1	0.5 kg
18	螺丝刀	3	50 mm、150 mm、250 mm 各一把
19	剪刀	1	
20	电工刀	1	
21	克丝钳	1	200 mm
22	尖嘴钳	1	100 mm
23	管钳子	1	300 mm
24	活扳手	2	200～350 mm 各一把

顺序	名　称	数量	记　事
25	双头扳手	1	9～11 件
26	套筒扳手	1	28 件
27	单头扳手	1	4 件（41～65 mm）
28	盘车扳手	1	
29	小棘轮扳手	i	
30	扁锉	1	150 mm
31	半圆锉	1	150 mm
32	三角锉	1	150 mm
33	扁铲	1	
34	尖铲	1	
35	冲子	1	
36	撬棍	2	300～400 mm 一根，700 mm 一根
37	钢板尺	1	150 mm
38	万能表	1	
39	作业灯	1	带线
40	复轨器	2	钛铝合金复轨器
四、给水用具			
41	搪瓷漏斗	1	
42	比重器	1	
43	扁塑料捅	2	2.5 L、20 L 各一个
五、一般用具			
44	水壶	2	带水碗 3 个
45	梯子	1	
46	刷子	1	刷车用
47	水桶	1	
48	工具箱用锁	2～6	根据工具箱数量配齐
49	灯泡箱	1	
50	保键箱	1	
51	电炉或热水器	1	
52	灭火器	4	
53	吹车管	1	15～18m

注：各型机车上配备的特殊专用工具，不在此限，可根据需要配置。

2. 电力机车工具及备品（见表 B-2）

表 B-2 电力机车工具及备品

顺序	名　称	数量	记　事
一、信号灯及信号用具			
1	信号旗	2	红、黄色各一个，带有容器
2	信号灯	1	能变换红、黄色者
3	手电筒	6	带电池
4	响墩	6	带有容器，复线区段数量加倍
5	火炬信号	3	带有容器
6	短路铜线	1	长 1.5 m（限于自动闭塞区段）
二、给油工具			
7	油壶	2	扁形容积 3.0 L、长嘴容积 0.25 L 各一个
8	油桶	2	容积 2～5 L 和容积 15～20 L 各一个
9	油枪	2	
三、自检自修用具			
10	检查锤	3	0.25 kg
11	手锤	3	10～12 kg 一个，20 kg 二个
12	螺丝刀	3	50 mm、150 mm、250 mm 各一把
13	剪刀	1	
14	电工刀	1	
15	克丝钳	1	200 mm
16	尖嘴钳	1	100 mm
17	管钳子	2	300 mm、600 mm 各一把
18	活扳手	3	100 mm、200 mm、300 mm 各一把
19	内六方扳手	1	8 mm 一把
20	双头平扳手	1	8～12 件一套
21	套管扳手	1	17 件一套
22	扁锉	1	150～200 mm 一把
23	圆锉	1	150 mm
24	三角锉	1	150 mm
25	手锯	1	
26	撬棍	2	300～400 mm 一根，1000 mm 一根
27	作业灯	2	带线
28	复轨器	2	钛铝合金复轨器

续表

顺序	名　　称	数量	记　　事
四、一般工具			
29	水壶	2	带水碗三个
30	梯子	1	
31	刷子	1	刷车用
32	水桶	1	
33	工具箱用锁	2～6	根据工具箱数量配齐
34	灯泡盒	1	
35	保健箱	1	
36	电炉或热水器	1	
37	灭火器	4	
38	吹车管	1	15～18 m
39	接地杆及线	1	

注：各型机车上配备的特殊专用工具，不在此限，可根据需要配置。

参 考 文 献

[1] 中国铁路总公司. 铁路技术管理规程 [M]. 北京：中国铁道出版社，2014.

[2] 中华人民共和国铁道部. 铁路机车操作规则 [M]. 北京：中国铁道出版社，2013.

[3] 中国铁路总公司. 铁路机车运用管理规则 [M]. 北京：中国铁道出版社，2016.

[4] 中华人民共和国铁道部. 铁路交通事故调查处理规则 [M]. 北京：中国铁道出版社，2007.

[5] 韩军峰，胡子亮，于彦良. 铁道概论 [M]. 北京：北京交通大学出版社，2016.

[6] 中国铁路总公司. 机务行车安全管理细则 [M]. 北京：中国铁道出版社，2014.